W0045373

Familie!

FESTE, BRÄUCHE, SPIELE
RUND UMS JAHR

Abkürzungen

EL	Esslöffel	TK	Tiefkühl…
TL	Teelöffel	kcal	Kilokalorien
kg	Kilogramm	kJ	Kilojoule
g	Gramm	EW	Eiweiß
mg	Milligramm	F	Fett
l	Liter	KH	Kohlenhydrate
ml	Milliliter	Bd.	Bund
cl	Zentiliter	Msp.	Messerspitze
gestr.	gestrichen	1 kJ = 0,239 kcal	
geh.	gehäuft	1 kcal = 4,184 kJ	

Die Rezepte sind, soweit nicht anders angegeben, für 4 Personen.

compact via ist ein Imprint der Compact Verlag GmbH

© Compact Verlag GmbH
Baierbrunner Straße 27, 81379 München
Ausgabe 2012

Alle Rechte vorbehalten. Nachdruck, auch auszugsweise, nur
mit ausdrücklicher Genehmigung des Verlages gestattet.
Alle Angaben wurden sorgfältig recherchiert, eine Garantie
bzw. Haftung kann dennoch nicht übernommen werden.

Text: Birgit Kuhn (Kapitel Frühjahr, Herbst), Astrid Otte (Kapitel Sommer),
Sabine Fritz (Kapitel Winter)
Chefredaktion: Evelyn Boos
Redaktion: Anja Fislage
Produktion: Johannes Buchmann
Titelabbildung: www.fotolia.com/Kudryashka (Baum),
fotolia.com/determined (Hintergrund)
Umschlaggestaltung: Hartmut Baier, Pixelcolor
Layout: h3a GmbH, München

ISBN 978-3-8174-8892-6
381748892/1

www.compactverlag.de

Inhalt

Vorwort

Die vier Jahreszeiten – Dichter beschrieben sie mit Worten, Maler in ihren Bildern, und Komponisten gaben ihnen eine Melodie. Der Wechsel von Sommer auf Winter und umgekehrt ist ein faszinierendes Naturschauspiel, das sich jedes Jahr wiederholt. Im Frühjahr wird alles zu neuem Leben erweckt. Mit dem Sommer kommt die Sonne, die uns wärmt und nach draußen lockt. Im Herbst zeigt sich die Natur in ihrer ganzen bunten Pracht. Und schließlich schleicht sich leise der Winter an, der das ganze Land in einen weißen Mantel hüllt. Dann kommt die Welt für einen ganz kurzen Moment zur Ruhe.

Natürlich hat jeder eine Jahreszeit, die er am liebsten mag. Gerne würde man sie festhalten oder zumindest lange auskosten. Wenn es aber den Winter nicht gäbe, könnte man den Sommer noch so richtig wertschätzen? Und im Herbst kann nur geerntet werden, was im Frühjahr gesetzt oder gesät wurde. Deshalb ist es ganz gut, dass der Mensch den Lauf der Jahreszeiten ebenso wenig beeinflussen kann wie das Wetter. Jeder Monat hat seine ganz eigene Schönheit, die wir jedes Jahr neu entdecken können.

Viele Tage des Jahres sind für uns auch mit immer wiederkehrenden Ereignissen verbunden. Ob Geburtstag, Karneval, Sommerurlaub, Oster- oder Weihnachtsfest – in zwölf Monaten gibt es

einiges zu feiern. Dieses Buch ist ein toller Begleiter rund ums Jahr. Es informiert über alle Feste und Feiertage, ihre Ursprünge und Besonderheiten. Wer gerne bastelt, kocht, handarbeitet oder gärtnert erhält außerdem viele neue Anregungen.

Das Buch gibt Anleitungen zur Freizeitgestaltung für die ganze Familie, Groß und Klein zusammen oder auch allein. Der Winter bietet Gelegenheit, sich an neuen Unternehmungen wie zum Beispiel „Eiskegeln" zu versuchen oder den traditionellen Schneemann zu bauen. Das Frühjahr ermöglicht es, sich im Einpflanzen und Gärtnern zu erproben und somit den Grundstein für einen bunten und prächtigen Sommer zu legen. In der wärmsten Jahreszeit spielt sich natürlich (fast) alles draußen ab: Sandburgen werden gebaut und am Abend romantische Lagerfeuer genossen. Im Herbst dreht sich vieles um die Ernte und die dazugehörigen Aktionen: Einen selbst gebauten Drachen auf einem Stoppelfeld steigen zu lassen und Kürbisse zu Halloween auszuhöhlen.

Jeder Mensch stellt sich körperlich und geistig auf die Besonderheiten der Jahreszeiten ein: Ob er seine Abwehrkräfte stärkt, um Erkältungen in den kalten Monaten vorzubeugen, die Frühjahrsmüdigkeit bekämpft oder sich auf ein Sonnenbad und die große Hitze vorbereit. In den nachfolgenden Kapiteln findet ihr Empfehlungen und hilfreiche Ratschläge, jeden Tag zu einem schönen Familienerlebnis zu machen. Doch nicht nur der Mensch passt sich an, auch Tiere und Pflanzen verändern ihr „Kleid" und Verhalten im Laufe des Jahres. Welche Tiere sich im Winter zurückziehen, wo sich in den warmen Monaten Schmetterlinge beobachten lassen und wie wir dem Igel helfen können, sich durch jede Witterung zu schlagen – darüber gibt dieses Buch Auskunft. Im Frühjahr und Winter lädt es zudem ein, an der „Stunde der Garten- bzw. Wintervögel" teilzunehmen und gibt Tipps zum Beobachten der niedlichen Federtiere.

Überlieferte Bräuche und alte Traditionen spielen im Jahreszeitenverlauf immer wieder eine bedeutende Rolle. Die großen Feiertage sowie weniger bekannte Gedenk- oder Festtage, von der Walpurgisnacht über den Johannistag zu Mariä Himmelfahrt werden mit ihren schönsten Ritualen beschrieben. So bereichern viele besondere Erlebnisse das Familienleben und festigen die Gemeinschaft.

Die Symbole im nachfolgenden Text sorgen dafür, dass sofort klar ist, um was es sich handelt:

 Aktion

 Spiel

 Bastelanleitung

 Rezept

Wir wünschen viel Spaß beim Stöbern durch die vier Jahreszeiten!

Frühling

Endlich ist er da, der Frühling!

Frische Luft einatmen, Blumenduft schnuppern, die Frühlingssonne spüren … Die Tage werden länger und es wird wärmer. Frühstücken auf dem Balkon, ein Frühlingsfest im Garten feiern, draußen spielen, das Fahrrad wieder flott machen … Auch drinnen gibt es viel zu tun: Der Frühjahrsputz sorgt für Frische; Osterbasteleien bringen Farbe und gute Laune ins Haus.

Frühlingsduft und fröhliche Lieder

Vogelgezwitscher, frisches Grün im Garten. Man bekommt Lust, sich zu recken und zu strecken und vor Freude draußen herumzuspringen … Am schönsten ist es, wenn man das Fenster aufmacht, die Arme streckt, seine Augen schließt und ganz, ganz tief einatmet. Das tut gut!

Wann beginnt der Frühling?

Die Astronomen sagen, am 19., 20. oder 21. März. An welchem Tag genau der astronomische Frühlingsbeginn ist, hängt davon ab, wie lange das letzte Schaltjahr zurückliegt. Worauf es dabei ankommt, ist die Tag- und Nachtgleiche: An dem Tag, für den die Astronomen den Frühlingsbeginn errechnet haben, dauern der Tag und die Nacht jeweils zwölf Stunden. Dazu kommt, dass die Sonne genau im Osten auf- und im Westen

untergeht. Der astronomische Frühling dauert bis zum 21. Juni – dann ist Sommer!

Phänologisch, das heißt wenn man die Ereignisse in der Natur zum Maßstab nimmt, beginnt der Frühling, sobald bestimmte Pflanzen blühen: Kirsche, Pflaume und Birne zeigen mit ihren Blüten, dass in der Natur der Frühling eingekehrt ist.

Und die Wetterkundler? Für die Meteorologen beginnt der Frühling bereits am 1. März. Sie machen es sich mit den Jahreszeiten vergleichsweise einfach: Die Frühlingsmonate sind März, April und Mai!

Mit der Sommerzeit in den Frühling

Egal für welchen Frühlingsanfang ihr euch entscheidet – der Frühling macht sich durch einen ganz besonderen Tag bemerkbar: Es ist der Tag der Zeitumstellung von Normalzeit auf Sommerzeit! Am Tag der Zeitumstellung ist die Nacht eine Stunde kürzer: Die mitteleuropäische Sommerzeit (MESZ) beginnt am letzten Sonntag im März um zwei Uhr. Dabei werden die öffentlichen Uhren um eine Stunde auf drei Uhr vorgestellt. Wichtig: Zu Hause muss man die Uhren selbst eine Stunde nach vorn drehen, falls man keine Funkuhr hat!

Checkliste Frühling – was ist zu tun?

Der Frühling ist die beste Gelegenheit, um zu Hause wieder einmal auszumisten und frischen Wind in die vier Wände zu lassen.

- Zeit, die Kleiderschränke zu durchforsten! Welche Wintersachen sind zu klein geworden? Welche können verschenkt oder auf einem Flohmarkt verkauft werden? Am besten, man nimmt eine große Umzugskiste und sortiert diese Anziehsachen aus.
  Tipp: Nicht alle warmen Kleidungsstücke wegräumen – im Frühjahr und Sommer gibt es immer wieder kühle Tage!
- Sind die Sommersachen vom letzten Jahr zu klein? Dann wird es Zeit für einen Familieneinkauf in Sachen Kleidung.
- Schluss mit Skifahren – jetzt sind Wassersport, Fahrradfahren, Tennis, Fußball & Co. angesagt. Sind alle Sportgeräte technisch in Ordnung, ist die Ausrüstung parat?
  Tipp: Sportgeräte für Kinder kann man oft sehr günstig auf Flohmärkten und Basaren kaufen oder verkaufen.
- Bei so viel Umräumen lohnt es sich, einmal genauer unter den Teppich und hinter die Schränke zu schauen – Frühjahrsputz ist angesagt. Ein warmer Frühlingstag ist ideal, wenn es darum geht, die Fenster zu putzen.
- Familien, die im Herbst und Winter Renovierungspläne gehegt haben, können jetzt loslegen. Bei warmem Wetter trocknen frisch gestrichene Wände schnell. Ferner kann man mit Lacken und anderen Mitteln, die ausdünsten, auf dem Balkon oder der Terrasse arbeiten.
- Es lohnt sich, wenn Familien rechtzeitig für die schönste Zeit des Jahres Pläne schmieden: Wohin fahren wir dieses Jahr? Jetzt heißt es, sich im Internet informieren, in Reiseführern und Katalogen schmökern, Angebote einholen … Wer früh bucht, hat noch eine gute Auswahl und kann Geld sparen.
- Wann kommt Oma zu uns? Wann fahren wir zu Oma und Opa? Gibt es wieder Zeltlager? Kinder, die einen Teil der Ferien ohne Mama und Papa verbringen möchten, können in vielen Gemeinden mit dem Kreisjugendring, dem Jugendamt oder kirchlichen Organisationen an Ferienfreizeiten teilnehmen. Wichtig ist jedoch die rechtzeitige Anmeldung! Und auch Oma und Opa wollen am besten früh Bescheid wissen …

Frühlingslieder

Alle Vögel sind schon da

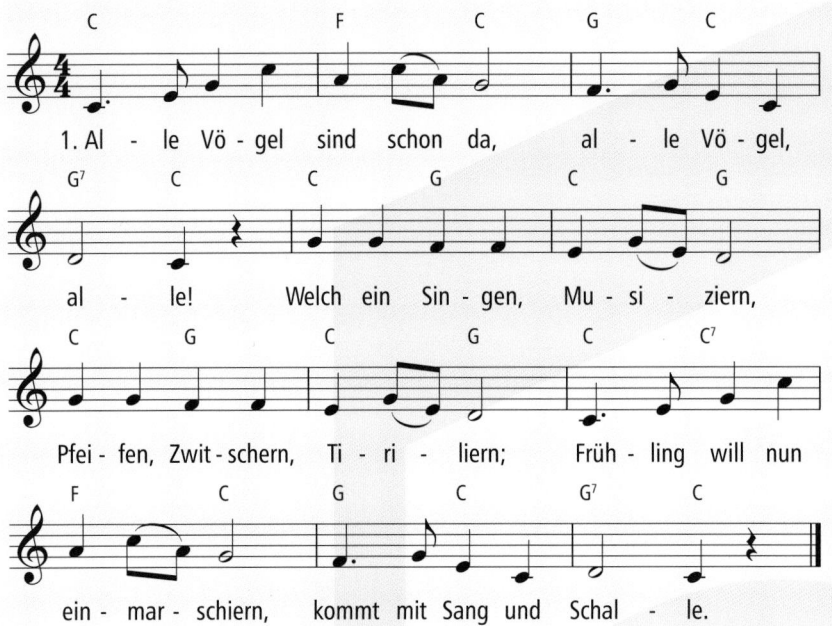

1. Al - le Vö - gel sind schon da, al - le Vö - gel,
al - le! Welch ein Sin - gen, Mu - si - ziern,
Pfei - fen, Zwit - schern, Ti - ri - liern; Früh - ling will nun
ein - mar - schiern, kommt mit Sang und Schal - le.

Ein Vogel wollte Hochzeit machen

1. Ein Vo - gel woll - te Hoch - zeit ma - chen
in dem grü - nen Wal___ - de. Ref.: Fi - de - ral - la - la, fi - de -
ral - la - la, fi - de - ral - la - la - la - la!

Komm lieber Mai

1. Komm lie - ber Mai und ma - che die Bäu - me wie __ - der grün, und lass uns an dem Ba - che die klei - nen Veil __ - chen blühn! Wie möch - ten wir __ so ger - ne ein Blüm __ - chen wie __ - der - sehn, ach

2. Zwar Wintertage haben
wohl auch der Freuden viel!
Man kann im Schnee eins traben
und treibt manch Abendspiel,
baut Häuserchen von Karten,
spielt Blindekuh und Pfand,
auch gibts wohl Schlittenfahrten
aufs liebe, freie Land.

3. Doch wenn die Vöglein singen
und wir dann froh und flink
auf grünem Rasen springen,
das ist ein ander Ding!
Drum komm und bring vor allem
uns viele Veilchen mit,
bring auch viel Nachtigallen
und schöne Kuckucks mit!

Kuckuck! Kuckuck!

1. Ku - ckuck! Ku - ckuck! rufts aus dem Wald. Las - set uns sin - gen,

tan - zen und sprin - gen! Früh - ling, Früh - ling, wird es nun bald!

2. Kuckuck! Kuckuck! Lässt nicht sein Schrein.
Kommt in die Felder, Wiesen und Wälder!
Frühling, Frühling, stelle dich ein!

3. Kuckuck! Kuckuck! Trefflicher Held!
Was du gesungen, ist dir gelungen:
Winter, Winter, räumet das Feld!

Jetzt fängt das schöne Frühjahr an

1. Jetzt fängt das schö - ne Früh - jahr an, und

al - les fängt zu blüh - en an auf grü - ner

Heid_____ und ü - ber - all.

2. Es wachsen Blümlein auf dem Feld,
sie blühen weiß, blau, rot und gelb,
so wie es meinem Schatz gefällt.

4. Und als ich kam vor ihre Tür,
da stand ein andrer schon dafür.
Nie komm ich mehr, das sagt ich ihr.

3. Und wenn ich durch die Auen geh
da singt das Lerchlein in der Höh,
weil ich zu meinem Schätzlein geh.

5. Jetzt geh ich in den grünen Wald,
da such ich mir mein Aufenthalt,
weil mir mein Schatz nimmer g'fallt.

Wetter im Frühling

Nicht mehr Winter, aber auch noch nicht Sommer – viele Menschen erleben den Frühling als eine „Zwischen-Jahreszeit". Das liegt vor allem am Wetter. An manchen Tagen ist es noch „lausig" kalt, und es bläst ein eisiger Wind. Doch es gibt auch Tage, an denen es sonnig, windstill und schön warm ist.

Tauwetter

Dass der Frühling im Anmarsch ist, merkt man, wenn die Tage länger werden und Schnee und Eis schmelzen – typisches Tauwetter. Die Gelegenheit, zum ersten Mal im neuen Jahr mit Gummistiefeln im Matsch der Pfützen herumzuspringen!

Vorsicht: Wenn Eis auf der Straße schmilzt, bildet sich ein Wasserfilm über der Eisschicht auf den Straßen, dann wird es gefährlich glatt. Deshalb gilt: Auch im Frühjahr das Streuen nicht vergessen!

☀ Malen im Matsch

Auf feuchtem Untergrund kann man Spuren hinterlassen. Das kann das Muster der Schuhsohlen sein oder aber auch kleine Kunstwerke.

Das braucht man:
- feuchter Untergrund, zum Beispiel Lehm oder Sand
- stabiler Stock

So wird's gemacht:
Mit dem Stock Linien in den feuchten Untergrund zeichnen, dazu ein paar Fußabdrücke, zum Schluss eventuell den Abdruck der Hand – fertig! Hat man Glück und das Wetter bleibt trocken, kann man sein Kunstwerk noch mehrere Tage lang genießen.

Sprichwörtliches Aprilwetter

Eben ist es noch sonnig und warm, schon ziehen dichte Wolken auf und es regnet, manchmal fällt sogar Schnee – Aprilwetter eben. Wieso ist das Wetter im April so wechselhaft? Es liegt an der Sonne: Sie erwärmt die Luft über Südeuropa und Nordafrika sehr viel schneller als über Mittel- und Nordeuropa. In Mitteleuropa, also bei uns, treffen die unterschiedlich warmen Luftmassen aufeinander: Mal ist es warm, mal kalt, es kann sogar Gewitter geben.

Die Eisheiligen

Die Eisheiligen sind nach den Heiligen Pankratius, Servatius und Bonifatius benannt, die vom 12. bis 14. Mai gefeiert werden. In Norddeutschland zählen auch Mamertus, der am 11. Mai seinen Feiertag hat, und in Bayern der Feiertag der Sophia, genannt „die kalte Sophie", am 15. Mai dazu. Was bedeuten die Eisheiligen? Mitte Mai, das heißt an diesen Heiligen-Gedenktagen, wird es häufig bei uns noch sehr kalt, manchmal gibt es sogar Bodenfrost. Wer einen Garten hat, sollte an diesen Tagen besonders vorsichtig sein: Kälteempfindliche Pflanzen müssen geschützt oder am besten über Nacht ins Haus geholt werden. Zum Glück ist nach den Eisheiligen die Gefahr, dass es noch einmal richtig kalt wird und Frost gibt, (fast) gebannt.

Schafskälte

Mitte Juni sind die kleinen Lämmer schon geboren. Wenn es dann noch einmal kalt wird, kann es für sie gefährlich werden. Und das passiert gar nicht so selten: Schafskälte nennt man deshalb die Tage vom 10. bis 12. Juni. An diesen Tagen liegt die Wahrscheinlichkeit, dass man seine Wintersachen noch einmal braucht, bei 80 %! Und es ist auch gut möglich, dass es an diesen Tagen regnet.

 ## Tipi aus Bohnenstangen bauen

Sind die Eisheiligen und die Schafskälte vorbei? Dann ist es Zeit für ein Tipi aus Bohnenstangen!

Das braucht man:
- Schnur
- etwa 8 Bohnenstangen (ca. 2,50 m lang)
- kleine Schaufel
- Samen von rankender Kapuzinerkresse
- Blumenerde
- Gießkanne

So wird's gemacht:

1. Mit der Schnur eine kreisrunde Fläche markieren – ideal ist ein Durchmesser von etwa 2,50 m.
2. Die Bohnenstangen in gleichmäßigem Abstand in die Erde bohren. Auf den Eingang achten – hier muss der Abstand zwischen den Stangen größer sein. Wichtig ist, dass die Stangen stabil im Boden verankert sind.
3. Sobald alle Stangen in der Erde sind, oben zusammenführen und mit der Schnur zusammenbinden.
4. Anschließend auf halber Höhe mit der Schnur Querverstrebungen einfügen. Sie sorgen dafür, dass das Tipi stabil ist. Entlang der Schnur kann die Kresse das Tipi sehr dicht bewachsen.
5. Mit der Schaufel um jede Bohnenstange kleine Vertiefungen ausheben und pro Stange mehrere Kressesamen hineinlegen. Die Samen mit Blumenerde bedecken.
6. Wenn alle Samen in der Erde sind, kräftig gießen!
7. Nun lasst das Tipi mit Kapuzinerkresse beranken. Sie gedeiht gut auf mageren Böden. Sie liebt Sonne, ist aber auch schattenverträglich – so kann man das Tipi in einer verborgenen Nische

im Garten aufstellen; außerdem ist die Kapuzinerkresse sehr robust und wird nicht von Schnecken befallen. Das Beste an Kapuzinerkresse: Blüten und Blätter sind essbar!

Alternativ zu Kapuzinerkresse eignen sich Stangenbohnen; hier sind die rot blühenden Feuerbohnen am auffälligsten. Bohnen gedeihen nur an einem warmen, sonnigen Ort. Nach einigen Wochen gehen die Samen auf – jetzt heißt es aufpassen und die kleinen Pflanzen vor Schnecken schützen. Ideal ist es, wenn man Sand, vermischt mit Sägemehl, um die Pflanzen herum ausstreut. Später blühen die Bohnen und setzen Früchte an. Vorsicht: Rohe Bohnen sind giftig. Fünf bis sechs rohe grüne Bohnen können tödlich sein, zumindest für Kinder. Wer ganz sicher gehen will, zupft die Früchte einfach ab. Gekocht sind die Bohnen nicht nur essbar, sondern sehr gesund und lecker!

Besondere Tage im Frühling

Einige Tage im Frühjahr sind bestimmten Angelegenheiten oder Personen gewidmet, etwa dem Artenschutz, den Frauen oder dem Lesen. Außerdem gibt es Tage wie den 1. April. Der Frühling steckt voller Besonderheiten!

Tag des Artenschutzes

Seit 1973 ist der 3. März der Tag des Artenschutzes. Auf der Erde gibt es, so schätzt man, zehn bis 20 Millionen Arten von Pflanzen und Tieren. Doch diese Zahl geht seit Jahren stark zurück und das auch bei uns: Hier sind bereits rund ein Drittel aller Arten gefährdet! Am Tag des Artenschutzes finden in vielen Städten Veranstaltungen statt: Hier kann man erfahren, wie man sich für die Vielfalt der Tier- und Pflanzenarten einsetzen kann.

Internationaler Frauentag

Der Internationale Frauentag hat seinen Ursprung in der Arbeiterbewegung im 19. Jahrhundert. Die Frauen, die in den Fabriken arbeiteten, kämpften für bessere Arbeitsbedingungen, höhere Löhne und kürzere Arbeitszeiten. Damals fühlten sich die Frauen doppelt beansprucht – zur Fabrikarbeit kam die Versorgung und Erziehung der Kinder. Der erste Internationale Frauentag, an dem sich Millionen Frauen beteiligten, fand gleichzeitig am 19. März 1911 in mehreren Ländern statt: Dänemark, Deutschland, Österreich, der Schweiz und den USA.
Bis heute sind die Themen des Internationalen Frauentages aktuell: Noch immer kämpfen Frauen weltweit um Gleichberechtigung und gleiche Chancen im Beruf.

Earth Hour am letzten Samstag im März

Eine Stunde lang, von 20:30 bis 21:30 Uhr, das Licht ausschalten – mit dieser Geste wollen die Teilnehmer der Earth Hour zeigen, wie wichtig ihnen der Klimaschutz und die Zukunft der Erde sind. Gleichzeitig wird dabei Energie gespart! Das Besondere an der Aktion, die erstmals im Jahr 2007 in Aus-

tralien stattfand und inzwischen auf der ganzen Welt Anhänger hat: Jeder kann mitmachen. Nicht nur einzelne Personen beteiligen sich, Städte auf der ganzen Welt schalten die Beleuchtung von Sehenswürdigkeiten während der Earth Hour aus – der Eiffelturm in Paris, Big Ben in London, der Tafelberg von Kapstadt und die Christusstatue von Rio de Janeiro bleiben für eine Stunde im Dunkeln!

April, April!

Tomaten machen aggressiv, wer besonders günstig fliegen will, kann einen Stehplatz im Flugzeug buchen, ab sofort gibt es Hamburger für Linkshänder …

Wenn solche Meldungen im Radio, Fernsehen oder in der Zeitung die Runde machen, heißt es genau hinhören und nachdenken – welches Datum ist heute? Richtig, der 1. April! Dann handelt es sich womöglich um einen Aprilscherz.

Woher kommt die Tradition, dass man sich „in den April schickt"? Die genauen Ursprünge liegen im Dunkeln. Soviel ist sicher: Die Römer feierten am 1. April ein Narrenfest, die Quirinalien. Ob die Tradition so alt ist?

Ein wenig wahrscheinlicher ist, dass der Aprilscherz, der heute in sehr vielen Ländern Tradition ist, aus Frankreich stammt. König Karl IX. (1550 bis 1574) verlegte im Jahr 1564 Neujahr vom 1. April auf den 1. Januar. Wer nach dem neuen Neujahr an dem alten Jahresbeginn festhielt, wurde als Aprilnarr mit Scherzen und Streichen „verschaukelt".

Wer schickt wen in der Familie in den April?

Nicht nur in den Medien werden Aprilscherze verbreitet. Jeder kann jeden mit einem guten Scherz in den April schicken. Dabei gilt: Keinen Schrecken verbreiten, niemanden beleidigen oder üble Gerüchte streuen – das kann auch schlecht ausgehen.

Weltgesundheitstag

Wie geht's? Schon diese einfache Frage, die man sich gegenseitig zur Begrüßung stellt, zeigt, wie wichtig uns die Gesundheit ist. Mit dem Weltgesundheitstag erinnert die Weltgesundheitsorganisation (WHO) an den Tag ihrer Gründung im Jahr 1948. Seitdem wird der Tag jedes Jahr in den einzelnen Ländern unter einem anderen aktuellen Motto mit Aktionen begangen. Die Mottos der vergangen Jahre waren unter anderem die Themen „Altern und Gesundheit", „Gesunde Städte", „Infektionskrankheiten" sowie „Mutter und Kind".

Internationaler Tag des Baumes

Seit 1951 wird jedes Jahr auf der ganzen Welt der Internationale Tag des Baumes gefeiert, seit 1952 auch in Deutschland. In Deutschland organisiert die Schutzgemeinschaft Deutscher Wald jedes Jahr an diesem Tag zahlreiche Mitmach-Aktionen rund um den Baum: In vielen Städten und Dörfern finden Pflanzaktionen statt, bei denen Kinder und Erwachsene mitmachen können.

Bäume glucksen hören

Wie schaffen es die Bäume, dass noch bis in die obersten Spitzen genügend Wasser kommt, damit dort Blätter und Zweige austreiben? Gut hinhören – und das Rätsel ist gelöst: Im Frühjahr strömen die Baumsäfte in den Leitungsbahnen der Stämme von den Wurzeln in die Kronen. Dieser Saftstrom ist so stark, dass man ihn hören kann. Einfach das Ohr an einem sonnigen Märztag an einen Buchen-

oder Birkenstamm legen und lauschen. Wer den Bäumen beim Wachsen ganz genau zuhören möchte, benutzt am besten ein Stethoskop!

Welttag des Buches

Im Jahr 1995 erklärte die UNESCO den 23. April zum Welttag des Buches. Der Welttag des Buches ist damit ein Feiertag für das Lesen, für Bücher und die Rechte der Autoren – und zwar weltweit. Warum der 23. April? Das Datum geht auf eine Anregung aus Spanien zurück: Der 23. April ist der Tag des Volksheiligen Jordi beziehungsweise Sankt Georg. Zu diesem Anlass schenkt man sich in Nordspanien Rosen. Dazu kommt, dass der Tag mit vielen Autoren verbunden ist. Er ist der Todestag des britischen Dramatikers William Shakespeare (1564 bis 1616) und des spanischen Nationalschriftstellers Miguel de Cervantes (1547 bis 1616). Ferner wurden der französische Autor Maurice Druon (1918 bis 2009) und der isländische Literatur-Nobelpreisträger Halldor Laxness (1902 bis 1998) an einem 23. April geboren.

In Spanien wird der Welttag des Buches sehr ausgelassen mit Volksfesten rund ums Thema Lesen gefeiert; es gibt Lesungen, und Buchhandlungen schmücken sich festlich.

Seit 1996 wird der Welttag des Buches auch in Deutschland gefeiert. Zahlreiche Buchhandlungen, Verlage, Schulen und Bibliotheken organisieren

Veranstaltungen rund um Bücher und das Lesen, dabei werden auch Bücher an Kinder verschenkt.

 Bücher und Geschichten …

Kenne ich das? Wovon handelt dieses Buch? Der Welttag des Buches ist eine gute Gelegenheit, den eigenen Bücherfundus durchzusehen und zu schauen, welche Bücher noch ungelesen sind.

Alles ausgelesen? Wie wäre es mit einem Besuch in der Bücherei? Dort gibt es nicht nur Lesestoff für alle Altersgruppen und Interessen, das heißt für Kinder und Eltern. Darüber hinaus gibt es das ganze Jahr über in vielen Bibliotheken Veranstaltungen rund ums Buch und das Lesen: Lesungen, Bastel-Nachmittage, Theateraufführungen und vieles mehr.

Grund genug also, um am 23. April, dem Welttag des Buches, in einer Buchhandlung vorbeizuschauen und ein wenig dort zu stöbern … Es gibt jede Menge Lesestoff zu entdecken!

Tag der Arbeit

Der Tag der Arbeit erinnert an die Arbeiterbewegung und ihren Kampf für mehr Rechte. Er wird in sehr vielen Ländern offiziell begangen und ist ein gesetzlicher Feiertag, an dem Berufstätige in der Regel frei haben.

Wie den freien Tag nutzen? Familien können selbst einen kleinen Maibaum, zum Beispiel aus Birkenreisern, basteln und im Garten oder auf dem Balkon aufstellen und bei Maibaumfeiern dabei sein.

Stichwort „Arbeit":
- Wer trägt den Müll raus?
- Wer übernimmt das Füttern der Katze?
- Wer bringt die Flaschen zum Altglas-Container?
- Wer wischt nach dem Essen den Tisch ab?
- …

Vielleicht ist der 1. Mai auch eine gute Gelegenheit, über die Aufgaben im Haushalt nachzudenken und einen neuen Wochenplan einzuführen.

Weltlachtag am ersten Sonntag im Mai

Seit 1998 gibt es den Weltlachtag. Ins Leben gerufen wurde er von dem indischen Arzt und Yogalehrer Dr. Madan Kataria. Zum ersten Lachtag trafen sich mehr als 12.000 Mitglieder aus lokalen und internationalen Lachclubs in der indischen Stadt Mumbai. Heute wird der Lachtag in vielen Ländern gefeiert; in Deutschland gibt es rund 140 Lachclubs. Warum lachen? Lachen, so Dr. Madan Kataria, fördert die Gesundheit und ist ein Zeichen für Frieden und Verständigung. Man muss gar keinen Grund zum Lachen haben – Hauptsache, wir lachen!

Muttertag am zweiten Sonntag im Mai

Der Muttertag stammt aus den USA; dort wird er seit Ende des 19. Jahrhunderts gefeiert. Offiziell wurde der Muttertag in den USA am 9. Mai 1914, als der amerikanische Präsident Woodrow Wilson den Tag zum Muttertag erklärte. Vor rund 100 Jahren wurde der Muttertag auch in Europa populär. In den meisten Ländern wird er jedes Jahr am zweiten Sonntag im Mai gefeiert.

In den meisten Kitas und Grundschulen wird zum Muttertag fleißig mit den Kindern gebastelt. Doch auch zu Hause können Kinder ihre Mutter mit der einen oder anderen netten Geste überraschen. Am besten, der Vater hilft ein wenig mit!

Was tun am Muttertag?
- Radtour mit Picknick
- Grillnachmittag mit der Familie
- Frühstück im Bett
- Kerze basteln
- Blumenstrauß pflücken
- eine Geschichte schreiben und der Mutter vorlesen
- ein Bild malen
- ein Gedicht schreiben und auswendig vortragen
- einen Kuchen backen
- …

Familien, die gerne auswärts feiern, finden auch am Muttertag in einem Biergarten einen Platz. Hier kann man, wenn man ganz sichergehen will, seine Brotzeit oder einen Teil davon selbst mitbringen und nur die Getränke vor Ort kaufen.

Am Muttertag kann es passieren, dass die Lokale ausgebucht beziehungsweise stark überlaufen sind. Deshalb ist es oft besser, wenn die Familie den Tag gemeinsam zu Hause oder mit Freunden verbringt.

Vatertag

Zum Vatertag treffen sich Väter gern mit ihren Freunden und Kumpels, um gemeinsam etwas zu unternehmen – zum Beispiel eine Radtour, eine Wanderung oder eine Klettertour. Höhepunkt und Abschluss eines solchen Vatertags ist die Einkehr in einem Lokal, in dem noch lange gefeiert wird.

Immer mehr Familien verbringen den Vatertag gemeinsam, oder die Kinder unternehmen etwas nur mit ihrem Vater. Hier ein paar Tipps, wie Kinder ihren Vater überraschen können:
- eine Radtour unternehmen, bei der die Kinder die Route festlegen
- am Ufer eines Flusses grillen
- zusammen kochen
- einen Baum pflanzen
- gemeinsam einen Abenteuerfilm ansehen
- …

Woher kommt der Vatertag?

Der Vatertag stammt – wie auch der Muttertag – aus den USA. Ins Leben gerufen wurde er von Sonora Louise Smart Dodd, die 1882 als ältestes von sechs Kindern geboren wurde. Bei der Geburt des letzten Kindes starb ihre Mutter; von da an sorgte der Vater allein für seine Kinder. Als Sonora im Jahr 1909 von dem Muttertag, der die Mütter feiert, erfuhr, rief sie eine Bewegung zur Ehrung von Vätern ins Leben. 1924 empfahl der damalige amerikanische Präsident den einzelnen Staaten, diesen Tag als Vatertag zu begehen; 50 Jahre später ernannte ihn Präsident Richard Nixon zu einem offiziellen Feiertag. In den USA wird der Vatertag am jeweils dritten Sonntag im Juni gefeiert.

Internationaler Tag der Familie

Im September 1993 haben die Vereinten Nationen (UN) den 15. Mai zum Tag der Familie erklärt. Damit soll deutlich werden, wie wichtig die Familie für die Gesellschaft ist. Der Internationale Tag der Familie steht jedes Jahr unter einem neuen Motto, wie etwa Armut, Migration, die Rolle von Mutter und Vater, Arbeit und Familienleben.

Familientag

Widmet diesen Tag ganz und gar der Familie. Schaut euch gemeinsam Fotoalben an und redet miteinander über gemeinsame Erlebnisse. Ist es nicht schön, zusammenzugehören?

Internationaler Museumstag: dritter Sonntag im Mai

Mit Kindern ins Museum? Aber sicher! Die beste Gelegenheit, Museen „live" zu erleben, bietet der Internationale Museumstag, der seit 1977 weltweit am dritten Sonntag im Mai stattfindet. Beim Internationalen Museumstag, der jedes Jahr unter einem anderen Motto steht, präsentieren die Museen die Vielfalt ihrer Kulturschätze und laden die Besucher ein, die Welt der Museen zu erkunden.

Aus diesem Anlass bieten viele Museen an diesem Tag Veranstaltungen und Aktionen für Kinder und Familien. Es lohnt sich vorbeizuschauen – der Eintritt in die Museen ist am Internationalen Tag der Museen in der Regel frei!
Eine Übersicht der Veranstaltungen ist unter www.museumstag.de zu finden.

Weltschildkrötentag

Schildkröten gehören zu den ältesten Tieren, die die Erde bevölkern. Man nimmt an, dass es sie seit rund 200 Millionen Jahren auf unserem Planeten gibt. Weltweit unterscheidet man 300 Schildkrötenarten mit 450 Unterarten. Es gibt sie auch bei uns in Mitteleuropa. Seit dem Jahr 2000 macht die American Tortoise Rescue (ATR), eine US-amerikanische Organisation zur Rettung der Schildkröten, mit dem Weltschildkrötentag auf diese Tierart aufmerksam.

Gründe gibt's genug: Mit ihrem Panzer und ihrer Verbreitung zu Wasser und zu Land auf vielen Erdteilen sind Schildkröten nicht nur einzigartig.

Nach vielen Millionen Jahren, die sie die Erde bevölkern, sind viele Schildkrötenarten durch die Umweltverschmutzung und weitere Eingriffe in ihre Lebensräume vom Aussterben bedroht.

Schildkröten in Europa

In Deutschland ist nur eine Art, die Europäische Sumpfschildkröte, heimisch. Bei einem erwachsenen Tier ist der dunkelbraune Panzer bis zu 20 cm lang; die Schildkröte hat am ganzen Körper gelbe Punkte und Striche. Der Lebensraum der Tiere, die bis zu 100 Jahre alt werden können, sind krautreiche Teiche und Seen mit schlammigem Untergrund. Die Europäische Sumpfschildkröte ernährt sich von kleinen Fischen und Fröschen.

Im Mittelmeerraum sind mehrere Schildkrötenarten heimisch; am bekanntesten ist die Griechische Landschildkröte, die ebenfalls unter Schutz steht.

Wie Schildkröten helfen? Viele Familien haben Schildkröten als Haustiere. Hier heißt es, darauf zu achten, dass es den Tieren gut geht, sie richtig ernährt werden und genügend an die frische Luft kommen. In der Natur sollte man darauf achten, dass die Lebensräume der Tiere erhalten beziehungsweise wiederhergestellt werden. Wer also eine Schildkröte sieht, zu Hause oder im Urlaub, sollte sie nicht berühren!

Wenn die Natur wieder erwacht

Der Frühling ist die Jahreszeit, in der die Natur nach dem langen, dunklen Winter wieder zum Leben erweckt wird: Die Pflanzen treiben aus und blühen, die Tiere suchen sich Partner, paaren sich und bekommen in den nächsten Wochen und Monaten Junge.

Auch wenn im Frühling erst nach und nach Früchte reifen – diese Jahreszeit ist der Auftakt dazu. Warum der Frühling? Wenn die Tage länger und wärmer werden, erhalten die Pflanzen von der Sonne mehr Sonnenlicht und wandeln es in Energie um. Konkret heißt das: Sie wachsen, blühen, bekommen Früchte und bilden Samen.

Viele Tiere ernähren sich von Pflanzen. Auch sie können nur Junge bekommen, wenn es genügend Futter gibt! Das gilt auch für Tiere, die Kleintiere fressen, zum Beispiel Füchse, die sich von Mäusen ernähren. Mäuse fressen Samen, Wurzeln, Blätter und Stängel. Wenn sie genügend davon finden und es ihnen gut geht, bekommen die Mäuse viele Mäusekinder – und liefern damit dem Fuchs leckere Mahlzeiten, die auch die Fuchskinder satt machen.

 ## Natur-Tagebuch anlegen

Im Frühling beginnt ein neuer Kreislauf der Natur. Blüten, die ersten Blätter, Früchte … Es sind so viele Veränderungen, oft innerhalb weniger Tage – da lohnt es sich, immer wieder hinzuschauen und den Fotoapparat zu zücken. In einem Fototagebuch kann man – zusammen mit den Kindern – an einem Stück das Geschehen in der Natur im Park, Garten oder auf dem Balkon Schritt für Schritt festhalten.

Am besten, man wählt schon im zeitigen Frühling aus, welche Pflanzen man das ganze Jahr über beobachten und auf Fotos festhalten möchte. So kann man die Veränderungen an den verschiedenen Pflanzen das ganze Jahr über dokumentieren. Auf diese Weise entsteht ein Naturerfahrungs- und Lehrbuch für die ganze Familie, das noch dazu selbst gemacht ist!

Frühlingserwachen bei den Pflanzen

Am eindrucksvollsten zeigt sich der Frühling bei den Frühlingsblumen. Sehr früh im Jahr zeigen sich folgende Blumen: Winterling, Krokus, Tulpe, Schneeglöckchen, Märzenbecher, Primel und Traubenhyazinthe sowie Osterglocken, die ebenfalls zu den Hyazinthen gehören. Etwas später blühen Leberblümchen, Waldmeister, Veilchen, Löwenzahn und Maiglöckchen sowie die Schachbrettblume.

Wichtig: Nur einzelne und wenige Blumen pflücken – immer auch darauf achten, ob die Pflanze geschützt ist. Gerade im Frühling sind die Bienen und die übrigen Insekten auf Nahrung angewiesen. Je mehr Blüten sie finden, desto besser!

Frühlingsblumen pressen

Beim Pressen werden die Blumen nicht nur flach gedrückt, gleichzeitig wird ihnen Feuchtigkeit entzogen – auf diese Weise bleiben sie lange haltbar!

Material:
- Frühlingsblumen
- saugfähige Unterlage, zum Beispiel mehrere Bögen Löschpapier
- fester Pappkarton
- dicke Bücher zum Beschweren

So wird's gemacht:
1. Blumen pflücken. Es können nur zarte, nicht zu dicke Blumen verwendet werden.
2. Blume auf eine saugfähige Unterlage, zum Beispiel Löschpapier, legen und mit einem weiteren Blatt Löschpapier abdecken.
3. Darauf ein Stück festen Karton legen.
4. Ein weiteres Löschblatt darauf, dazu eine Blume und ein weiteres Löschblatt.
5. Auf diese Weise mehrere „Schichten" anlegen.
6. Stapel mit einem festen Karton abdecken und mit mehreren dicken Büchern beschweren.
7. Nach etwa zwei Wochen sind die Blumen fertig.

Blätter pressen
Man kann neben Blumen natürlich auch Blätter pressen. Alles zusammen lässt sich auf einem Blatt zu einem hübschen Blumen-Blätter-Arrangement zusammenstellen. In einen Rahmen geben und aufhängen – fertig ist das Frühlingsbild!

Laubbäume und Sträucher

Auch die Laubbäume und Sträucher haben eine beeindruckende Blütenpracht zu bieten: So blühen zum Beispiel die Kirschbäume noch bevor die Blätter ausgetrieben haben – die Bäume sehen dann aus wie von Schnee bedeckt. Dann folgen Apfel- und Birnbäume, Kastanien … Nicht zu vergessen die Weiden: Die dicht behaarten Weidekätzchen sind Blüten!

Bei den Zierbüschen und -sträuchern gehört die Alpenjohannisbeere mit ihren roten Blütenrispen zu den Schmuckstücken im Garten. Dazu kommen der wunderbar duftende Flieder und der Spierstrauch, der über und über mit weißen Blüten bedeckt ist.

 ## Abenteuer Waldspaziergang

Im Frühling, wenn die Laubbäume noch nicht ausgetrieben haben, ist ein Waldspaziergang ein besonderes Erlebnis. Dann nämlich wächst und sprießt es auf dem Boden! Nicht zu vergessen die Vögel, die man überall zwitschern hört.

Besonders lohnt es sich, wenn man am Waldrand genau hinsieht: Welche Blumen blühen? Keimen schon einige Samen?

In den Märzwochen kann man bei gutem Wetter die ersten Blüten des weißen und blauen Buschwindröschens entdecken. Etwas später blühen Veilchen, Schlüsselblumen, die ersten Walderdbeeren, dann etwa ab Mitte Mai folgt der Waldmeister. Dazwischen kann man jede Menge Buchenkeimlinge entdecken.

Vor allem in den Auwäldern ist der Bärlauch verbreitet: Man erkennt ihn an den sattgrünen breiten gewölbten Blättern und den zarten weißen Blüten, die in Form einer Kugel auf einem Stängel angeordnet sind. Blütezeit ist von April bis Mai. Bärlauch ist mit dem Knoblauch verwandt und sehr aromatisch. Immer wieder trifft man in den Wäldern Bärlauchsammler.

Vorsicht: Bärlauch hat einen giftigen Doppelgänger – das Maiglöckchen. Dessen Blätter sind ähnlich geformt wie die des Bärlauchs; doch anders als die Bärlauchblätter stehen die Blätter des Maiglöckchens senkrecht nach oben. Also: Erst genau hinsehen und schnuppern, dann pflücken. Nur Bärlauchblätter duften stark; an ihrem Duft kann man sie sehr gut von Maiglöckchenblättern unterscheiden!

Bärlauchquark

Bärlauch ist ein sehr aromatisches Kraut, das man sehr vielfältig, aber lieber sparsam, in der Küche verwenden kann. Bärlauchquark ist eine würzige Beigabe zum Abendbrot. Besonders lecker zu Pellkartoffeln und frischem Brot!

Zutaten:
- mehrere frisch gepflückte Bärlauchblätter (je nach Geschmack 10 bis 15 Blätter)
- 250 g Quark
- Joghurt oder Milch in geringen Mengen
- Salz
- Pfeffer

So wird's gemacht:
1. Bärlauch waschen und noch einmal kontrollieren mittels Riechtest, ob es sich tatsächlich um Bärlauchblätter handelt.
2. Die Bärlauchblätter mit einem Küchentuch vorsichtig abtrocknen.

Anschließend in schmale Streifen schneiden beziehungsweise hacken.
3. Den Quark mit dem Joghurt oder der Milch vermengen.
4. Die Bärlauchstreifen unter die Quarkmischung heben.
5. Mit Salz und Pfeffer nach Geschmack abschmecken – fertig!

Wie blühen Nadelbäume?

Haben Nadelbäume überhaupt Blüten? Aber sicher! Nadelbäume und einige Laubbäume blühen sehr unauffällig. Warum? Die Blüten von Kiefer, Fichte, Tanne, Haselnussstrauch und einigen weiteren Laubbaumarten werden vom Wind bestäubt. Dafür bilden die Pflanzen weibliche und männliche Blüten aus. Im Vergleich zu den weiblichen Blüten sind die männlichen Blüten sehr groß und auffällig – die langen „Kätzchen" bei den Haselnusssträuchern sind männliche Blüten. Wenn man sie vorsichtig anstupst, verbreiten sie gelben Staub – das ist der Blütenstaub, auch Pollen genannt. Mit dem Wind gelangt der Blütenstaub zu der weiblichen Blüte, die den Samen bildet. Wichtig: Pflanzen, die vom Wind bestäubt werden, nennt man Nacktsamer. Sie bilden keine Früchte in ihren Zapfen. Bei ihnen entwickelt sich der Samen direkt.

Die erste Ernte im Jahreslauf

Bereits wenige Wochen nach Frühlingsbeginn ist Erntezeit – die Radieschen sind reif! Dazu kommen Erdbeeren, Holunderblüten – man kann sie zu aromatischem Sirup verarbeiten –, Waldmeister und Bärlauch.

 ## Radieschen aussäen

Radieschen können bereits im Februar im Frühbeet ausgesät werden – ein knackiger Einstieg in ein neues Gartenjahr.

So wird's gemacht:
1. Erde im Frühbeet mit einer Harke auflockern und mit dem Rechen glatt ziehen.
2. Für jede Reihe eine etwa 1 cm tiefe Saatrille bilden – dazu einfach den Stiel eines Gartengeräts auf die Erde legen und kurz eindrücken.

3. Saatband in die Rille legen und mit Erde bedecken.
4. Gießen und tagsüber bei frostfreiem Wetter das Frühbeet zum Lüften einen Spalt öffnen.
5. Sobald die kleinen Knollen ein Stückchen aus der Erde herausragen, sind die Radieschen reif!
6. Radieschen kann man das ganze Jahr über aussäen und ernten. Wichtig ist, dass sie nicht zu warm stehen und nicht überdüngt werden. Radieschen schmecken am besten frisch geerntet zu gesalzenem Butterbrot oder zusammen mit Kräuterquark.

Frühlingserwachen bei den Tieren

Wie merkt man bereits früh am Morgen, während der Dämmerung, dass nicht mehr Winter, sondern Frühling ist? Den Frühling kann man hören – die Vögel zwitschern wieder! Und noch etwas: Es gibt wieder mehr Vögel, viele Vogelarten sind aus ihren Brutgebieten im Süden zurückgekommen und richten sich bei uns auf eine neue Brutsaison ein.

Hier die bekanntesten Zugvogelarten im Überblick:
- Kuckuck
- Nachtigall
- Schwalbe
- Star
- Buchfink
- Lerche
- Kranich
- Storch

Warum singen die Vögel im Frühjahr so laut? Viele Paare müssen sich erst finden! Bei den meisten Vogelarten ist es das Männchen, das mit lautem und ausdauerndem Gezwitscher auf sich aufmerksam macht und Weibchen anzulocken versucht.

 ## Vögel beobachten und zählen bei der „Stunde der Gartenvögel"

Jedes Jahr im Frühling veranstaltet der Landesbund für Vogelschutz (LBV) mit dem Naturschutzbund Deutschland e.V. (NABU) in Deutschland an mehreren Tagen die Stunde der Gartenvögel. Hier sind Vogelfreunde eingeladen, eine Stunde lang an einem Platz Vögel zu beobachten und die Tiere, nach Arten geordnet, in einen Meldebogen einzutragen. Wichtig ist, dass man immer die höchste Zahl der Tiere, die man

zu einem Zeitpunkt beobachtet, einträgt. Konkret heißt das: Wenn ein Vogel mehrmals in den Beobachtungsraum kommt, wird er nur einmal gezählt! Der Meldebogen muss innerhalb einer bestimmten Frist an den LBV oder den NABU weitergeleitet werden.

Die Ergebnisse sind wichtig: Sie werden vom LBV und dem NABU ausgewertet und sind die Grundlage für Maßnahmen im Naturschutz.

 ## Nistkasten bauen

Wer einen Garten hat und Vögel aus nächster Nähe beobachten möchte, kann einen Nistkasten bauen. Der Naturschutzbund e.V. (NABU) und der Landesbund für Vogelschutz (LBV) haben auf ihren Internetseiten zahlreiche Informationen zur Konstruktion von Nistkästen und wie man sie richtig anbringt, damit die Vögel sich darin wohlfühlen und für Nachwuchs sorgen können.

Wer auf Nummer sicher gehen möchte, findet beim LBV und bei anderen Naturschutzorganisationen eine große Auswahl an vorgefertigten Bausätzen, die nur noch zusammengefügt und aufgehängt werden müssen, sowie fertige Modelle für verschiedene Vogelarten!

Was tun, wenn man ein einsames Vogelbaby findet?

Piep, piiiep, pieeeep … Junge Vögel können jämmerlich rufen! Wer einen ganz jungen, noch fast nackten Vogel findet, sollte ihn vorsichtig ins Nest zurücksetzen. Doch was ist mit den Vogeljungen, die allein auf dem Boden herumhopsen und dabei laut rufen?

Nicht anfassen , bitten die Vogelexperten vom Landesbund für Vogelschutz. Nur die wenigsten Vögel sind tatsächlich von den Eltern verlassen. Erst wenn eine Stunde vergangen ist und sich kein Elternvogel gezeigt hat, ist es an der Zeit, aktiv zu werden und den Vogel in seine Obhut zu nehmen. Zu Hause können Jungvögel aber nicht versorgt werden; Vogelpflegestationen nehmen verlassene Jungvögel auf.

Schmetterlinge im Frühling

Wer in der Familie entdeckt den ersten Schmetterling im Frühling? Viele Schmetterlingsarten überleben den Winter bei uns nicht. Doch sie kommen wieder – aus den Puppen schlüpft eine neue Schmetterlingsgeneration, paart sich und legt Eier, in denen sich die Raupen entwickeln. Die Raupen verpuppen sich, und die nächste Schmetterlingsgeneration ist geboren! In Mitteleuropa gibt es rund 4000 verschiedene Arten.

Zu den bekanntesten Tagfaltern bei uns gehören folgende Arten:
- Kohlweißling
- Zitronenfalter
- Schwalbenschwanz
- Pfauenauge
- Distelfalter
- Apollofalter
- Kleiner Fuchs

Schmetterlingsblumen-kasten anlegen

Schmetterlinge und alle übrigen Insekten, die bei uns vorkommen, brauchen heimische Pflanzen, denn von Exoten wie Geranien können sie kein Futter bekommen. Hier ein Beispiel für einen Balkon, der den Tieren nützt und auch uns Menschen Freude macht.

Material:
- Blumenkasten
- Blumenerde
- kleine Schaufel
- Pflanzen (Auswahl): Mauerpfeffer, Thymian, Lavendel, Fetthenne, Bohnenkraut, Küchensalbei, Dost, Zitronenmelisse, Pfefferminze, Schnittlauch
- Gießkanne mit Wasser zum Gießen

So wird's gemacht:
1. Erde, vermischt mit etwas Sand, in den Blumenkasten einfüllen.
2. Anschließend die Pflanzen mit etwas Zwischenraum in den Balkonkasten setzen; die Zwischenräume mit dem Erde-Sand-Gemisch auffüllen und gießen. In der Sonne gedeihen die Pflanzen am besten!

Das Besondere an dieser Balkonkastenbepflanzung: Die Pflanzen sind mehrjährig, das heißt man braucht sie nicht jedes Frühjahr nachzukaufen. Sie locken nicht nur Schmetterlinge, sondern auch andere Insekten an und leisten damit einen sehr wertvollen Beitrag für die Natur. Außerdem kann man viele Kräuter in der Küche verwenden und hat somit auch selbst noch etwas davon!

Schmetterlinge beobachten

Welcher Schmetterling ist das? Naturerlebnisse sind besonders wertvoll, wenn man weiß und versteht, was man beobachtet! Hilfreich für die Beobachtung von Tieren und das Erkennen von Pflanzen sind Bestimmungsbücher. Es gibt eine ganze Reihe Titel für Naturkenner und interessierte Erwachsene. Besonders praktisch sind Naturbestimmungsbücher für Kinder – sie fassen das Wesentliche kurz zusammen und bieten für alle leicht verständliches Wissen.

 Bei Schmetterlingen lohnt sich das genaue Hinsehen und Nachschlagen gleich doppelt: In vielen Bestimmungsbüchern sind neben den Schmetterlingen auch die dazugehörigen Raupen aufgeführt!

Gärtnern mit Kindern im Frühjahr

Frühling ist Gartensaison! Was im Winter gemeinsam in der Familie geplant wurde, kann jetzt nach und nach in die Tat umgesetzt werden. Das Beste daran: Bei vielen Aktivitäten können Kinder mitmachen – egal ob auf dem Balkon, der Terrasse oder im Garten! Am einfachsten ist es natürlich, mit Kindern einen Garten zu pflegen. Dort können sie ihre eigenen Pflanzen anbauen, ein Kinderbeet betreuen …

Doch auch Familien, die ohne Haus-, Kräuteroder Kleingarten auskommen, brauchen auf Gartenspaß nicht zu verzichten – „Urban Gardening" heißt das Stichwort.

Gibt es im Garten einen Igelunterschlupf?

Wenn ihr einen Igelunterschlupf im Garten habt, dann heißt es vorsichtig sein mit dem „Aufräumen" im Garten. Es kann sonst leicht passieren, dass Igel aus ihrem Winterschlaf aufgeschreckt werden. Finden sie dann nicht genügend Futter, ist ihr Überleben gefährdet. Igel wachen in der Regel auf, wenn es draußen etwa 10° C warm ist. Doch das kann dauern … Solange das Wetter schlecht ist, kann es passieren, dass Igel noch bis in den April, manchmal sogar bis Mai in ihrem Unterschlupf bleiben.

Urban Gardening – Gärtnern in der Stadt

Urban Gardening setzt sich ein für mehr Grün im Lebensraum Stadt. Die Ursprünge liegen in den großen US-Metropolen, in denen es große Brachflächen gibt. Anfangs haben engagierte Bürger in der Tradition der Guerillas mit „Samenbomben" versucht, diese Flächen zu begrünen. Inzwischen hat sich das „Guerilla Gardening" weiterentwickelt: Es entstanden Gemeinschaftsgärten, auf denen Städter in mobilen Kisten Gemüse und Kräuter anpflanzen und seltene Sorten kultivieren.

Gärtnern in Behältern – das ist das Kennzeichen der „Urban Gardener". Jeder kann auf diese Weise gärtnern; ein Balkon oder auch ein heller, sonnenbeschienener Dachgarten reichen dafür. Als Behälter eignen sich Bäckerkisten, dazu kommen Balkonkästen in verschiedenen Formen, Größen und Materialien sowie Töpfe, aufgeschnittene Milchtüten, PET-Flaschen … – einfach alles, worin man ein Abzugsloch beziehungsweise einen bodennahen Überlauf für überschüssiges Wasser einbauen kann.

Hier lohnt es sich, ein wenig zu experimentieren – auch Blechdosen, Holzkistchen, Obststeigen und vieles mehr können bepflanzt werden!

Viele Aktivitäten des Urban Gardening kann man in einem „richtigen" Garten, das heißt draußen in einem flachen Beet oder in einem Hochbeet, durchführen. Doch auch das Gärtnern in Bäckerkisten hat seinen Reiz: Die Behälter können immer genau an den Platz gestellt werden, an dem sich die Pflanzen am wohlsten fühlen.

Wer seine Pflanzen vor Schnecken schützen möchte und oft auch muss, kann rund um Töpfe und Kisten wirkungsvolle Barrieren aus Holzwolle oder Sägespänen aufbauen.

Checkliste: Gärtnern mit Kindern

Was braucht man, um Kinder für das Gärtnern zu begeistern? Hier eine Übersicht:

- Behälter: Töpfe, wasserdurchlässige Reissäcke, Bäckerkisten, Balkonkästen, Milchtüten, Metalldosen und vieles mehr – alle mit Abzugsloch
- Erde: Topferde aus dem Gartenfachmarkt, ferner etwas Kompost
- Gießkanne
- Gartengeräte: kleine Schaufel, Spitzhacke, Schere
- weitere Utensilien: Schnur zum Festbinden, Bambusstäbe
- Anzuchtstation: Mini-Treibhaus mit Quelltöpfen
- Box: Aufbewahrungsbox für Samentüten
- Gartenhandschuhe

 ## Kartoffeln im Reissack

Kartoffeln im Reissack? Richtig gelesen! Viele Asia-Läden haben Reissäcke gratis vorrätig. Das Besondere an diesen Säcken: Unbedruckte Reissäcke sind aus einem witterungsbeständigen, aber zugleich wasserdurchlässigen Kunststoffgewebe. Damit eignen sich die Säcke sehr gut als flexible Behälter für den Anbau und die Kultivierung von größeren Pflanzen, zum Beispiel Kartoffeln. Dabei kommt es nicht nur auf die Menge an. Kinder lieben es, Pflanzen beim Wachsen und Gedeihen zu beobachten. Außerdem sind solche Experimente eine gute Gelegenheit, seltene Sorten auszuprobieren. Wer exotische Sorten bevorzugt oder sich das Antreiben sparen will, kann Kartoffeln zum Selbstanbau in gut sortierten Gartenfachmärkten kaufen. Tipp: Kartoffeln aus dem Sack schmecken am besten als Pellkartoffeln mit Butter und Salz!

Das braucht man:
- 2 wasserdurchlässige Reissäcke
- 1 Bäckerkiste
- Topferde
- vorgetriebene Kartoffeln (2 bis 4 Stück)
- Gießkanne
- kleine Schaufel

So wird's gemacht:
1. Die Reissäcke öffnen und zu zwei Dritteln einrollen.
2. Die leeren Reissäcke in die Bäckerkiste stellen und etwa 10 cm hoch mit Topferde befüllen.
3. In jeden Reissack ein bis zwei vorgetriebene Kartoffeln legen und 5 cm hoch mit Topferde auffüllen.
4. Die Bäckerkiste an einen hellen, sonnigen Ort stellen und gießen.
5. Nach einigen Tagen treiben die Kartoffeln aus und es bilden sich Blätter und Zweige. Von nun an kontinuierlich mit einer kleinen Schaufel Topferde einfüllen, und zwar so lange, bis der Reissack völlig entrollt ist. Je höher die Kartoffelsäcke, desto größer wird die Ernte!
6. Nach etwa drei Monaten sind die Kartoffeln reif zum Ernten. Jetzt kann man die Kartoffelkiste umkippen und die Reissäcke ausleeren.

Obst, Blumen, Gemüse, Kräuter

Wer in Behältern auf dem Balkon oder der Terrasse gärtnert, hat meist weniger Platz als die, die einen Garten besitzen. Deshalb sind hier besonders platzsparende Lösungen gefragt. Nicht breit ausladende Pflanzen, sondern hoch wachsende, schmale Exemplare sind jetzt von Nutzen!

Hier eine Übersicht mit Pflanzentipps:
- Ballerina-Obstbaum (Apfel, Birne, Kirsche)
- Beeren-Hochstämmchen: Unten am Fuß kann man Erdbeeren anpflanzen!
- Sonnenblumen
- Pflücksalat: Er kann mehrmals geerntet werden.
- Tomaten
- Kräuter im Topf

Nach oben gärtnern
Wer seine Töpfe und Tröge geschickt übereinander anordnet, kann gleich mehrfach ernten, zum Beispiel Radieschen im oberen und Kräuter im unteren Kasten!

 Erdbeerpyramide

Eine platzsparende Version, um Erdbeeren anzubauen – ideal für sonnige Balkone und Terrassen! Walderdbeeren bilden Ausläufer, die sehr schnell Wurzeln schlagen. Auf diese Weise kann man die Pflanzen sehr leicht vermehren!

Das braucht man:
- Bambusstab
- 3 unterschiedlich große Tontöpfe
- Topferde
- 6 Walderdbeerpflanzen
- Gießkanne
- kleine Schaufel

So wird's gemacht:

1. Den Bambusstab von oben in den Topf stecken.
2. Den großen Tontopf zu zwei Dritteln um den Bambusstab herum mit Topferde befüllen.
3. Auf den Stock den mittleren Tontopf stecken.
4. Den mittleren Topf zu zwei Dritteln mit Topferde befüllen.
5. Den kleinen Topf aufstecken und mit Erde befüllen.
6. Nach und nach jede „Etage" der Topfpyramide mit Erdbeerpflanzen bepflanzen – in die untere Etage drei Pflanzen, in die mittlere zwei Pflanzen und eine Erdbeerpflanze nach oben.
7. Gießen und an einen warmen, sonnigen Platz stellen.

Erdbeermarmelade

Selbst gemacht schmeckt am besten – das gilt ganz besonders für die Erdbeermarmelade!

Zutaten:

- 1 kg Erdbeeren, frisch gepflückt vom Feld
- 500 g Gelierzucker (2:1)
- Gläser mit Schraubverschluss, frisch ausgewaschen

So wird's gemacht:

1. Erdbeeren unter fließendem Wasser waschen, den Stielansatz abschneiden und in kleine Stücke schneiden. Auf Druckstellen und schimmlige Stellen achten. Angeschimmelte Erdbeeren gehören auf den Kompost oder in den Bio-Müll.
2. Die Erdbeerstückchen abwiegen und in den Topf geben. Dazu den Gelierzucker einfüllen. Auf mittlere Hitze stellen und langsam umrühren. Die Masse soweit erhitzen, dass sie sprudelt, und rund vier Minuten köcheln lassen.
3. Den Schaum mit dem Schaumlöffel abschöpfen und in eine Schüssel geben. (Tipp: Der Erdbeerschaum ist herrlich locker und schmeckt wunderbar auf einem Brötchen mit Butter! Ideal

als Belohnung für hinterher, wenn die Marmelade fertig ist.)
4. Die sprudelnde Masse mit einem Pürierstab fein pürieren. Nach rund vier Minuten die Gelierprobe machen: Wenn die Masse auf einem Löffel fest wird, kann die Marmelade mit dem Schöpflöffel in die Gläser abgefüllt werden.
5. Die Gläser mit der Marmelade sofort fest verschließen, auf den Deckel stellen und auskühlen lassen.

Erdbeermilchshake

Die eigenen Erdbeeren schmecken frisch gepflückt sehr gut, sind aber auch sehr lecker im erfrischenden Milchshake.

Zutaten:

- 250 g Erdbeeren
- 500 ml Milch
- 1 Päckchen Vanillezucker
- 2 Kugeln Vanilleeis

So wird's gemacht:

1. Beeren waschen und den Stielansatz abzupfen beziehungsweise abschneiden. In kleine Stückchen schneiden.
2. Die Erdbeerstückchen in ein hohes Kunststoffgefäß füllen und mit einem Pürierstab oder Stabmixer fein zerkleinern. Dabei die Milch, das Eis und den Vanillezucker dazugeben.
3. Strohhalm dazugeben und sofort, aber langsam, trinken – das erfrischt!

 ## Lavendel mit Stecklingen vermehren

Lavendel ist ein Gewinn für jeden Garten und jede Terrasse. Er duftet nicht nur herrlich, mit seinen schmalen, silbergrauen Blättern und den lila Blüten ist er ein echter Hingucker, und zwar den ganzen Sommer! Es lohnt sich also, wenn man mehrere Exemplare davon hat.

Das braucht man:
- Stecklinge beziehungsweise ein großer Lavendelstrauch
- kleine Behälter zur Stecklingsvermehrung, zum Beispiel halbierte Milchtüten
- Handbohrer
- Topferde (am besten Anzuchterde) und etwas Sand
- Gießkanne
- kleine Schaufel

So wird's gemacht:
1. Mit einer Schere einige 7 bis 10 cm lange Zweige von den Stecklingen abschneiden.

2. Die Spitzen abschneiden – so können sich die Pflanzen, wenn sie Wurzeln gebildet haben, sofort verzweigen. Die Blätter des unteren Drittels abtrennen.
3. Leere Milchtüten in der Mitte halbieren, den oberen Teil wegwerfen. Mit dem Handbohrer in den unteren Teil an den Seiten mehrere Löcher als Abzugslöcher einstechen.
4. Die Topferde (Anzuchterde) mit ein wenig Sand vermischen und in die halbierten Milchtüten einfüllen.
5. Die Stecklinge bis zum ersten Blatt senkrecht in die Milchtüten stecken – in jede Tüte kommt ein Steckling.
6. Die Milchtüten-Stecklingssammlung an einen warmen, aber schattigen Ort stellen und regelmäßig gießen.
7. Wenn die Stecklinge angewachsen sind, können sie im Haus an einem hellen und frostfreien Ort überwintern.

Familiengarten für die große Ernte

In einem großen Garten gibt es immer viel zu tun. Wenn man es richtig anpackt, kann jeder in der Familie mitmachen und Spaß dabei haben. Im Frühjahr ist die Gelegenheit, mit dem im Herbst angelegten Hügelbeet (siehe Seite 149) gemeinsam für eine gute Ernte zu sorgen.

Hügelbeet bepflanzen

Wer im Herbst sein Hügelbeet angelegt hat, kann sich jetzt auf das Bepflanzen freuen! Das Beste am Hügelbeet: Es ist ideal für eine Mischkultur. Das heißt, dass viele verschiedene Sorten Gemüse angebaut werden können – so ist für jeden in der Familie etwas dabei!

Dazu kommen weitere Vorteile: Die Anbaufläche ist um etwa ein Drittel größer als bei einem flachen Beet. Der hohe Anteil an halb verrotteten Pflanzenteilen sorgt dafür, dass es im Hügelbeet wärmer ist als bei herkömmlichen Beeten. Das ist auch der Grund, warum man auf dem Hügelbeet länger und mehr ernten kann als in einem Flachbeet!

Wer genügend Platz hat, kann seine Pflanzen für das Hügelbeet aus Samen ziehen. Jungpflanzen gedeihen aber am besten in Mini-Gewächshäusern.

Eventuell ist es sinnvoll, einen Teil der Pflanzen selbst zu ziehen. Ideal für Kinder sind zum Beispiel Kapuzinerkresse und Bohnen: Sie keimen rasch und wachsen in kurzer Zeit zu imposanten Pflanzen heran.

Dazu braucht man:
- Jungpflanzen verschiedener Gemüsesorten, selbst gezogen oder gekauft
- Hacke am Stiel
- Gießkanne

So wird's gemacht:
1. Pflanzplan gestalten: Pflanzen harmonieren unterschiedlich gut miteinander. Es gibt Pflanzengemeinschaften, die sich untereinander fördern, und solche, die weniger förderlich gegenüber einander sind. Ideal sind zum Beispiel folgende Kombinationen:
- Erbsen und Dill, Möhren, Kopfsalat
- Gurken und Kohlrabi, Zuckermais
- Lauch und Möhren, Radieschen

- Tomaten und Kohlrabi, Lauch, Möhren, Sellerie, Zwiebeln
- Rhabarber kann als Dauerbepflanzung auf einem Hügelbeet wachsen.

2. Abdeckung vom Hügelbeet, das im Herbst angelegt wurde, abnehmen und die oberste Erdschicht mit der Hacke lockern.
3. Pflanzen auswählen: Wer sein Hügelbeet erst angelegt hat, sollte sich auf Starkzehrer beschränken, das heißt Gemüsesorten, die viele Nährstoffe verbrauchen, zum Beispiel Zucchini, Gurken, Tomaten, Erbsen und Bohnen. Später können auch Pflanzen angebaut werden, die weniger Nährstoffe brauchen, zum Beispiel Kohlrabi, Rettiche und viele mehr.
4. Beet bepflanzen: Am besten oben beginnen mit Wärme liebenden Pflanzen wie Paprika und Tomaten. Dann folgt eine Reihe Kohlgewächse, dann eine Reihe Lauch beziehungsweise Sellerie, anschließend Gurken.
5. Vorsichtig gießen – das Erdreich kann wegen der Hügelform leicht ausgeschwemmt werden!
6. Regelmäßig mulchen: Nach dem Rasenmähen dünn Rasenschnitt als Mulchschicht ausbringen. So ist das Hügelbeet davor geschützt, dass die feine Humusschicht bei Regen weggeschwemmt wird.
7. Nach und nach abernten und immer wieder neu bepflanzen!

Platz zum Malen

Malen nach Zahlen

Wer macht hier Musik? Verbinde die einzelnen Zahlen von 1 bis 110 der Reihe nach miteinander, dann siehst du es.

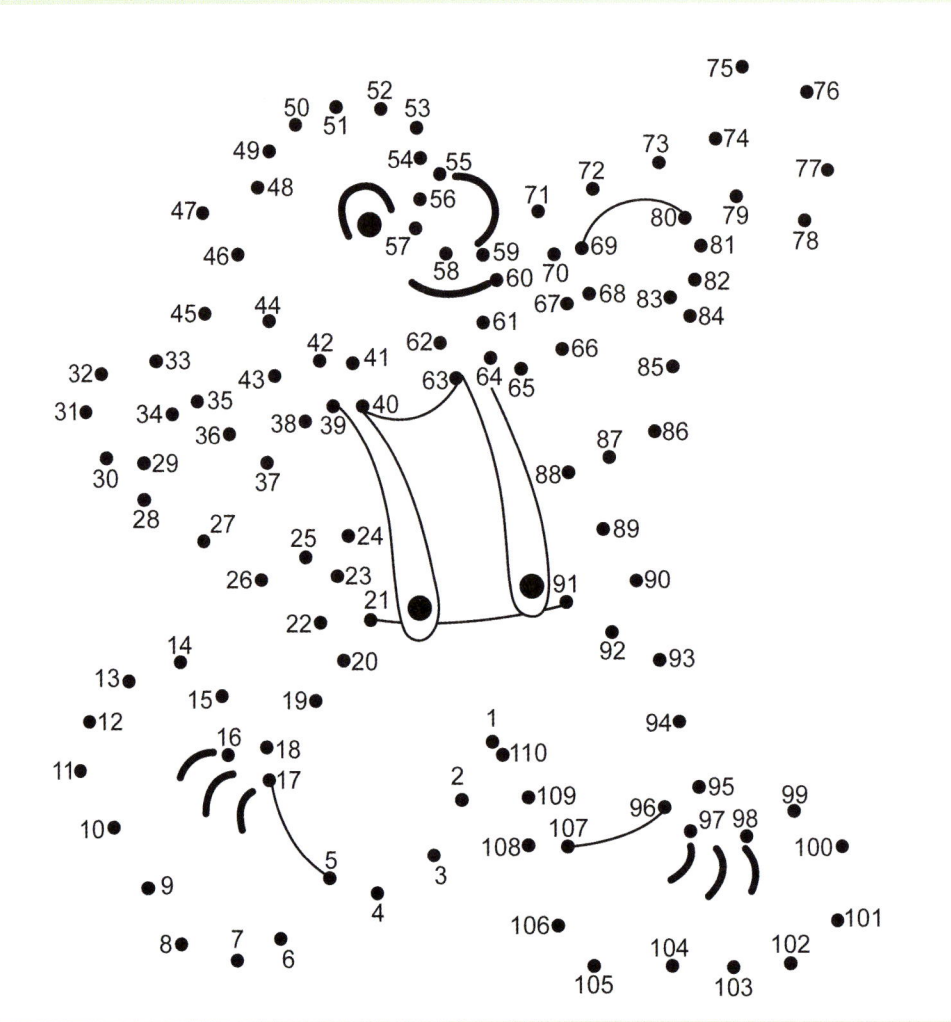

Bild zum Ausmalen

Diesen fröhlichen Marienkäfer kannst du ausmalen!

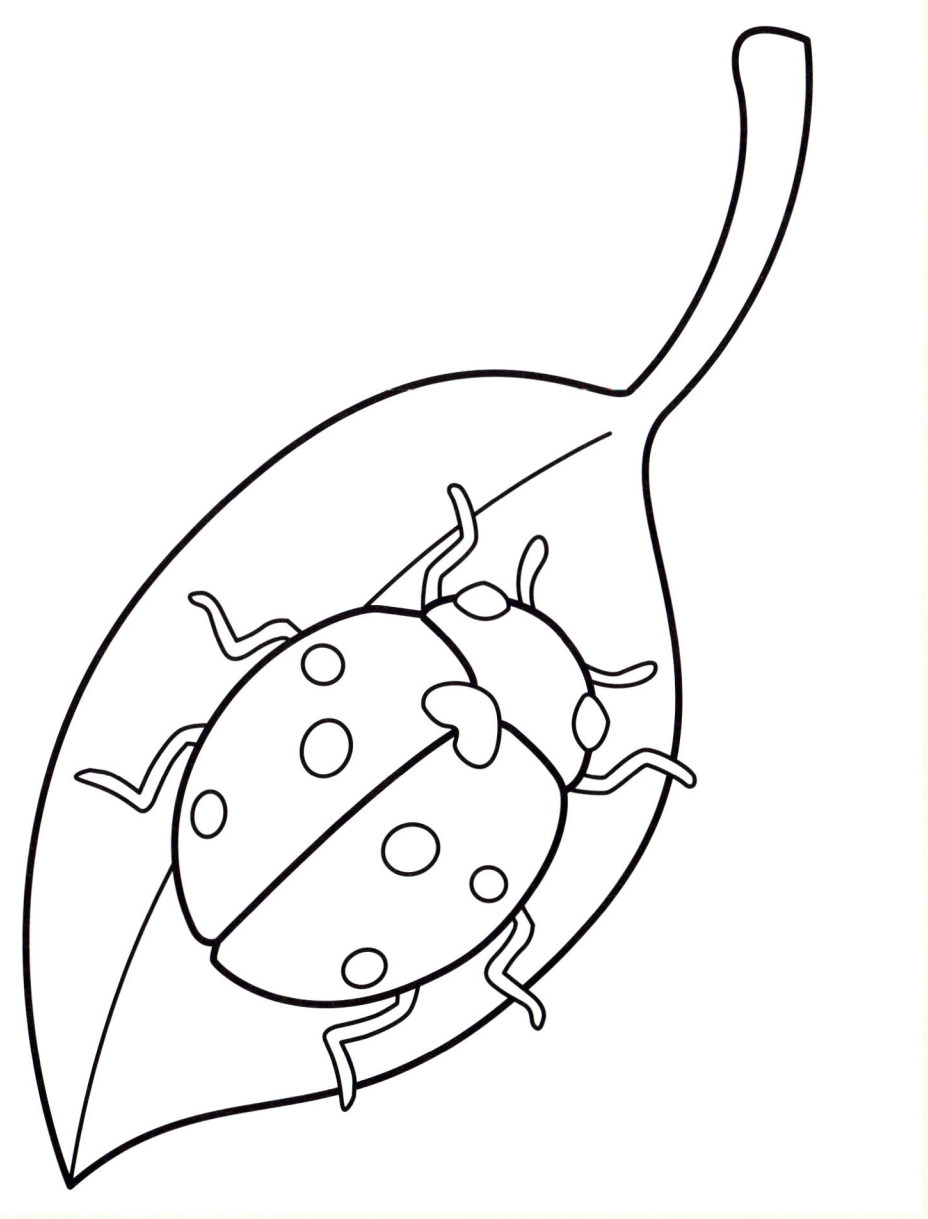

Zwischen Winterschlaf und Frühjahrs- müdigkeit

Im Frühling ist Zeit, um wieder in Schwung zu kommen. Doch noch immer steckt vielen der lange Winter in den Knochen – sie sind müde und fühlen sich schlapp. Lange hält die Früh- jahrsmüdigkeit meist nicht an …

Den Frühling spüren

Raus an die frische Luft, den milden Wind genie- ßen, die ersten Sonnenstrahlen spüren … Das Frühjahr ist die Zeit, die man am besten mit allen Sinnen – Sehen, Hören, Tasten, Schmecken und Fühlen – wahrnehmen kann. Und dabei gibt es eine Menge Spannendes zu entdecken!

- **Sehen:** Welche Farben haben die Blüten? Wo keimt eine Pflanze, wo treibt ein Blatt aus? Wel- che Blüte öffnet sich als Nächstes? Wer sich bewusst und konzentriert umsieht, entdeckt am meisten!
- **Hören:** Nach draußen gehen und eine Weile die Augen schließen. Zwitschern die Vögel? Summen die Insekten? Rascheln die Blätter? Verkehrsgeräusche in der Nähe? Auch wenn man geglaubt hat, es gäbe „nichts" zu hören – überall gibt es Geräusche.
- **Tasten:** Wie fühlt sich ein Blatt an, das eben aus einer Knospe „geschlüpft" ist? Wie die Rin- de eines Baumes? Wie fühlt sich feuchte oder nasse Erde an? Sand und Matsch? Wie warm werden Steine in der Sonne? Warm oder kalt, schwer oder leicht, rau oder glatt … Die Haut, vor allem an den Händen sagt euch in Bruchteilen von Sekunden, wie etwas be- schaffen ist.

mehr von dem Botenstoff Serotonin zu bilden – ein Hormon, das positiv stimmt. Gleichzeitig ist das „Winterschlaf-Hormon" Melatonin aktiv. Das Hin und Her zwischen Aufbruchstimmung und Erschöpfung stresst – das ist die sogenannte Frühjahrsmüdigkeit!

Tipps gegen Frühjahrsmüdigkeit
- Raus in die Natur mit Bewegung an der frischen Luft. Dabei jedoch immer an die passende Kleidung denken – morgens und abends ist es noch frisch! Ideal ist der Zwiebel-Look mit mehreren Schichten dünner Kleidung übereinander, die man je nach Temperatur und Wetter an- und ausziehen kann: T-Shirt, Pullover, Jacke, Regenschutz!
- Viel frisches Obst und Gemüse essen: Erdbeeren, Kiwi, Spargel, Radieschen, Salat …
- Kurzer Mittagsschlaf – nicht länger als 30 Minuten ausruhen.
- Früh aufstehen und früh zu Bett gehen: So bekommt man sehr viel von dem stimmungsaufhellenden Serotonin ab.
- Mit der Familie und Freunden etwas unternehmen, am besten draußen – auch das hebt die Stimmung und bringt Schwung.

- **Schmecken:** Nichts geht über ein Brot mit selbst gemachter Erdbeermarmelade, die eigenen Radieschen aus dem Garten oder ein Stück Rhabarbertorte! Entdeckt die Köstlichkeiten, die der Frühling für euch bereithält.
- **Fühlen:** Versucht einmal, bewusst die Wärme der Frühlingssonne auf eurer Haut zu spüren. So lange mussten wir ohne die wärmenden Strahlen auskommen. Das tut gut!

Wichtig: Immer für Sonnenschutz sorgen, bevor es an die frische Luft geht. Gerade im Frühling, zu Beginn der Sonnensaison, ist ein Sonnenschutz mit besonders hohem Lichtschutzfaktor – ab 25 – wichtig. Der angegebene Lichtschutzfaktor schützt jedoch nur vor dem Anteil der UV-Strahlung, die Sonnenbrand auslöst. Noch gefährlicher ist jedoch die UV-A-Strahlung, ein Risikofaktor für Hautkrebs. Deshalb ist es sehr ratsam, Sonnenschutz mit UV-A-Filter zu benutzen.

Fit in den Frühling

Die Tage werden länger – das ist das Signal für den Körper, auf Frühling umzuschalten. Dass wir überhaupt in Frühjahrsstimmung kommen, liegt an der Helligkeit: Sie verleitet das Gehirn dazu,

Heuschnupfen

Rausgehen, die Natur genießen? Für immer mehr Menschen ist das Frühjahr eine Zeit der Qual: Die Nase läuft, die Augen brennen … Heuschnupfen! Eigentlich handelt es sich dabei um eine Allergie.

Es ist eine Überreaktion des Körpers auf die Eiweiße in den Pollen. Zum Glück gibt es – neben der Behandlung durch einen Arzt – einige Tipps und Tricks, wie man die Beschwerden im Alltag in den Griff bekommt.

- **Pollenflugkalender lesen:** Hier ist angegeben, welche Pollen gerade fliegen und wann es gilt, sich besonders zu schützen und nicht nach draußen zu gehen.
- **Zimmer häufig reinigen:** Staub bindet Pollen. Am besten täglich reinigen, dann können sich kaum Pollen ansammeln.
- **Fenster geschlossen halten:** Auf dem Land fliegen die Pollen verstärkt zwischen vier und sechs Uhr morgens, in der Stadt ist Pollenhochzeit zwischen sechs Uhr abends und Mitternacht.
- **Richtig lüften:** Auf dem Land ist es ideal zwischen sieben Uhr abends und zwölf Uhr nachts, in der Stadt in den Morgenstunden zwischen sechs und acht Uhr. Für Stadt und Land gilt: Fenster auf nach und während eines Regengusses – dann sind sehr viel weniger Pollen in der Luft!

- **Haare waschen:** Wer abends seine Haare wäscht, vermeidet, dass er die Pollen, die sich tagsüber auf seinem Kopf angesammelt haben, mit ins Bett nimmt!
- **Täglich Kleidung wechseln:** Frisch gewaschene Kleidung hat weniger Pollen als getragene Kleidung – deshalb täglich frisch anziehen und die Kleidung des Tages außerhalb des Schlafzimmers wechseln.
- **Wäsche im Haus oder Keller trocknen:** Wenn feuchte Wäsche draußen trocknet, bleiben Pollen daran haften.

Fastenzeit

Mit dem Aschermittwoch ist Fasching beziehungsweise Karneval vorbei. Es beginnt die traditionelle Fastenzeit, die 40 Tage dauert – dabei werden die Sonntage nicht mitgerechnet. Früher galten für diese Zeit strenge Regeln: Im Mittelalter waren Fleisch, fetter Fisch, Eier, Butter, Käse und Milch in der Fastenzeit verboten; Bier war erlaubt – es war damals eines der wenigen Lebensmittel, das wenig Keime beinhaltete. Als solches war es ungefährlich und für die Menschen unverzichtbar. Heute sind auch bei den Katholiken nur noch der Aschermittwoch und Karfreitag strenge Fastentage. An diesen Tagen ist eine fleischlose Mahlzeit erlaubt. Für evangelische Christen ist das Fasten keine Pflicht.

Woher stammt die Fastentradition? Der Brauch des Fastens stammt aus der Bibel: Sie berichtet, dass Jesus 40 Tage lang in der Wüste gefastet hat.

Heute ist das Fasten im Frühjahr aus verschiedenen Gründen im Kommen. Viele Menschen möchten gesünder leben und deshalb ihr Gewicht reduzieren. Deswegen essen sie insgesamt weniger oder verzichten auf bestimmte Lebensmittel.

Fasten in der Familie

Auch heute lohnt es sich, über seine Gewohnheiten nachzudenken. Dabei geht es nicht nur ums Essen und Trinken. Fasten kann man, wenn man auf Aktivitäten, die oft nur ablenken, verzichtet. Sich auf das Wesentliche zu konzentrieren, lohnt sich.

Weniger essen macht bei Kindern und Jugendlichen keinen Sinn. Dennoch gibt es auch für sie die Möglichkeit zu fasten. Hier ein paar Vorschläge, die auch für Eltern und überhaupt für alle Erwachsenen geeignet sind:

Ein Tag in der Woche …
- … ohne Süßigkeiten und süße Getränke
- … ohne Computer, Fernsehen, DVD, Radio und MP3-Player
- … ohne Auto
- … ohne Alkohol und andere Genussmittel wie Zigaretten

Stattdessen …
- … ein Buch lesen
- … Musik hören oder selbst Musik machen
- … Freunde anrufen und fragen, wie es ihnen geht
- … Urlaubsfotos sortieren
- … früh zu Bett gehen

Beide Listen können beliebig fortgesetzt werden. Fällt euch noch etwas ein?

Feste im Frühling

Von Ostern bis Pfingsten – im Frühjahr ist viel los. Rund um die Feste gibt es viele uralte Bräuche und Rituale, die jedes Jahr wieder durchgeführt werden: Ostereier gestalten, Palmbuschen basteln, in den Mai tanzen … Es gibt viel zu tun!

Ostern

Ostern gehört zu den Höhepunkten im Familienjahr. Mit seinen zentralen Themen – Tod und neues Leben – passt es perfekt in den Frühling: An Ostern feiern wir die Auferstehung von Jesus Christus.

Auf der ganzen Welt ist Ostern das wichtigste Fest aller Christen, egal welcher Konfession sie angehören. Warum Ostern? Apostel Paulus hat es in seinem ersten Brief an die christliche Gemeinde in Korinth (1. Kor 15,17) so formuliert: „Wenn aber Christus nicht auferweckt worden ist, dann ist euer Glaube nutzlos."

Damit ist klar: Nicht Weihnachten, das Fest der Geburt von Jesus, steht im Zentrum des christlichen Glaubens. Vollendet wird die Botschaft Jesu erst mit seinem Tod und der Auferstehung – und das ist es, worum sich an Ostern alles dreht!

Eierlauf

Dieses Spiel ist ein echter Geschicklichkeitsklassiker – nicht nur zu Ostern!

Spieleranzahl: mindestens 2 Personen
Alter: ab 6 Jahren

Utensilien: pro Spieler ein Esslöffel und ein hart gekochtes Osterei, Hindernisse (Eimer, Gießkannen, Bälle, Plastikflaschen etc.), Schnur als Markierung für die Start- und Ziellinie

Der Spielleiter gestaltet auf einer Laufstrecke von etwa 15 m parallel zwei Hindernisparcours. Die Parcours sind gleich aufgebaut, sodass gleichzeitig zwei Spieler ins Rennen gehen können. Die Spieler stellen sich hinter der Start- und Ziellinie auf; die ersten Spieler tragen den Esslöffel mit dem Ei in der Hand. Auf „Los!" rennen sie los und versuchen, mit dem Ei den Hindernislauf zu schaffen. Doch Vorsicht: Wem das Ei herunterfällt, der scheidet aus und muss sein Ei abgeben! Gewonnen hat der schnellste und geschickteste Läufer.

Warum feiern wir Ostern jedes Jahr zu einem anderen Termin?

Ostern gehört zu den beweglichen Feiertagen, also zu den Feiertagen, die nicht auf ein festes Datum fallen. Dennoch ist der Tag schon viele Jahre im Voraus in Kalendern eingezeichnet. Wie ist das möglich? Ostern, so wurde auf dem 1. Konzil von Nicäa im Jahr 325 n. Chr. festgelegt, wird immer am ersten Sonntag nach dem ersten Vollmond im Jahr gefeiert. Damit steht fest, dass Ostern frühestens am 22. März, spätestens am 25. April gefeiert wird. Die Orthodoxe Kirche berechnet Ostern nach einem anderen, dem julianischen Kalender. Deshalb feiern orthodoxe Christen Ostern zu einem anderen Termin als die übrigen Christen.

Die meisten beweglichen Feiertage richten sich nach dem jeweiligen Datum des Osterfestes. Aschermittwoch und damit Fastenbeginn ist immer der 46. Tag vor Ostern; Pfingsten fällt auf den 49. Tag nach Ostern. Christi Himmelfahrt wird immer an einem Donnerstag, zehn Tage vor Pfingsten, gefeiert. Fronleichnam ist immer elf Tage nach Pfingsten.

Ursprünge des Osterfestes

Auch wenn wir an Ostern die Auferstehung Jesu feiern, hat das Osterfest seinen Ursprung im jüdischen Glauben, genauer gesagt im Passah-Fest. Beim Passah-Fest wird der Auszug der Israeliten aus Ägypten gefeiert. Diese Feier findet auch im Neuen Testament statt; es ist das Abendmahl, das Jesus am Gründonnerstag mit seinen Jüngern begeht.

Påsk, pasque, pasqua … in vielen Sprachen ist noch der jüdische Ursprung des Osterfestes im Namen erhalten. Anders im Deutschen und Englischen. Woher kommt der Begriff „Ostern"? Bis vor einiger Zeit ging man davon aus, dass es bei den Germanen eine Frühlingsgöttin namens Ostara gegeben hat. Heute weiß man, dass das nicht

richtig ist. Der Begriff „Ostern" stammt von dem Wort „Eostro", das im Frühmittelalter erstmals belegt ist. Es bedeutet so viel wie „Morgenröte". Daraus entwickelte sich mit der Zeit „Ostern".

Osterhase – ein Symbol für die Fruchtbarkeit

Warum ist der Hase und nicht etwa das Huhn das Symbol für Ostern und die Fruchtbarkeit? Der Grund liegt auf der Hand: Hasen bekommen sehr viele Junge – rund 20 Tierkinder pro Jahr! Dazu kommt, dass der Hase ein sehr altes Symboltier für Fruchtbarkeit ist: Bereits in der griechischen Mythologie, also noch lange vor dem Christentum, hat man den Hasen den Göttinnen der Fruchtbarkeit zugeordnet. Diese Vorstellung wurde in das Christentum übernommen: In der christlichen Tiersymbolik steht der Hase für Christus und die Wiederauferstehung!

Palmsonntag – Jesus kommt nach Jerusalem

Eigentlich beginnt die Osterzeit mit dem Ostermorgen und endet 50 Tage später an Pfingsten. Doch auch in den Wochen vor Ostern wird gefeiert. Es beginnt mit dem Palmsonntag, dem Sonntag vor Ostern.

Am Sonntag vor seinem Tod kam Jesus mit seinen Jüngern auf einem Esel nach Jerusalem. Dort wurde er begeistert empfangen: Die Menschen jubelten ihm zu und breiteten Palmzweige vor ihm aus. Damit ehrten sie ihn wie einen Sieger. Das hat die Römer, die damals in Israel herrschten, sehr empört.

Palmbuschen basteln

In südlichen Ländern binden die Christen zum Palmsonntag Palm- oder Ölzweige zu Sträußen und lassen sie segnen. In Mitteleuropa verwendet man stattdessen Buchsbaumzweige.

Früher wurden oft Weidenzweige für Palmbuschen und später für Ostersträuße verwendet. Kein Wunder – mit ihren flauschigen Kätzchen sind sie mindestens genauso hübsch wie „echte" Palmzweige. Doch das ist heute nicht mehr er-laubt: Weidenkätzchen sind eine sehr wichtige Nahrung für Bienen und Schmetterlinge und deswegen geschützt!

Material:
- mehrere Zweige, zum Beispiel Buchsbaum und blühende Zweige
- Holzstab
- Blumendraht oder Schnur
- Klebeband
- ausgeblasene Eier – alternativ Kunststoff- oder Styroporeier aus dem Bastelladen
- bunte (Krepp-)Bänder
- Perlen (aus dem Bastelladen)

So wird's gemacht:
1. Die Zweige werden um den Stab gelegt und mit Blumendraht oder einer Schnur fest umwickelt. Damit man sich beim Zugreifen nicht verletzt, sollte man den Strauß am Stab mit breitem Klebeband umwickeln.
2. Die Eier auf Draht aufziehen und in den Strauß stecken.
3. Ferner kann man die Zweige mit (Krepp-)Bändern und Perlen schmücken.

In katholischen Kirchen werden die Palmbuschen in die Kirche mitgenommen und dort gesegnet.

Gründonnerstag: Jesus feiert mit den Jüngern das Abendmahl

Am Gründonnerstag feierte Jesus beim Passah-Fest sein letztes Abendmahl mit den Jüngern. Dabei kündigte er an, dass er von einem seiner Jünger verraten werden würde. Der Gründonnerstag ist der eigentliche Auftakt der Osterfeiertage; es ist der Vorabend zum Karfreitag.

Zum Zeichen der Trauer und des Abschieds läuten in vielen Kirchen die Glocken bis zum Ostersonntag nicht mehr, die Orgel spielt nicht und die Kerzen und Bilder werden verhüllt.

In katholischen Kirchen wird nach der Messe am Gründonnerstag das Tabernakel geleert und offen gelassen; der Altar wird abgeräumt. Es finden Prozessionen statt, bei denen man mit Ratschen und Klappern auf das kommende Leiden aufmerksam macht und – in heidnischer Tradition – Dämonen und böse Geister zu vertreiben versucht.

Warum heißt der Tag „Gründonnerstag"?

Der Name „Gründonnerstag" ist seit dem hohen Mittelalter, also seit etwa 1250 n. Chr. gebräuchlich. Man nimmt an, dass die Christen an diesem Tag frische grüne Kräuter gegessen haben – damals ein sehr gesundes und wichtiges Festmahl nach dem langen Winter, der wenig Frisches für die Menschen geboten hat.

Karfreitag: Jesu Leidensweg beginnt und endet am Kreuz

Der Karfreitag ist der traurigste Feiertag der Christen. Die Bedeutung steckt bereits im Namen „Karfreitag" – chara kommt aus dem Althochdeutschen und bedeutet so viel wie „Klagen" und „Trauer." Am Karfreitag wurde Jesus gefangen genommen, vor dem Hohen Rat verhört, an den Statthalter Pilatus übergeben und schließlich verurteilt. Es folgten ein langer Leidensweg und schließlich die Kreuzigung und der Tod.

In katholischen Kirchen wird der Karfreitag nur mit einem Wortgottesdienst gefeiert; als Zeichen der Trauer wird nicht gesungen. Dazu finden Prozessionen statt, die die zwölf Stationen auf Jesu Leidensweg nachzeichnen. In der evangelischen Kirche wird an diesem Tag Abendmahl gefeiert.

Ein Tag des Innehaltens

Jesu Leidensweg ist grausam. Es tut weh, darüber nachzudenken. Doch Karfreitag ist eine Gelegenheit, einen Tag in Ruhe zu verbringen. Vielleicht einmal ohne Film, ohne Fernsehen, ohne Radio und Internet?

Viele Familien essen am Karfreitag Fisch, eine traditionelle Fastenspeise. Bei Katholiken hat das Fasten eine feste Tradition: Gläubige, die älter als 14 Jahre sind, dürfen/sollen an diesem Tag kein Fleisch essen.

Auch heute kann man einen Tag fasten – der eine mehr, der andere weniger. Worauf aber alle verzichten können, sind Süßigkeiten und andere Leckereien.

Hase und Huhn – eine Ostergeschichte

„Mama, Papa, wohin geht ihr?" Seit Wochen waren die Eltern der Hasenkinder Oskar und Leo jeden Abend verschwunden.

„Es wird eine Überraschung geben", deuteten die Eltern geheimnisvoll an. „Wehe, wenn ihr uns hinterherspioniert! Der Fuchs geht um, das kann böse enden!"

Es war Frühling. Der kleine neugierige Oskar wollte nach draußen.

„Wir dürfen nicht", warf Leo, der Ältere, ein. Doch eines Abends war Oskar weg. Wo war er? Bestimmt drüben beim Stall! Schon lange rätselte Oskar darüber, welche Tiere wohl dort lebten. Im Zickzack hüpfte Leo hinüber. Plötzlich hörte er Gebell – das war der Hofhund.

Da flitzte ein Fellknäuel um die Ecke! „Oskar", rief Leo, „hierher!" und mit einem Satz waren sie durch die Luke im Stall. Was sahen sie? Die Hühner standen dicht gedrängt im Kreis. In der Mitte saß Mutter Hase mit Pinsel und Farbe, vor ihr lagen jede Menge Eier und neben ihr saß Vater Hase mit einem Bündel Stroh, das er zu einem Korb formte.

„Hier seid ihr", rief Leo, „Bei den Hühnern!"

„Leo, Oskar! Ihr solltet uns doch nicht hinterherspionieren!", schimpfte der Hasenvater.

„Papa, Mama", klagte Leo. „Das erkläre ich euch später. Was macht ihr hier?"

„Ach, Kinder", lenkte die Mutter ein. „Bald ist doch Ostern. Die Hühner legen die Eier für die Osternester. Doch wie sollen sie die Eier mit ihren Flügeln und Federn verzieren? Wie in einen Korb packen und die Nester füllen? Das machen wir mit unseren Pfoten!"

„Warum?", wunderten sich die Hasenkinder.

„Wir helfen den Hühnern, und sie helfen uns. Nach Ostern feiern wir alle ein Körnerfest – da werden wir nach dem langen Winter das erste Mal wieder richtig satt!", erklärte die Mutter.

„Ich will auch mithelfen!", rief Oskar.

„Ich auch", stimmte Leo ein.

„Mithelfen, mithelfen", gackerten die Hühner und nickten.

„Nun denn", seufzten die Eltern. „Ihr helft mit, und so sind wir schneller fertig!"

Wie gut es ist, wenn man sich gegenseitig hilft, hat sich bei Hasen und Hühnern herumgesprochen. Und so kommt es, dass heute jedes Kind ein oder zwei schön bemalte Eier in seinem Osternest hat.

Karsamstag – Vorbereitung auf das große Fest

Karsamstag ist ein Tag der Ruhe. Es ist der Tag vor der Auferstehung! Die letzte Gelegenheit, noch Ostergeschenke zu basteln und Ostereier zu färben!

Ostereier färben

Dass man an Ostern Eier verschenkt, hat eine sehr lange Tradition – schon im Mittelalter schenkte man sich Eier. Der Brauch, Ostereier zu verzieren beziehungsweise zu bemalen und dann zu verschenken, stammt aus Armenien, einer der ältesten christlichen Kirchengemeinden überhaupt. Dieser Brauch hat sich nach und nach in der gesamten christlichen Welt verbreitet.

Es gibt viele Möglichkeiten, Ostereier zu färben und zu verzieren. Man kann sie mit fertigen Farben aus der Drogerie oder dem Bastelladen färben. Die natürlichste und gesündeste Art ist, sie mit Naturmaterialien zu färben.

Material:
- rote Zwiebeln, Rote Bete (für rote Eier)
- Spinatblätter (für grüne Eier)
- Safran (für gelbe Eier)
- weiße Eier
- Eierstecher
- Kochtopf
- 1 EL Essigessenz
- Küchentuch
- 1 EL Speiseöl

So wird's gemacht:
1. Die Färbematerialien klein schneiden. In jedes Ei vorsichtig am stumpfen Ende mit dem Eierstecher ein Loch stechen. Währenddessen Wasser im Wasserkocher zum Kochen bringen.

2. Das Wasser in den Topf geben, dazu die Färbematerialien und Essigessenz hinzugeben. Nach und nach die Eier mit dem Löffel langsam in das heiße Wasser geben. Das Wasser im Topf zum Köcheln bringen. Nach zehn Minuten sind die Eier hart gekocht.
3. Mit dem Löffel aus dem Topf nehmen und in einem Eierkarton trocknen und auskühlen lassen. Um den Eiern Glanz zu geben, ein Küchentuch mit einem Esslöffel Speiseöl befeuchten und die Eier damit vorsichtig abreiben.

Osternest aus Naturmaterialien basteln

Bunt gefärbte Ostereier, Schokohasen, Schokoeier und vielleicht noch die eine oder andere Überraschung – Kinder und Erwachsene lieben Osternester. Sie gibt es natürlich fertig zu kaufen. Sehr viel spannender ist es jedoch, wenn man sie selbst aus Naturmaterialien bastelt.

Material:
- mehrere frisch geschnittene Ruten von wildem Wein
- Schnur
- Heu oder Holzwolle
- Moos nach Belieben

So wird's gemacht:

1. Einen Ring formen und die Ruten fest miteinander verbinden, sodass sie sich nicht lösen können. Mit Schnur fixieren.

2. In den Ring mehrere bogenförmige Verstrebungen, die sich überkreuzen, einbauen – sie bilden den Korb.

3. Das Geflecht mit weiteren dünnen Ruten auffüllen und verstärken.

4. Heu oder Holzwolle einfüllen.

5. Wer mag, kann das Nest zusätzlich mit Moos auspolstern.

Osterkerze gestalten mit Wachsplättchen

Katholische Christen können ihre Osterkerze am Ostersonntag mit in den Gottesdienst nehmen und dort segnen lassen. Osterkerzen gibt es zu kaufen, man kann sie aber auch ganz einfach selbst herstellen!

Material:
- Wachsplatten in verschiedenen Farben
- Schneidebrett
- Messer
- 1 große einfarbige Kerze

So wird's gemacht:

1. Die Wachsplatten, jede einzeln, auf das Schneidebrett legen.

2. Mit dem Messer Figuren aus den Wachsplatten ausschneiden und die Figuren auf die Kerze drücken. Die Wachsplatten haften sehr leicht, da das Wachs durch die Wärme der Hände weich wird.

3. Bei den Verzierungen können Kinder ihrer Fantasie freien Lauf lassen: Je nach Lust und Geschick kann die Kerze mit Osterhäschen, Nestern, Blumen, Eiern und anderen Figuren gestaltet oder mit einfacheren geometrischen Figuren verschönert werden.

Eier ausblasen

Es gibt sie aus Kunststoff, Styropor und Papier. Doch die meisten schätzen die „echte" Version – ausgeblasene Eier! Eier ausblasen ist gar nicht so schwer – man braucht nur etwas Geduld und Kraft! Wichtig ist, dass die Eier vor dem Ausblasen genau kontrolliert werden.

Material:
- frische Eier ohne Risse
- 1 dickere Nadel mit einer feinen Spitze
- 1 EL Essigessenz
- Spülmittel
- 1 Schüssel

So geht's:

1. Zuerst die Eier sorgfältig untersuchen und reinigen. Gerade Eier aus Bodenhaltung und Eier vom Bauernhof sind manchmal nicht ganz sauber. Dazu die Eier in eine Schale mit lauwarmem Wasser und Essigessenz geben. Nach dem Reinigen die Schale mit Spülmittel und Wasser ausspülen und trocken reiben.

2. Mit der Nadel an der Spitze ein feines Loch in das Ei stechen. Nach und nach das Loch vorsichtig vergrößern. Anschließend ein weiteres Loch in den Boden stechen. Beide Löcher so weit vergrößern, bis sie etwa einen Durchmesser von 5 mm haben.

3. Ei ausblasen! Den Boden des Eis zum Mund nehmen und über die Schüssel gebeugt kräftig hineinpusten. Dabei heißt es geduldig sein. Bei manchen Eiern ist die Haut um den Dotter sehr fest; es kann mehrere Pustversuche dauern, bis das Ei aus der Spitze herausgequollen ist!
4. Nach dem Auspusten das Ei unter fließendem Wasser ausspülen und trocknen lassen.

Tipp: Wer sein Ei mit Wasserfarben bemalen möchte, kann es auf einen Schaschlik-Holzspieß auffädeln. Damit das Ei fest stecken bleibt, einfach mit einem Stück Kork als Stopper aufspießen! Die ausgeblasenen Eier kann man für einen Osterkuchen, für Pfannkuchen oder Rührei verwenden.

 ## Osternest aus Gras

Schlechtes Wetter draußen? Noch immer Schnee? Wer Ostern gerne im Grünen feiern möchte, kann sich ein Nest aus Ostergras selbst ziehen.

Material:
- Topferde
- 3 Teller (ø ca. 13 cm)
- 1 Tüte Ostergrassamen

So wird's gemacht:
1. Die Erde auf den Tellern dünn verteilen.
2. Ostergrassamen gleichmäßig dicht darauf ausstreuen.

3. Eine weitere Schicht Erde darüber verteilen.
4. Vorsichtig gießen und feucht halten.
5. Nach etwa sieben bis zehn Tagen bei Zimmertemperatur hat das Ostergras gekeimt und ist herangewachsen, sodass man es als Osternest verwenden kann.

Ostersonntag – Jesus lebt!

Am Ostersonntag feiern die Christen Auferstehung. Ostern ist das größte und wichtigste christliche Fest, das – je nach Region und Konfession – mit ein wenig unterschiedlichen Traditionen gefeiert wird.

 ## Osterstrauß gestalten

Mit einem Osterstrauß kommt der Frühling ins Haus! Traditionell werden die Sträuße mit ausgeblasenen und anschließend verzierten Eiern geschmückt.

Material:
- Zweige von Sträuchern, zum Beispiel Forsythien
- große Vase
- Dekorationsmaterial: ausgeblasene und verzierte Eier; dazu Schleifen, Bänder, Federn, …

So geht's:
1. Zweige abschneiden und in eine mit Wasser gefüllte Vase stellen.
2. Dann die Zweige dekorieren! In Skandinavien, wo der Frühling später beginnt als im übrigen Europa, verziert man den Osterstrauß traditionell mit bunten Federn. Sowohl die bunten Federn als auch Perlen, Bänder und weitere Dekorationsmaterialien gibt es in Bastelläden zu kaufen.

Osterfeuer und Ostermette

In vielen Gegenden werden an Ostern Osterfeuer entzündet. In Kirchen feiert man das Osterfest mit einem Gottesdienst im Morgengrauen, der Ostermette. Dabei wird in den Kirchen die Osterkerze, eine sehr große, weiße Kerze mit einem roten Kreuz als Zeichen des Lebens und der Auferstehung, entzündet. In katholischen Kirchen können Kinder ihre gefärbten Eier und ihre Osterkerzen im Ostergottesdienst segnen lassen. Wer mag, kann das traditionelle Osterfrühstück nach der Mette genießen. Oder zuerst frühstücken und zu einem späteren Termin in den Ostergottesdienst gehen.

 Eiersalat

Zu viele Ostereier gefärbt? Zu einem leckeren Eiersalat verarbeitet, sind sie sehr schnell aufgegessen!

Zutaten:
- 6 hart gekochte Eier
- Schnittlauch
- 200 g saure Sahne oder Crème fraîche
- 1 TL Senf
- Salz und Pfeffer

So wird's gemacht:
1. Hart gekochte Eier schälen und mit dem Eierschneider klein schneiden.
2. Schnittlauch, am besten frisch, klein schneiden.
3. Die saure Sahne oder Crème fraîche mit dem Schnittlauch, dem Senf sowie Salz und Pfeffer verrühren – dabei ein wenig von dem Schnittlauch übrig lassen.
4. Die klein geschnittenen Eier unter die Masse heben und noch einmal mit Salz und Pfeffer abschmecken.
5. Den Rest des Schnittlauchs über den Eiersalat geben.

Urbi et orbi

Am Ostersonntag spendet der Papst – wie auch an Weihnachten – den apostolischen Segen *Urbi et orbi*. Damit segnet er die Stadt Rom, das heißt das Zentrum der (katholischen) Christenheit, und den gesamten Erdkreis. Der Segen, den der Papst traditionell in zahlreichen Sprachen erteilt, wird vom Fernsehen in die ganze Welt live übertragen.

 Ideen für das Osterfrühstück

Das Osterfrühstück ist die Gelegenheit für Familien, es sich gemeinsam gut gehen zu lassen. Ideal ist es, wenn man schon am Abend vorher

den Tisch ein wenig mit Osterdekorationen vorbereitet hat. Was gehört zu einem leckeren Osterfrühstück?

Hier eine Auswahl an Ideen:

- hart gekochte Ostereier
- Brötchen oder Toastbrot
- Osterschinken
- selbst gemachte Marmelade
- selbst gemachter Kuchen, Osterkranz oder Osterbrot
- gebackenes Osterlämmchen
- frisches Obst
- verschiedene Säfte, Kaffee, Tee, Fruchtjoghurt, Quark, Müsli, …

Osterbrot

Zu Ostern gehört das Osterbrot! Das ist ein traditionelles Hefegebäck, das man sehr leicht selbst zubereiten kann. Osterbrote schmecken am besten in dickere Scheiben geschnitten und mit selbst gemachter Marmelade oder Gelee als Aufstrich!

Zutaten für 2 Brote:

- 600 g Weizenmehl (Type 405)
- 1 Würfel frische Hefe (42 g)
- 2 EL Zucker
- 250 ml Milch
- 120 g Butter
- 1 TL Salz
- 100 g Rosinen
- 1 Eigelb zum Bestreichen
- 2 EL Sahne

So wird's gemacht:

1. Das Mehl in eine Schüssel sieben, eine Mulde hineindrücken und die Hefe hineinbröckeln. Ein Esslöffel Zucker darübergeben. Die Milch lauwarm erwärmen, vier bis fünf Esslöffel davon über die Hefe geben und leicht verrühren. Den Vorteig etwa 15 Minuten gehen lassen.

2. Währenddessen die restliche Milch mit der Butter in einen kleinen Topf geben und die Butter bei niedriger Hitze schmelzen lassen. Den restlichen Zucker, Salz und die in der Milch aufgelöste lauwarme Butter dazugeben.

3. Die Masse langsam mit den Knethaken des Handrührgerätes zu einem geschmeidigen Hefeteig verarbeiten. Den Teig zugedeckt etwa 20 Minuten gehen lassen.

4. Die Rosinen überbrühen und abtropfen lassen. Nach 20 Minuten die Rosinen unter den Hefeteig kneten; den Teig weitere 20 Minuten gehen lassen.

5. Den Teig durchkneten, halbieren und zwei runde Osterbrote formen. Mit einem Brotmesser ein Kreuz hineinschneiden.

6. Die Osterbrote weitere zehn bis 20 Minuten abgedeckt gehen lassen. Das Eigelb mit etwas Sahne verrühren und die Osterbrote damit bestreichen.

7. Die Osterbrote im Backofen bei 150° C (Heißluft) 25 bis 30 Minuten backen. Nach etwa der Hälfte der Backzeit mit Alufolie abdecken, damit sie nicht zu dunkel werden.

Eier picken

Spieleranzahl: mindestens 2 Personen
Alter: ab 5 Jahren
Utensilien: pro Spieler 1 hart gekochtes Osterei

Jeder Spieler nimmt sein Osterei. Dann einigen sich die Spieler darauf, mit welcher Rundung man beginnt – Spitze oder Boden. Die Regel heißt „Spitze gegen Spitze" und „Boden gegen Boden". Auf „Los" stoßen die Spieler die Eier gegeneinander. Dabei heißt es vorsichtig sein: Wer zu heftig „pickt", riskiert, dass das eigene Ei zu Bruch geht. Derjenige, dessen Ei heil geblieben ist, hat gewonnen. Bei Unentschieden wird mit dem nächsten Ei weitergespielt!

Eierkopf mit Kresse-Frisur

Was tun mit den Eierschalen, wenn man die hübschen bunt gefärbten Eier aufgegessen hat? Für den Komposthaufen sind sie noch viel zu schön! Man kann darin leckere Kresse aussäen und so kleine Kresseköpfe mit Stoppelfrisur kreieren!

Material:
• halbe Eierschalen
• Eierbecher
• Watte
• Brunnenkressesamen
• Wasser
• Filzstift zum Bemalen

So wird's gemacht:
1. Die halbe Eierschale mit der Öffnung nach oben in den Eierbecher stellen. Einen Wattebausch in die Eierschale legen und ein paar Kressesamen daraufstreuen. Anschließend gießen und den Wattebausch feucht halten.
2. Nun bekommt der Eierkopf ein Gesicht – einfach mit Filzstift Augen, Nase und Mund aufmalen.
3. Nach wenigen Tagen keimt die Kresse; sobald die Stiele etwa 1 cm lang und zwei Blätter sichtbar sind, kann die Kresse geerntet werden – am besten mit der Schere. Besonders lecker schmeckt sie als Belag auf einem Butterbrot!

Ostermontag – ein Tag für die Familie

Ostermontag ist ideal zum Ausspannen und für gemeinsame Aktivitäten. Wenn das Wetter gut ist, bietet es sich an, nach draußen zu gehen und die Natur zu genießen. Stichwort „Spaziergang": Am Tag nach Ostern gingen die Jünger nach Emmaus. Dabei schloss sich ihnen Jesus unerkannt an. Das berichtet das Lukasevangelium, Kapitel 24. Erst später, beim gemeinsamen Abendmahl, wird ihnen bewusst, dass Jesus auferstanden ist. Der Emmaus-Spaziergang und die Begegnung der Jünger mit Jesus ist der Grund, warum der Tag nach dem Ostersonntag in vielen Gegenden ein Feiertag ist.

Georgi-Ritt in Traunstein

In Traunstein in Oberbayern findet jedes Jahr am Ostermontag ein Georgi-Ritt nach Ettendorf zu einer kleinen Kirche statt. Der Ritt ist seit dem 18. Jahrhundert bezeugt; man geht aber davon aus, dass der Brauch sehr viel älter ist – die Kirche in Ettendorf steht an einem Ort, der bereits zur Keltenzeit eine Kultstätte war. Mit dem Georgi-Ritt verbunden ist der Schwertertanz. Dieser Brauch wurde zum ersten Mal im Jahr 1530 erwähnt. Der Tanz symbolisiert den Sieg des Frühlings über den Winter.

Eierrollen

Das Eierrollen ist ein traditionelles Osterspiel, das in vielen Gegenden bekannt ist. Man kann es im Freien auf einem Hügel oder im Haus spielen. Am meisten Spaß macht es, wenn man sich mit anderen Familien zum Eierrollen an einem Hügel verabredet.

Spieleranzahl: mindestens 2 Personen
Alter: ab 6 Jahren
Utensilien: pro Spieler 1 hart gekochtes Osterei oder 1 großes Schokoladenei, eine schiefe Ebene oder einen Hügel, Schnur als Markierung für Startlinie

Variante 1 (für draußen):
Von der Startlinie aus lässt der erste Spieler sein Ei den Hügel hinunterrollen. Dann folgen die anderen Spieler mit ihrem Ei. Derjenige, dessen Ei am weitesten gerollt ist, gewinnt und darf die Eier der anderen einsammeln.

Variante 2 (für drinnen):
Von der Startlinie aus lässt der erste Spieler sein Ei eine schiefe Ebene (zum Beispiel einen schräg

gestellten Tisch) herunterrollen. Dann folgen die anderen Spieler mit ihrem Ei. Derjenige, dessen Ei dem Ei des ersten Spielers am nächsten ist, hat gewonnen und darf die Eier der anderen einsammeln.

Osterbräuche aus aller Welt

Ostern ist für die Christen in der ganzen Welt der höchste Feiertag. Doch je nach Region gibt es große Unterschiede.

Ostern in Spanien
Spanien ist ein katholisches Land; es gibt nur wenige Christen, die eine andere Konfession haben. Ostern wird in Spanien als „Semana Santa" (auf Deutsch: „Heilige Woche") gefeiert, und zwar von Palmsonntag bis Ostersonntag. Im ganzen Land finden große Prozessionen statt, bei denen lebensgroße Figuren von Jesus und weiteren Gestalten der Bibel durch die Straßen getragen werden. Die bekanntesten dieser Prozessionen finden in Andalusien statt, wie zum Beispiel in Sevilla und Malaga. Die Prozessionen sind kein stilles Gedenken – im Gegenteil: Musikkapellen spielen dazu, und es wird auf den Straßen gefeiert.

Ostern in Griechenland

Die allermeisten Griechen gehören der griechisch-orthodoxen Kirche an. Orthodoxe Christen berechnen ihre Feiertage nach dem alten julianischen Kalender; das ist der Grund, warum sie Ostern meist eine Woche nach dem Osterfest der übrigen Konfessionen feiern. Während der Karwoche finden in den Gemeinden Prozessionen statt. Höhepunkt des Festes ist die Osternacht von Samstag auf Sonntag: Am Abend kommen die Menschen mit weißen geschmückten Kerzen in die Kirche. Kurz vor Mitternacht werden die Lichter gelöscht. Dann kommt der Priester mit dem Osterfeuer. Die Gläubigen entzünden ihre Kerzen am Osterfeuer und beginnen eine Prozession. Eine weitere Tradition ist der Liebeskuss. So nennt man die freudige Umarmung am Ende der Kerzenprozession. An vielen Orten wird Ostern sehr ausgelassen mit einem Feuerwerk – ähnlich wie bei uns Silvester – gefeiert.

Ostern in Schweden

Am Gründonnerstag ziehen die Mädchen und Jungen als Osterhexen oder „Osterweiber" mit einem Kopftuch und roten Backen in alten Klamotten und mit einem Hexenbesen in der Nachbarschaft herum. Dabei verteilen sie Zeichnungen – in der Hoffnung, dass sie dafür etwas Leckeres zum Naschen bekommen. Ostern ist in Schweden – wie auch in den übrigen skandinavischen Ländern, die evangelisch geprägt sind – ein eher weltliches Fest. Die Familien feiern zusammen, es gibt Ostereier und ein leckeres Osterfrühstück mit eingelegtem Hering, dem Lieblingsostergericht. In die Kirche gehen die Menschen eher selten, das ist auch an Feiertagen so. Osterstrauße gestaltet man in den nördlichen Ländern mit Birkenruten, die mit bunten Federn geschmückt werden.

Osterbilbys statt Osterhasen in Australien

In Australien hat der Hase beziehungsweise das Kaninchen einen schlechten Ruf. Warum? Vor rund 150 Jahren brachten Siedler Kaninchen nach Australien. Weil die Tiere dort keine Feinde haben, vermehrten sie sich sehr stark – und wurden zur Landplage. Deshalb hat man vor einigen Jahren ein „Ersatztier" für den Osterhasen gesucht, den Bilby! Bilbys sind Beuteltiere. Da sie ebenfalls hoppeln, lange Ohren haben und ungefähr genauso groß wie Kaninchen sind, sind sie ihren Konkurrenten sehr ähnlich. Die Kaninchen haben die Bilbys aus ihrem Lebensraum verdrängt. Heute gehört der Kaninchennasenbeutler, wie der Bilby auch genannt wird, zu den Tieren, die in Australien vom Aussterben bedroht sind. Doch es gibt Hoffnung: Einer der größten Schokoladenfabrikanten Australiens hat nun eine Kampagne für Osterbilbys gestartet. Diese Kampagne unterstützt Zuchtprogramme für die Bilbys.

Ostern in Irland

In Irland ist der Karfreitag ein ruhiger Tag. Am Ostersonntag wird getanzt: Auf den Straßen finden Tanzwettbewerbe statt. Dazu kommt ein ungewöhnlicher Brauch. In einigen Orten werden symbolisch Heringe begraben. Damit feiert man das Ende der Fastenzeit – der Hering ist eine traditionelle Fastenspeise.

 ## Häschen in der Grube

Spieleranzahl: 5–20 Personen
Alter: ab 3 Jahren

Die Kinder stellen sich im Kreis auf und gehen in die Hocke. Alle singen das Lied „Häschen in der Grube":

„Häschen in der Grube
saß und schlief.
Armes Häschen, bist du krank,
dass du nicht mehr hüpfen kannst?
Häschen hüpf, Häschen hüpf, Häschen hüpf!"

Bei der Zeile „Häschen hüpf, Häschen hüpf, Häschen hüpf!" springen alle auf und hüpfen. Das Kind, das am längsten hüpfen kann, hat gewonnen!

Osterlachen – ein alter heimischer Brauch wird wiederentdeckt

Bis vor rund 100 Jahren ging es an Ostern in den Kirchen recht lustig zu: Am Ostersonntag gaben die Priester in ihren Predigten Witze zum Besten, um die Gläubigen zum Lachen zu bringen. Auch bei Passions- und Osterspielen war Spaß angesagt, zum Beispiel wenn die Jünger einen Wettlauf zum Grab veranstalteten. Warum an Ostern lachen? Lachen ist ein Ausdruck des Lebens und der Lebensfreude. In Zusammenhang mit der Auferstehung ist es ein Zeichen dafür, dass der Tod überwunden ist – man kann beim Lachen dem Tod die Zunge herausstrecken. Heute versucht man, in den Kirchen diese Tradition wiederzubeleben.

 ## Osterspaß in der Familie

Ostern ist eine gute Gelegenheit, sich gegenseitig zum Lachen zu bringen und sich gemeinsam zu freuen.

- Wer weiß einen lustigen Witz?
- Wer kann am besten wie ein Häschen hüpfen?
- Wer kann mit der Nase und mit den Ohren wackeln?
- Wer malt „blind" den schönsten Osterhasen?
- …

 ## Fang den Hasen

Spieleranzahl: ab 6 Personen
Alter: ab 5 Jahren
Utensilien: pro Spieler 1 Stück Küchen-Krepppapier

Der Spielleiter beziehungsweise die Kinder einigen sich auf ein Spielfeld, zum Beispiel die große Wiese im Garten. Mit einem Abzählreim werden die Rollen verteilt: Das Kind, das übrig bleibt, ist der Jäger; die übrigen Kinder sind Hasen.

Jeder Hase steckt sich ein Stück Küchen-Krepppapier in den Hosen- beziehungsweise Rockbund. Auf Kommando des Spielleiters geht's los: Der Jäger versucht, die Hasen zu fangen, indem er sich das Küchen-Krepppapier der anderen Kinder schnappt. Ein „Hase", der vom Jäger gefangen wurde, scheidet aus und verlässt das Spielfeld. Das Kind, das bis zuletzt als Hase übrig bleibt, hat gewonnen und wird in der nächsten Runde der Jäger.

 ## Ausstech-Osterhasen

Sehr köstlich sind Osterhasen zum Aufessen selbst gemacht aus Quarkteig. Ein einfaches Ausstech-Rezept für Kinder! In Zellophan eingewickelt und mit einer hübschen Schleife dekoriert sind die gebackenen Osterhasen ein schönes Ostermitbringsel.

Zutaten:
- 250 g Margarine
- 250 g Zucker
- 2 Prisen Salz
- 2 Eier
- 400 g Quark (Magerstufe)
- 750 g Mehl
- 6 TL Backpulver

- Rosinen für die Augen
- 2 Eigelb zum Bepinseln
- Häschenformen zum Ausstechen

So wird's gemacht:

1. Margarine, Zucker, Salz und Eier schaumig rühren, dann den Quark zufügen.

2. Das Mehl mit Backpulver mischen und mit den Knethaken des Handrührgeräts mit dem Teig vermischen. Den Teig im Kühlschrank etwa 30 Minuten ruhen lassen.

3. Danach den Teig etwa 1 cm dick ausrollen. Die Osterhasen ausstechen und auf ein Backblech mit Backpapier legen.

4. Jeweils eine Rosine pro Hase als Auge in den Teig drücken.

5. Etwas Wasser unter das Eigelb rühren und die Hasen damit bepinseln. Dann das Blech in den Ofen schieben.

6. Im vorgeheizten Ofen bei 175 bis 200° C zehn bis zwölf Minuten backen.

Experimente rund ums Ei

Noch Eier übrig? Wer Lust hat, kann mithilfe von Eiern einigen Geheimnissen der Natur auf die Spur kommen!

 ### Harte Schale, weicher Kern

„Ich bin doch kein Weichei!" – Wenn es um Zerbrechlichkeit und Schwäche geht, dann verweist man gern auf Eier. Dabei sind Eier härter und stärker als viele denken. Dieses Experiment beweist es!

Das braucht man:

- 2 gleich große Eier beziehungsweise die Schalen davon, jeweils in der Mitte geteilt
- 1 großes, dickes Buch; dazu weitere Bücher als Gewichte

So wird's gemacht:

1. Die Eier in der Mitte aufschlagen.

2. Die Eihälften waschen.

3. Mit den Rändern nach unten und den Rundungen nach oben in einem Viereck in der Größe des Buches auf den Tisch legen.

4. Das Buch auf die Eierschalen legen.

5. Nun weitere Bücher als Gewichte darauflegen, und zwar so lange, bis die Eier zerbersten. Ihr werdet staunen, wie lange sie standhalten!

Erklärung: Eier sind wahre Wunderwerke der Natur. Die nur 0,3 bis 0,4 mm „dicken" Schalen müssen luftdurchlässig und stabil sein, um dem Küken Luft zum Atmen zu geben und es zu schützen. Gleichzeitig dürfen sie nicht zu fest sein, damit die Küken sich den Weg aus dem Ei freipicken können. Die gewölbte Form des Eis ist nicht nur materialsparend, sie ist auch, wie das Experiment zeigt, sehr fest.

steigen Luftbläschen mit Kohlendioxid nach oben.

 Ei in der Flasche

Flaschenschiffe kennt (fast) jedes Kind – sie werden mit einem raffinierten Klappmechanismus in Flaschen bugsiert und dann aufgerichtet. Wie aber gelangt ein gekochtes Ei in eine Flasche, deren Flaschenhals schmaler als das Ei ist? Dieses Experiment zeigt, dass es funktioniert, und liefert die Erklärung dazu.

Das braucht man:
- Zeitungspapier
- 1 Milchflasche beziehungsweise eine Flasche mit einer großen Öffnung
- 1 geschältes mittelweich gekochtes Ei
- lange Zündhölzer

So wird's gemacht:
1. Das Zeitungspapier zusammenknüllen und in die Flasche stecken; dabei noch ein wenig Zeitung überstehen lassen.
2. Die Zeitung mit dem langen Zündholz anzünden und in die Flasche schieben.
3. Das Ei auf die Flaschenöffnung legen, und zwar so, dass kein Zwischenraum zwischen der Flaschenöffnung und dem Ei ist.
4. Das Feuer erlischt, kurz darauf wird das Ei in die Flasche gesogen.

Erklärung: Durch das Zeitungspapier, das in der Flasche verbrennt, wird die Luft erwärmt und dehnt sich aus. Sobald die Flamme ausgeht, kühlt sich die Luft in der Flasche ab und zieht sich zusammen, es entsteht Unterdruck. Von außen kann keine Luft nachströmen, da das Ei auf dem Flaschenhals keine Luft durchlässt. Der äußere Luftdruck gleicht den Druck aus. Durch den Unterdruck in der Flasche und dem „normalen" Luftdruck wird das Ei mit einem „Plopp" in die Flasche gesogen!

 Eier schälen einmal anders

Dieses Experiment klingt ein wenig nach Zauberei: Man kann Eier schälen, ohne sie anzufassen. Wie das? Die Chemie macht's!

Das braucht man:
- 1 rohes Ei
- 1 Glas
- Apfelessig

So wird's gemacht:
1. Das Ei vorsichtig in das Glas legen.
2. Essig darübergießen, bis das Ei mit der Flüssigkeit bedeckt ist.
3. Etwa zwei Tage warten, dann ist die Schale verschwunden. Das Ei wird nur noch von der Eihaut zusammengehalten. Da das Eiweiß in rohem Zustand durchsichtig ist, kann man jetzt sogar den Dotter erkennen.

Erklärung: Essig ist sauer; seine Säure greift den Kalk der Schale an und löst ihn auf. Dabei

Walpurgisnacht

In der Nacht vom 30. April auf den 1. Mai ist Walpurgisnacht. Die Walpurgisnacht ist ein traditionelles Fest, das in ganz Europa gefeiert wird. Es hat seinen Namen von der Heiligen Walpurga.

Genau genommen ist die Walpurgisnacht ein uraltes Fest. Es stammt aus der Zeit der Germanen, die die Ankunft des Frühlings mit Freudenfeuern in der Nacht feierten. Der Sage nach vertreiben in dieser Nacht die germanischen Götter Wotan und Freya die Winterdämonen und zeugen den Frühling. Hexen reiten auf Besen und es wird wild gefeiert. Mittelpunkt der Feiern ist der Brocken, auch Blocksberg genannt,

der höchste Berg des Harzes. Nur am Rand hat die heilige Walpurga etwas mit diesem Fest zu tun: Wenn man in der Walpurgisnacht mit heiligen Glocken läutet, können einem die Hexen nichts anhaben.

Im Harz wird die Walpurgisnacht seit einigen Jahren wieder sehr ausgelassen gefeiert – viele Menschen verkleiden sich als Hexen und Teufel.

Heilige Walpurga
Walpurga war eine englische Königstochter. Um 735 kam sie als Missionarin nach Deutschland. Sie lebte zuerst als Nonne im Kloster Tauberbischofsheim, dann im Kloster in Heidenheim, wo sie viele Wunder vollbracht haben soll. Sie starb am 25. Februar 779. Im Jahr 1035 wurde in Eichstätt die Abtei St. Walburg gegründet, 1042 ihre Reliquien unter dem Hochaltar der Kirche Sankt Walburg in Eichstätt beigesetzt. Dass man die Nacht vom 30. April auf den 1. Mai als Walpurgisnacht feiert, liegt an dem Datum der Heiligsprechung Walpurgas, die an einem 1. Mai stattgefunden hat – in welchem Jahr, ist nicht genau bekannt.

Bräuche in der Walpurgisnacht
In vielen Orten Deutschlands und Österreichs sind in der Nacht vom 30. April auf den 1. Mai Streiche angesagt: In der sogenannten Freinacht werden Hausbänke versteckt, Fensterläden ausgehängt und vieles mehr; bei heimlich Verliebten streut man Sägemehl vom Haus des einen zum Haus des anderen und verrät damit die Liebesbeziehung.

Kräuter-Omelette

Die moderne Kräuterhexe brät zur Feier des Tages ein köstliches Omelette. Zum Omelette passen auch Kirschtomaten aus dem eigenen Garten oder vom Balkon – mit in der Pfanne ausgebacken oder roh als Garnitur.

Zutaten:
- 8–10 frische Eier (Größe M)
- 4 EL Milch
- 2 EL frisch gehackte Petersilie
- 2 EL frisch gehackter Dill
- 2 EL frisch gehackter Schnittlauch
- 2 EL frisch gehackter Kerbel
- je 1 Prise Salz und Pfeffer
- Butter
- einige Blätter Petersilie zum Dekorieren

So wird's gemacht:
1. Die Eier mit Milch verquirlen. Kräuter waschen und fein schneiden beziehungsweise hacken.
2. Die Kräuter unter die Ei-Milch-Masse mischen und mit Salz und Pfeffer würzen.
3. Die Butter in einer Pfanne erhitzen und die Omelettemasse einfüllen.
4. Das Omelette bei mittlerer Hitze goldbraun von beiden Seiten ausbacken. Anschließend vierteln und auf Teller geben. Mit Petersilienblättern bestreuen und heiß servieren.

Maifeiertag

Am 1. Mai wird doppelt gefeiert: In der Tradition der Walpurgisnacht finden in vielen Orten und vor allem auf dem Land die Maitänze statt; dabei wird der Maibaum, ein Zeichen der Fruchtbarkeit, aufgestellt, und es gibt zahlreiche Festumzüge.

Maibaum aufstellen und Tanz in den Mai

Rund um den Maibaum haben sich viele Bräuche herausgebildet. In Bayern ist der Maibaum traditionell der Stamm einer hohen Fichte, die weiß-blau angestrichen und mit Zunftzeichen geschmückt ist. Das Aufstellen des Maibaums ist ein Kraftakt, bei dem junge Männer ihre Tüchtigkeit unter Beweis stellen. Steht der Maibaum,

gibt es ein großes Fest, bei dem Trachtengruppen bei Festumzügen und traditionellen Tänzen mitwirken.

Im Rheinland ist das Aufstellen eines Maibaums eine sehr persönliche Angelegenheit; auch die Baumart ist eine andere. Dort verwendet man frisch abgeholzte junge Birken. Sie werden mit bunten Kreppbändern geschmückt. Wer beschenkt wen mit einem Maibaum? In der Nacht zum 1. Mai stellen verliebte Männer ihren Freundinnen einen hübsch verzierten Maibaum vor die Tür.

Doch es gibt auch eine andere Tradition: Einer Frau, die sich sehr unbeliebt gemacht hat, kann es passieren, dass sie eine alte abgenadelte Tanne oder Fichte vor ihrer Haustür findet – wie peinlich!

Für alle, die gerne feiern, findet an vielen Orten am 1. Mai ein „Tanz in den Mai" statt – er ist die moderne Form der Feste rund um die Walpurgisnacht.

Rhabarberkuchen

Im Mai ist Rhabarberzeit. Die Stiele sind leicht säuerlich und schmecken am besten im Kuchen. Rhabarberkuchen ist im Nu zubereitet und kann noch warm mit Vanilleeis gegessen werden!

Zutaten:
- 800 g Rhabarber
- 160 g Butter
- 160 g Zucker
- 1 Päckchen Vanillezucker
- 4 Eier
- 400 g Mehl
- 2 TL Backpulver
- 10 EL Milch
- Mandelstifte zum Bestreuen
- Puderzucker zum Bestäuben

So wird's gemacht:
1. Rhabarberstängel dicht über dem Boden abschneiden, Blätter entfernen.
2. Stängel kurz abwaschen und in kleine, etwa gleich lange und breite Stücke schneiden, verholzte Teile ausschneiden.
3. Rhabarberstängel in eine Schüssel geben und mit Folie abdecken.
4. Einen mittelfesten Rührteig herstellen, indem man Butter, Zucker und Vanillezucker schaumig rührt, nach und nach die Eier dazugibt und einrührt. Anschließend das Mehl mit dem Backpulver vermischen und langsam mit den Knethaken des Handrührgeräts unterrühren. Etwas Milch beigeben, damit der Teig lockerer wird.
5. Backpapier auf dem Backblech auslegen und den Teig mit dem Teiglöffel darauf verstreichen.
6. Die Rhabarberstückchen gleichmäßig darüber verteilen und den Teig mit Mandelstiften bestreuen. Den Kuchen bei 180° C im Umluft-Backofen etwa 30 Minuten backen. Dann nur noch schnell mit Puderzucker bestäuben und essen!

Christi Himmelfahrt

Das Fest Christi Himmelfahrt wird 40 Tage nach dem Ostersonntag, also immer an einem Donnerstag, begangen. Ist Jesus wirklich in den Himmel aufgestiegen? Heute feiert man mit diesem Fest, dass Jesus die menschliche Natur überwunden hat und göttliche Herrlichkeit besitzt.

An Christi Himmelfahrt und einigen Tagen vorher finden in vielen Orten Prozessionen statt. Dabei gehen die Gläubigen und der Priester mit einem vorangetragenen Kreuz durch die Felder und beten für eine gute Ernte. Bei Prozessionen wurde früher oft ausgiebig

Bräuche an Pfingsten

An Pfingsten finden, wie überhaupt im Mai, an vielen Orten Maiandachten und Prozessionen statt. Darüber hinaus gibt es von Region zu Region unterschiedliche Bräuche. An einigen Orten werden Pfingstritte veranstaltet, in manchen Gegenden Pfingstfeuer entzündet.

Wer hat schon einmal vom Pfingstochsen gehört? Es gibt die Redensart: „herausgeputzt wie ein Pfingstochse". Sie geht zurück auf einen uralten Hirtenbrauch: An Pfingsten wurde in vielen Gegenden ein Ochse oder ein Hammel geschmückt und durchs Dorf getrieben. Anschließend wurde er geschlachtet. Dieser Brauch geht auf die vorchristliche Zeit zurück und wurde später mit dem Pfingstfest gefeiert. Was bedeutet die Redensart? Wer mit einem „Pfingstochsen" vergleicht, bezeichnet damit jemanden, der sich auffallend und übertrieben elegant benimmt.

gefeiert – es floss jede Menge Bier. Das ist auch einer der Gründe, warum an Christi Himmelfahrt, an dem zugleich Vatertag gefeiert wird, viele Väter feucht-fröhliche Ausflüge unternehmen.

Pfingsten

Pfingsten wird 50 Tage nach Ostern gefeiert. Es ist ein Fest des Heiligen Geistes. Der Heilige Geist kam, so erzählt es die Bibel, mit einem Rauschen und Feuerzungen auf die Apostel herab, als sie sich mit Anhängern Jesu in Jerusalem trafen. Plötzlich konnten alle, obwohl sie aus derselben Gegend stammten, in verschiedenen Sprachen sprechen. So wurde den Aposteln und allen, die mit ihnen in Jerusalem waren, bewusst, dass Jesus noch immer lebendig und bei ihnen ist.

An Pfingsten haben die christliche Kirche und die Mission ihren Ursprung. Wie das? Nach dem Pfingsterlebnis bildeten die Christen eine Gemeinschaft, die Kirche. Sie sahen es als ihren Auftrag an, allen Menschen von Jesus zu erzählen.

Pfingsten heute

Pfingsten ist – neben Ostern – das zweite große Frühlingsfest. Jede Menge Blumen blühen, das ist also die Gelegenheit, einen Frühlingskranz zu gestalten.

Frühlingskranz gestalten

Kränze sind uralte Symbole, die in Zusammenhang mit Festen und Feiern verwendet werden: So entwickelte sich aus dem Siegerkranz die Krone. Wie schön, dass man dem Frühling mit einem Kranz die Krone aufsetzen kann!

Material:
- Buchsbaumzweige
- Stroh und Heu
- Blumendraht
- Kranz aus Stroh aus dem Bastelladen
- Glas
- frische Blumen

So wird's gemacht:
1. Buchsbaumzweige, Stroh und Heu zu kleinen Büscheln formen und mit Blumendraht umwickeln.
2. Den Blumendraht an einer Stellen am Kranz befestigen und nach und nach den Kranz mit den Buchsbaumzweigen sowie den Stroh- und Heubüscheln umwickeln.
3. In die Mitte des Kranzes ein Glas mit frischem Wasser stellen.
4. Blumen pflücken und in das Glas stellen.

Dieser Kranz ist lange haltbar und schont die Natur. Für den Kranz kann man sehr gut Buchsbaumschnittgut aus dem Garten verwenden. Die Frühlingsblumen kommen aus dem Garten: Im Glas mit Wasser bleiben sie frisch, und die Familie hat länger Freude am Kranz.

 ## Pfingsten ist Erdbeerzeit!

Wie wäre es mit einem Ausflug auf ein Erdbeerfeld zum gemeinsamen Pflücken? Hinterher gibt es Erdbeeren mit Sahne oder einen erfrischenden Erdbeermilchshake als Belohnung! Von den übrigen Erdbeeren kann man hinterher leckere Erdbeermarmelade kochen!

Sommer

Der Sommer ist wunderbar!

Die Sonne auf der Haut spüren, den Duft der Blumen riechen, Grillen zirpen hören und jeden Tag genießen! Es gibt so viel zu tun in der wärmsten Zeit des Jahres: schwimmen gehen, Eis essen, Erdbeeren pflücken, Fahrrad fahren, Gartenfeste feiern, picknicken, zelten, Sternschnuppen zählen und in den Urlaub fahren …

Endlich Sommer!

Wer sehnt ihn nicht herbei, den Sommer mit seinen wohligen Temperaturen, den unzähligen Sonnenstunden und dem satten blauen Himmel? Für viele ist die wärmste Jahreszeit auch die schönste.

Voller Energie und mit gesteigerter Lebensfreude nutzen wir die langen Tage und lauen Sommernächte aus und können beobachten, wie die Natur in voller Pracht steht. Das saftige Grün der Bäume, blühende Kornblumen und Klatschmohn am Wegesrand sowie das fröhliche Zwitschern der Vögel lassen erahnen, dass wir auf dem Höhepunkt des Jahreszeitenzyklus angekommen sind. Die meiste Zeit verbringen wir nun draußen, um dieses herrliche Ereignis auszukosten.

Mit dem Sommer verbinden wir Spaß, gute Laune und Entspannung: ins kühlende Nass springen, Eis schlecken, Gartenpartys feiern, Beeren pflücken, Sandburgen bauen, barfuß laufen oder einfach nur im Schatten in der Hängematte liegen und träumen.

Wann beginnt der Sommer?

Aus Sicht der Meteorologen beginnt der Sommer am 1. Juni und dauert bis zum letzten Tag im August. Somit sind Juni, Juli und August die Sommermonate.

Anhand der Blüte- und Erntezeit von Pflanzen und Früchten wird der phänologische Sommerbeginn bestimmt. Er orientiert sich an der Entwicklung der Natur und fällt lokal in jedem Jahr anders aus. Der Frühsommer geht mit dem Blühen von Gräsern und Holunder sowie der Heuernte einher und fällt meist in den Juni. Können wir die ersten reifen Johannisbeeren von den Sträuchern im Garten naschen, beginnt der Hochsommer. Auch die Getreideernte sowie das Blühen von Lindenbäumen und Kartoffeln sind Anzeichen dafür. In den Spätsommer geht es mit der Fruchtreife von Frühäpfeln, Mirabellen und Pflaumen über.

Der astronomische Sommer fängt erst am 21. Juni an, dem Tag der Sommersonnenwende. Zu diesem Zeitpunkt steht die Sonne auf der nördlichen Halbkugel senkrecht zum Wendekreis und

erreicht ihren höchsten Stand. Es ist der längste Tag des Jahres mit logischerweise der kürzesten Nacht. Etwa 16 Stunden scheint zur Sommersonnenwende hierzulande die Sonne. Allerdings heißt das auch: Die Tage werden ab sofort wieder kürzer. Am 22. oder 23. September, dem Tag der Tagundnachtgleiche, hält kalendarisch der Herbst Einzug und beendet somit den Sommer.

Auf der Südhalbkugel hingegen verhält es sich genau umgekehrt. Wenn bei uns der Sommer anfängt, beginnt in den südlichen Breiten der Winter. Die Sonne erreicht dort zu diesem Zeitpunkt ihren tiefsten Stand, sodass die längste Nacht des Jahres ansteht.

Melonen- limonade

Eine erfrischende Limonade einmal anders – mit Melonen.

Zutaten:
- 500 g Wasser- oder Honigmelonen- fruchtfleisch
- 1 Zitrone
- ½ l Mineralwasser
- 2 TL Zucker
- Eiswürfel

So wird's gemacht:
1. Das Fruchtfleisch der Melone in Würfel schneiden und den Saft einer Zitrone hinzufügen.
2. Das Ganze mit einem Pürierstab zerkleinern. Anschließend wird das Püree durch ein Sieb passiert.
3. Dann das Mineralwasser zugießen und nach Bedarf mit dem Zucker nachsüßen.
4. Am besten die Melonenlimonade gekühlt oder mit Eiswürfeln servieren.

Warum macht der Sommer glücklich?
Die meisten Menschen sind im Sommer einfach besser drauf. Das ist kein Zufall, sondern liegt daran, dass im Sommer die Sonne intensiver ist und länger scheint. Die Sonne bildet im menschlichen Körper Wirkstoffe: Endorphine und Serotonin. Diese Stoffe werden nicht ohne Grund Glückshormone genannt, denn sie heben die Stimmung erheblich. Mehr Sonne bedeutet also mehr Hormone und somit mehr Glücksgefühle.

Wenn die große Hitze kommt

Der ideale Sommertag sieht für jeden natürlich anders aus. Doch in einem sind sich sicherlich alle einig: Er sollte schön sonnig und angenehm warm, aber nicht zu heiß sein. Wenn das Thermometer endlos steigt, sollten wir auf unseren Körper hören und den Tagesablauf auf die Hitze einstellen.

Bei Temperaturen um oder über 30° C kommen viele Menschen buchstäblich ins Schwitzen. Um den Sommer dennoch genießen zu können, sollten wir einige Dinge beachten. Ein Zauberwort heißt Wasser! Da der Körper einen hohen Bedarf an Flüssigkeit hat, sollten wir mindestens 2 l Wasser am Tag trinken.

Um den Geschmack etwas aufzupeppen, können Zitronen- oder Gurkenscheiben sowie Minzeblätter hinzugefügt werden. Oder einfach Frucht- und Gemüsesäfte mit Wasser verdünnen, so erhalten wir noch eine Extraportion Vitamine und Mineralien. Auch äußerlich ist Wasser eine Wohltat. Zum Abkühlen über Handgelenke und Arme laufen lassen sowie das Gesicht und den Nacken mit Wasser benetzen, tut gut. Ein kühles Fußbad ist ebenfalls herrlich erfrischend. Vor allem für Kinder ist es nicht nur eine Abkühlung, sondern ein Spaß, die Haut mit Eiswürfeln abzureiben und diese zum Schmelzen zu bringen. Der Speiseplan sollte ebenfalls dem Wetter angepasst werden. Leichte und gut verdauliche Kost wie Salate, frisches Obst und Gemüse, Fisch sowie mageres Fleisch sind empfehlenswert. Auf große Anstrengung sollte man verzichten, vor allem in der Mittagshitze. Habt ihr eine Aktivität im Freien wie Sport, eine Geburtstagsfeier oder einen Ausflug geplant, solltet ihr sie auf den Morgen oder Abend legen. Wie viele aus dem Urlaub in südlichen Ländern wissen, halten die Menschen dort nicht ohne Grund eine Mittagspause und ruhen in kühlen Räumen oder an schattigen Plätzen. Die Wohnung sollte morgens und abends durchgelüftet und tagsüber mit einem Vorhang oder einer Jalousie abgedunkelt werden. Ein Ventilator sorgt für ein kühlendes Lüftchen.

Wir schwitzen übrigens im Sommer, damit der Körper seine Temperatur bei extremer Hitze konstant halten kann. Durch das Schwitzen geben wir Wärme ab und regulieren die Körpertemperatur. Allerdings wird dafür viel Blut benötigt, das dann an anderen Stellen im Körper fehlen kann. So lassen sich der Schwindel und die Schlappheit an Hochsommertagen erklären.

Was ist ein Jahrhundertsommer?
Klettern die Temperaturen über einen langen Zeitraum über die normale Höchsttemperatur von 25° C und sind die Phasen extremer Hitze rekordverdächtig, wird der Sommer umgangssprachlich als Jahrhundertsommer bezeichnet. So sprechen viele vom Jahrhundertsommer im Jahr 2003, als es in der ersten Augusthälfte zu einer ausgeprägten Hitzewelle in Europa kam.

Es sind nicht nur die hohen Temperaturen, die manchen Menschen zu schaffen machen, auch die Luftfeuchtigkeit und der Wind spielen eine Rolle. Bei feuchter, schwüler Hitze schwitzen wir deutlich mehr, als wenn es heiß, aber trocken ist. Und bei einer frischen Brise lassen sich meist auch hohe Temperaturen noch gut aushalten.

Aber aufgepasst: Bei starker Sonneneinstrahlung bildet sich auch mehr Ozon in Bodennähe, sodass die Behörden Warnungen aussprechen. Denn zu hohe Ozonwerte können zu Problemen wie Atembeschwerden und Kopfschmerzen führen. Ozon entsteht durch chemische Reaktionen von Stickoxiden und Sauerstoff, die durch die ultravioletten Sonnenstrahlen ausgelöst werden. Abgase von Kraftfahrzeugen und Industrieanlagen sind die Hauptursache der schädlichen Stickoxide. Ozon kommt übrigens nicht nur in Bodennähe, sondern auch in höheren Lagen der Erdatmosphäre vor. Dort ist es aber wichtig für

unsere Gesundheit, da es ultraviolette Sonnenstrahlen abhält und somit die Gefahr von Sonnenbrand verringert.

Checkliste für einen guten Start in den Sommer

- **Haltbarkeit überprüfen:** Sonnenanbeter sollten sich nicht darauf verlassen, dass sie noch Sonnencreme vom letzten Jahr übrig haben. Es gilt, das Verfallsdatum auf der Tube zu überprüfen. Doch das allein reicht nicht immer aus. Zusätzlich ist auf der Verpackung ein Symbol aufgedruckt, eine Dose mit offenem Deckel, das über die Haltbarkeit bei geöffneter Packung Auskunft gibt. Üblicherweise ist Sonnenmilch zwölf Monate nach Anbruch wirksam. Ebenso ist es ratsam, den Mückenschutz auf Wirksamkeit zu überprüfen.
- **Auto kontrollieren:** Wer mit dem Auto in den Urlaub fährt, sollte das Fahrzeug vor der Reise gründlich durchchecken. Wegen des Gepäcks ist das Luftvolumen der Reifen auf das Optimum zu erhöhen. Auf den Prüfstand kommen auch Öl, Kühlwasser und Bremsflüssigkeit. Gereinigte Scheiben sorgen für einen guten Durchblick.
- **Urlaubsvorbereitungen treffen:** Auch wenn der Urlaub bereits geplant oder gebucht ist, sollten die Tage vorher nicht in Stress ausarten. Fragen wie „Wer leert den Briefkasten? Wer gießt die Blumen? Wer kümmert sich ums liebe Haustier?" lassen sich mit genügend Vorlauf entspannt beantworten. Abonnierte Zeitschriften und Zeitungen ebenfalls rechtzeitig abbestellen. Bei einer Reise ins Ausland ist es wichtig, frühzeitig an den Krankenversicherungsschutz zu denken und im Zweifelsfall eine Auslandskrankenversicherung abzuschließen.
- **Garten „sommerfest" machen:** Um den Rasen auf Sonneneinstrahlung und Trockenperioden vorzubereiten, sollte er zu Beginn des Sommers gedüngt werden. Das sichert die Nährstoffzufuhr für die heiße Jahreszeit. Steht das Gras höher als 5 cm, hat der Rasen eine größere Chance, längere Durststrecken zu überleben. Daher darf das Gras nun gern etwas höher wachsen. Damit die Obsternte ein voller Erfolg wird, sollten sich Hobbygärtner rechtzeitig um Beeren- oder Obstbaumnetze kümmern. Kurz bevor das erste Früchtchen reift, sollten man das Netz so anbringen, dass keine Öffnung bleibt und sich kein Vogel darin verheddern kann.
- **Spiel-und-Spaß-Zubehör checken:** Damit auch die Kleinen bei den ersten Sonnenstrahlen voll auf ihre Kosten kommen, sollten die Spielutensilien unter die Lupe genommen werden. Überlebt das Strandspielzeug einen weiteren Sommer, sind die Bälle aufgepumpt, passen die Schwimmflügel noch? Ebenso ist es ratsam, die Schwimmbekleidung der Kinder rechtzeitig auf Größe und Verschleiß zu untersuchen. Wer einen Campingausflug plant, holt nicht nur das Zelt vom Dachboden, sondern kontrolliert zudem, ob Heringe, Schnüre und Zeltstangen vollständig sind.

Besondere Tage im Sommer

Im Sommer begehen wir einige Aktions- und Gedenktage, die uns auf bestimmte Ereignisse, unseren Lebensraum und auf das menschliche Miteinander aufmerksam machen sollen. So wird Anfang Juni der Umwelt und der Weltmeere gedacht, deren intakte Funktion und Schutz für den Menschen lebenswichtig sind. Schönen Gefühlsäußerungen und zwischenmenschlichen Beziehungen widmen sich der Tag der Freude und der Tag der Freundschaft im Juli. Kein Wunder, dass diese Tage im Sommer liegen, denn tolles Wetter hebt die Stimmung und verleitet dazu, mit Freunden etwas zu unternehmen.

Der Tag der Umwelt

Ohne Umweltverschmutzung durch Abgase müssten wir uns selbst im Hochsommer keine Sorgen über die Ozonbelastung machen. Ein Grund mehr, den Tag der Umwelt am 5. Juni zu feiern und ganz bewusst daran zu denken, dass

wir unseren Planeten vor schädlichen Einflüssen und Stoffen schützen müssen. Seit 1972 gibt es diesen wichtigen Aktionstag, der von den Vereinten Nationen ausgerufen wurde. In Deutschland wird der Weltumwelttag seit 1976 begangen. Das Beste ist, dass jeder Einzelne seinen Beitrag dazu leisten kann – sogar 365 Tage im Jahr. In Berlin und Brandenburg findet aus diesem Anlass jährlich eine Fahrradsternfahrt statt, bei der oft weit über 100.000 Fahrradfahrer aus verschiedenen Richtungen sternförmig auf einen zentralen Treffpunkt zuradeln. Eine gute Idee ist es also, an diesem Tag das Auto stehen zu lassen und auf den Drahtesel umzusteigen oder zu Fuß zu gehen.

Eine schöne Aktion mit der Familie, vielen Freunden oder auch zu zweit ist es, Abfall zu suchen, der die Umwelt verschmutzt. Denn immer wieder verfangen sich Tiere wie Vögel oder Igel im Unrat oder fressen gefährlichen Plastikmüll. Wenn ein Erwachsener dabei ist, nehmt ihr euch ein Waldstück, einen Feldweg, einen Spielplatz oder einen Strandabschnitt vor und sammelt mit Handschuhen und einer Mülltüte ausgestattet den Abfall ein. Vorsicht ist bei zerbrochenem Glas und spitzen Gegenständen geboten, die besser nur von einem Erwachsenen entsorgt werden.

Naturdomino

Spieleranzahl: ab 4 Personen
Alter: ab 5 Jahren
Utensilien: pro Spieler 1 Stoffbeutel und 10 verschiedene Gegenstände aus der Natur

Dieses umweltfreundliche Spiel lässt sich bestens im Garten, auf der Wiese oder in Waldesnähe ausführen. Jeder Spieler erhält einen Stoffbeutel, den er mit zehn Gegenständen füllt, die er in der Natur findet. Das können beispielsweise Steine, Stöckchen, abgefallene Blätter oder Tannenzapfen

sein. Anschließend wird das etwa 2 m x 2 m große Spielfeld markiert, um das sich die Spieler
gruppieren. Der jüngste Teilnehmer beginnt und
legt zwei seiner Naturmaterialien auf das Spielfeld. Verfügt der Nachbar auf der linken Seite
über den gleichen Gegenstand, legt er ihn an
den entsprechenden an und darf zusätzlich einen neuen auf das Spielfeld legen. Kann aber
dieser Spieler nirgends anlegen, so hat der im
Uhrzeigersinn Nächste die Chance, seine Objekte
loszuwerden. Der Spaß geht, bis keiner mehr
einen passenden Gegenstand zum Anlegen im
Säckchen hat. Dann werden die Beutel inspiziert –
wer die wenigsten Gegenstände aufzuweisen
hat, ist Sieger.

Gänseblümchenaufstrich

Den ganzen Sommer über begleiten uns die
zierlichen Pflänzchen auf den Wiesen. Gänseblümchen sind nicht nur ein herrlicher Anblick,
sondern auch essbar und ideal als bekömmliche
Dekoration.

Zutaten:
- 200 g Quark
- 3 EL Naturjoghurt
- 1 TL Zitronensaft
- Kräutersalz
- Knoblauch (nach Bedarf)
- 1 Handvoll Gänseblümchen

So wird's gemacht:
1. Den Quark und den Naturjoghurt miteinander
verrühren, sodass eine cremige Masse entsteht.
2. Dann den Zitronensaft und das Kräutersalz hinzufügen und abschmecken.
3. Wer es würziger mag, kann den Knoblauch
pressen und untermischen.
4. Die Gänseblümchen am besten im eigenen
Garten oder auf der Wiese, fernab von Wegen
und Straßen pflücken. Die Blüten und Blätter gut
abwaschen, abtrocknen, klein schneiden und
unter die Creme mengen.
5. Gegebenenfalls den Aufstrich noch einmal
mit Kräutersalz nachwürzen.

Der Internationale Tag des Meeres

Dass Wasser im Sommer bei Hitze und Trockenheit ein kostbares Gut ist, hat jeder schon einmal
erfahren. Auf Beschluss der Vereinten Nationen
widmen wir uns seit 2009 jährlich am 8. Juni der
Bedeutung der Weltmeere. Über 70 % der Erdoberfläche sind schließlich mit Wasser bedeckt.
Die Meere sind eng mit dem Leben an Land verknüpft. Beispielsweise spielen die Ozeane eine
wichtige Rolle, Kohlendioxid zu binden, das in
der Atmosphäre wegen des sogenannten Treib-
hauseffektes zur Erwärmung des
Planeten führt. Würden die
Meere nicht so viel Kohlendioxid aufnehmen, müss-
ten die Menschen sich
unter anderem
auf immer hei-
ßere Sommer

einstellen. Das Meer ist nicht nur ein Art „Reinigung", sondern auch Lebensraum für viele Tier- und Pflanzenarten. Aber immer mehr Lebewesen werden durch Verschmutzung und Überfischung bedroht. Achtet am Tag des Meeres einmal ganz bewusst darauf, wie und wo der Fisch gefangen wurde, der auf eurem Speiseteller liegt. Beispielsweise ist Bio-Fisch nicht nur gesünder, sondern wird auch umweltfreundlicher gefangen.

Warum ist Meerwasser salzig, aber Regen nicht?

Die Sonne erwärmt das Wasser im Meer und an Land, bis es zu Wasserdampf wird, aufsteigt und am Himmel Wolken bildet. Als Regen oder Schnee fällt es dann zurück auf die Erde. Wer schon mal einen Regentropfen probiert hat, weiß, dass dieser nicht salzig schmeckt. Denn durch die Wärme der Sonne verdunstet nur das Meerwasser an der Oberfläche und lässt das Salz zurück. Mit einem kleinen Versuch kann man das überprüfen: Gebt ein wenig Salzwasser auf einen dunklen Untersetzer, den ihr in die Sonne oder auf die Fensterbank stellt. Am nächsten Tag werdet ihr feststellen, dass das Wasser verdunstet und das Salz zurückgeblieben ist.

 ## Unterwasserbeobachter

Um das Leben unter Wasser zu beobachten, könnt ihr einen Unterwassergucker basteln.

Material:
- Dosenöffner
- 1 leere und gereinigte Blechdose
- Metallfeile
- durchsichtige Plastikfolie
- Gummiringe oder Klebeband

So wird's gemacht:
1. Mit dem Dosenöffner werden Deckel und Boden der Blechbüchse vollständig entfernt. Nun ist Vorsicht geboten: Da die Kanten am Rand scharf sein können, sollten sie mit der Metallfeile geglättet werden.
2. Anschließend ein Stück Plastikfolie über die obere Öffnung der Dose legen. Der Durchmesser der Einbandfolie sollte auf jeder Seite mindestens 5 cm größer als die Dosenöffnung sein. Spannt die Folie dann straff über die Öffnung und befestigt sie entweder mit Gummiringen oder umwickelt den Übergang von Folie zu Büchse mehrfach mit Klebeband.
3. Wird die Dose nun umgedreht und ins Wasser gehalten, lässt sich die Unterwasserwelt gut beobachten.

Das Meer und der Sommer

Nicht nur an Land, sondern auch im Meer machen sich die Jahreszeiten bemerkbar. So ist in unseren Breitengraden der Meeresspiegel im Durchschnitt im Sommer einige Zentimeter höher als im Winter. Denn dann erwärmt die Sonnenenergie nicht nur das Land, sondern auch das Meer. Und Wasser dehnt sich bekanntlich aus, wenn es wärmer wird. Da Wasser eine hohe Wärmekapazität hat, erhöht sich die Meerestemperatur aber in der Regel langsamer als die Temperatur zu Land. Deshalb beginnt der „Hochsommer" des Meeres später, nämlich erst im September oder Oktober.

Der Internationale Tag der Weltraumforschung

Zur Sonne könnten Astronauten zwar nicht fliegen, denn in ihrer Nähe würden die Raumschiffe sofort verglühen. Doch den Mond haben Menschen bereits betreten. Am 20. Juli 1969 fand die erste bemannte Mondlandung in der Geschichte der Raumfahrt statt. Aus diesem Anlass feiern wir an diesem Tag den Internationalen Tag der Weltraumforschung. Ohne Weltraumforschung wüssten wir weniger über die Planeten und unser Sonnensystem. Auch für das tägliche Leben sind die Ergebnisse der Weltraumforschung von großem Nutzen und großer Bedeutung. Beispielsweise wurden Raumflugkörper bereits vor der ersten Mondlandung mit Solarzellen ausgestattet, die das Sonnenlicht als Energiequelle nutzen. Heutzutage können wir auf vielen Dächern Solarzellen sehen, die als alternative und umweltfreundliche Energie den Strom für ein ganzes Haus liefern können. Ebenfalls ziehen wir einen Nutzen aus den Wettersatelliten, deren Bilder nicht nur zeigen, ob wir morgen mit einem herrlichen Sommertag rechnen dürfen. Auch können

Fachleute anhand der Satellitenbilder erkennen, ob ein Wirbelsturm oder ein schweres Gewitter im Anmarsch ist, und somit rechtzeitig Warnungen aussprechen.

 ## Ab geht die Rakete!

Das Weltall wird diese Rakete vermutlich nicht erreichen, aber ein toller Sommerspaß ist es trotzdem, die eigene Rakete in die Luft fliegen zu lassen. Damit nichts schiefgeht, bittet eure Eltern, bei dem Experiment dabei zu sein.

Das braucht man:
- Tonpapier
- Schere
- 1 leere Filmdose
- Klebeband
- 1–2 TL Backpulver
- 1 EL Essig

So wird's gemacht:
Als Erstes wird die Spitze des Flugkörpers gebastelt. Dafür wird aus dem

Tonpapier ein Kreis geschnitten, der etwa einen Durchmesser von 5 cm besitzt. Schneidet diesen Kreis nun bis zur Mitte ein und formt dann ein Hütchen daraus. Dieser kegelförmige Hut sollte so angepasst sein, dass die untere Kante genau mit dem Bodenrand der Filmdose abschließt. Dann wird der Hut zusammengeklebt und mit dem Klebeband am Boden des Döschens befestigt.

Bevor der experimentelle Teil beginnt, solltet ihr unbedingt ins Freie umziehen und dort einen geeigneten Platz für den Raketenstart suchen. Eine größere freie Fläche wäre empfehlenswert. Öffnet anschließend die Dose und füllt zuerst das Backpulver, dann den Essig dort hinein. Verschließt die Rakete schnell wieder und schüttelt sie kräftig durch, bevor ihr sie mit dem Deckel nach unten auf die Erde stellt. Jetzt heißt es: in Deckung gehen und auf der Lauer liegen, bis die Rakete abgeht.

Treffen Backpulver und Essig aufeinander, entsteht das Gas Kohlendioxid (CO_2). Weil das Gas mehr Platz braucht, breitet es sich in der Dose aus. Irgendwann wird schließlich der Druck dort zu groß, sodass der Deckel von der Dose abgesprengt wird. Da die Rakete auf dem Deckel steht, fliegt sie nach oben weg.

Ich fliege zum Mond

Wer Astronaut werden möchte, sollte über bestimmte Kenntnisse und Fähigkeiten verfügen, beispielsweise naturwissenschaftliches Verständnis, Gesundheit und Teamfähigkeit. Auch ein gutes Gedächtnis ist wichtig, das mit diesem Spiel trainiert werden kann.

Spieleranzahl: ab 3 Personen
Alter: ab 5 Jahren

Die Spieler bilden einen Kreis. Der Teilnehmer, der als Nächstes Geburtstag hat, darf beginnen. Er überlegt sich einen Gegenstand mit dem Buchstaben „A", den er unbedingt zum Mond mitnehmen möchte. Vielleicht benötigt er einen Apfel auf dem Weg zum Mond, so sagt er: „Ich fliege zum Mond und nehme einen Apfel mit."

Im Uhrzeigersinn ist nun der nächste Astronaut an der Reihe, der etwas mit dem Buchstaben „B" ins Raumschiff nimmt. Er kann nicht auf Brot verzichten. Bevor er seinen Teamkollegen den Gegenstand mitteilt, muss der Teilnehmer wieder-

holen, was bereits im Raumschiff liegt. Er zählt also auf: „Ich fliege zum Mond und nehme einen Apfel und ein Brot mit."

So geht es reihum weiter: Der nachfolgende Spieler wiederholt jeweils, was die vorherigen Teilnehmer mitnehmen und fügt dann seinen eigenen Lieblingsgegenstand mit dem nächstfolgenden Buchstaben im Alphabet hinzu.

Je mehr Gegenstände in das Raumschiff wandern, umso schwieriger wird es, sich an alle zu erinnern. Vergisst jemand bei der Aufzählung Gepäckstücke oder bringt er die alphabetische Reihenfolge durcheinander, scheidet dieser Raumfahrer aus. Wer bis zum Schluss ohne Fehler bleibt, hat die erste Hürde für eine Astronautenkarriere bestanden und gewinnt.

Der Internationale Tag der Freude

Bereits Friedrich Schiller schätzte dieses Glücksgefühl im 18. Jahrhundert und würdigte es mit einem seiner berühmtesten Gedichte, der „Ode an die Freude". Wir feiern seit 1981 am 24. Juli den Internationalen Tag der Freude. Wer ist nicht gern froh und guter Stimmung? Denn Freude macht glücklich, sie entspannt und zaubert manchen Menschen ein Lächeln ins Gesicht. Gerade im Sommer haben wir viele Gründe, vor Freude in die Luft zu springen: das tolle Sommerwetter, die Pracht der Natur, Schulferien und Urlaub, im Wasser zu planschen, mit Freunden und Familie Feste zu feiern.

Haltet an diesem Tag ganz besonders die Augen und Ohren auf, denn manchmal sind es kleine, unscheinbare Momente oder Ereignisse, die unser Leben bereichern und zu großer Freude führen können. Oder macht es zu eurer Aufgabe, am heutigen Tag einem anderen Menschen eine Freude zu machen, zum Beispiel durch liebe Worte, Hilfsbereitschaft oder ein kleines Geschenk.

Freude ist gesund
Wissenschaftler haben herausgefunden, dass glückliche und zufriedene Menschen seltener krank werden. Wer eine positive Lebenseinstellung hat und sich täglich freut, lebt gesünder.

 Luftballon treten

Mit mehreren ein lustiges Spiel zu spielen, kann zum Ausdruck von Freude werden – nicht nur für den Gewinner, denn dabei zu sein, Spaß zu haben und Ballons zu zertreten, ist alles!

Spieleranzahl: ab 6 Personen
Alter: ab 5 Jahren
Utensilien: pro Spieler 1 aufgeblasener Luftballon, Band

Jeder Teilnehmer bindet sich einen aufgeblasenen Luftballon um den Fußknöchel. Dann geht es nach einem Startkommando los: Die Spieler versuchen alle, die Ballons an den Füßen der Mitspieler zu zertreten. Dabei sind sie natürlich bemüht, ihren eigenen vor dem Zertrampeln zu retten. Wessen Luftballon zerplatzt, der scheidet aus dem Spiel aus. Gewonnen hat derjenige, der bis zum Schluss einen unversehrten Ballon am Fuß aufweisen kann.

Der Internationale Tag der Freundschaft

Wie wichtig es ist, einen guten Freund oder eine gute Freundin zu haben, das wissen wir schon seit Kindertagen. Mit einem Freund können wir vieles besprechen, gemeinsam etwas erleben und vor allem uns auf ihn verlassen. Miteinander spielen und Spaß haben, aber auch Zuspruch bekommen, wenn man mal so richtig traurig ist – das macht eine Freundschaft aus. In einem bekannten Lied aus dem letzten Jahrhundert heißt es sogar: „Ein guter Freund ist das Wichtigste, was es gibt auf der Welt." Das Band der Freundschaft spielte schon immer eine große Rolle für den Menschen. Den Internationalen Tag der Freundschaft am 30. Juli feiern wir allerdings noch nicht sehr lang. Seit 2011 gibt es diesen Gedenktag an die Freundschaft zwischen Personen, Kulturen, Ländern und Völkern, der von den Vereinten Nationen ausgerufen wurde. Die Einführung dieses Aktionstages geht auf die Initiative von verschiedenen südamerikanischen Staaten zurück, vor allem auf Paraguay, das bereits seit 1958 jährlich den Tag der Freundschaft begeht.

Wichtig für eine Freundschaft ist auch, dass man sie pflegt. Man sollte regelmäßig Zeit miteinander verbringen und Kontakt zueinander halten. Ein persönliches Gespräch, auch am Telefon, oder ein handgeschriebener Brief hat dabei natürlich einen anderen Stellenwert als eine SMS. Überlegt euch zum Tag der Freundschaft einmal, was ihr an eurem Freund oder eurer Freundin so besonders schätzt, und sagt es ihnen.

 ## Freundschaftsbänder knüpfen

Möchtet ihr einer Freundin oder einem Freund ein tolles Geschenk machen und damit eure Verbundenheit ausdrücken, dann knüpft ein Freundschaftsband. Insbesondere in Teilen Asiens und Südamerikas sind Freundschaftsbänder sehr beliebt.

Material:
- verschiedenfarbiges Baumwollgarn
- Sicherheitsnadel
- Schere

So wird's gemacht:

1. Als Erstes schneidet ihr sechs Baumwollfäden ab, die jeweils die Länge von 80 cm besitzen. Die Schnüre werden am oberen Ende zusammengeknotet, sodass etwa 5 bis 10 cm Faden überstehen. Der Knoten wird anschließend mit der Sicherheitsnadel an einem Kissen oder Hosenbein befestigt. Die Fäden nun fächerartig ausbreiten und beim Flechten auf Spannung halten.

2. Jetzt beginnt das eigentliche Knüpfen: Nehmt den ersten Faden links außen und legt ihn zuerst von oben über den zweiten Faden. Dann führt ihr ihn von hinten unter dem zweiten hindurch, sodass er eine Schlinge um den zweiten Faden bildet. Zieht die Schlinge fest und wiederholt den Knüpfvorgang. Anschließend verknüpft ihr auf die gleiche Weise den linken Faden der Reihe nach mit den anderen Fäden. Wenn die erste Reihe fertig ist, liegt der ursprünglich linke Faden ganz rechts.

3. Danach beginnt der Spaß von vorne: Die Schnur, die jetzt links liegt, wird schrittweise mit den anderen Schnüren verknüpft, sodass sie rechts außen endet. Das macht ihr so lange, bis das Freundschaftsband die entsprechende Länge hat, damit es um das Handgelenk passt.

4. Dann löst ihr den Knoten vom Anfang wieder und flechtet aus den Schnurenden zwei Zöpfe.

Für den einen nehmt ihr die drei linken Fadenenden, für den anderen die drei rechten. Das Gleiche macht ihr mit den unteren Fadenenden. Mit den vier Zöpfen könnt ihr nun das Band verschließen.

Der Zuspätkommtag

Ein eher spaßiger Aktionstag ist der Zuspätkommtag, der auf den 30. Juli fällt. Er wird seit 2006 in Deutschland begangen, und seine Einführung geht auf einen Blogger zurück. Ein Blog ist eine Art Tagebuch oder Journal im Internet, in der eine Person Ereignisse oder Gedanken niederschreibt. Den Autor dieses persönlichen Blogs nennt man Blogger.

Manchmal lässt es sich einfach nicht vermeiden, dass man zu einer Verabredung zu spät kommt. Dann sollte man sich auf jeden Fall entschuldigen und einen Grund vorbringen. Denn wer von uns vergeudet gern seine Zeit mit Warten? Es gibt aber auch Termine, bei denen Pünktlichkeit ein absolutes Muss ist, wie Bewerbungsgespräche oder Abfahrtszeiten bei Reisen. Außerdem ist es ein Zeichen von Respekt gegenüber anderen Menschen, sie nicht unnötig warten zu lassen.

Macht euch am Zuspätkommtag einen Spaß daraus und erstellt einmal eine Liste, mit den unmöglichsten und lustigsten Ausreden fürs Zuspätkommen. Tauscht euch mit Freunden oder in der Familie aus, wer auf die schrägste Idee kommt, und lacht euch ruhig kaputt.

Der Internationale Sprich-wie-ein-Pirat-Tag

Von zwei Amerikanern wurde 1995 der Internationale Sprich-wie-ein-Pirat-Tag ins Leben gerufen, der am 19. September begangen wird. Die ersten sieben Jahre haben bis auf die beiden Urheber wenig Menschen Notiz von dem Tag genommen, schließlich war und ist das Ganze als scherzhafte Nachahmung gemeint. Und was hat man schon davon, den ganzen Tag zu reden wie ein alter Freibeuter. Außerdem ist ja nicht einmal klar, was Klaus Störtebeker so den ganzen Tag von sich gegeben hat. Doch dann hatten die beiden Erfinder die geniale Idee, den amerikanischen Satiriker Dave Barry von ihrem internationalen Tag zu begeistern. Der schrieb über diesen besonderen Aktionstag in einigen Zeitungen, und so wurde der Tag tat-

sächlich bekannt. Ob Jack Sparrow oder Käpt'n Sharky – verkleidet euch an diesem Tag doch mal wie ein Pirat und versucht, die Seeräuber nachzuahmen.

 ## Flaschenpost basteln

Früher haben Schiffbrüchige und Piraten, die auf einer einsamen Insel festsaßen, eine Flaschenpost ins Meer geworfen. Dadurch erhofften sie sich Rettung, falls jemand ihre Nachricht finden würde. Heutzutage ist es einfach spannend, eine Flaschenpost abzuschicken und zu warten, ob und an welchem Ort in der Welt sie gefunden wird.

Material:

- 1 Blatt Papier
- Stift
- 1 durchsichtige Glasflasche mit Korken
- Plastikfolie
- Kerzenwachs

So wird's gemacht:

1. Auf das Papier einen kurzen Brief schreiben, in dem Name, Adresse und das Datum stehen. Wer der englischen Sprache mächtig ist, kann das Schreiben ins Englische übersetzen.
2. Der Zettel wird nun so zusammengerollt, dass er durch die Flaschenöffnung passt. Der Brief wird zusätzlich mit der Plastikfolie umwickelt, um ihn vor Wasser zu schützen. Die Flasche, in die ihr den Brief steckt, sollte gut gesäubert und innen trocken sein.
3. Zum Verschließen der Buddel wird der Korken möglichst weit in den Flaschenhals hineingeschoben. Zusätzlich kann man mit der Hilfe eines Erwachsenen die Flaschenöffnung in flüssiges Wachs tauchen.
4. Dann kann die Post abgehen: Am Meer oder an einem fließenden Fluss vorsichtig die Flasche zu Wasser lassen.

Von Hundstagen und Sommer- gewittern

Steht die Sonne im Sommer am Firmament, ist der Himmel blau und klar, weht kein Lüftchen – dann können wir uns sicher sein, dass uns ein schöner Sommertag erwartet. Doch nicht immer haben die Meteorologen diese Wettervorhersage parat. Ein Hochdruckgebiet, das im Sommer meist für Wärme und tolles Wetter sorgt, kann von einem Tiefdruckgebiet abgelöst werden, bei dem es zu kühleren Temperaturen, Schauern oder Gewitter kommen kann.

Gerade zur Sommerzeit will jeder wissen, wie das Wetter wird. Picknick, Grillfest oder der Ausflug sollen natürlich nicht ins Wasser fallen. Noch bevor es Meteorologen gab, die das Wetter erforschen und für uns Vorhersagen treffen, haben Bauern, Seeleute und Schäfer die Natur sowie den Himmel, die Wolken und den Wind beobachtet. Aus ihren Beobachtungen und Erkundungen haben sie Wettervorhersagen getroffen. Im Laufe der Zeit haben besonders die Bauern viele Erfahrungen gesammelt, die wir heute als Bauernregeln kennen. Einige dieser Vorhersagen sind ziemlich zutreffend, aber natürlich kann man sich nicht immer darauf verlassen. Entscheidend ist auch, aus welcher Region sie kommen. Denn an einem Tag kann das Wetter im hohen Norden völlig anders als im Süden Deutschlands sein.

„Das Jahr ohne Sommer"

Das Jahr 1816 ging in Europa und Nordamerika in die Wettergeschichte als das „Jahr ohne Sommer" ein. In den Monaten Juli und August kam es zu schweren Unwettern, Schneefällen und tagelangem Nachtfrost. Über Wochen war es viel zu kalt und zu nass – das hatte verheerende Folgen für die Menschen: Ernteausfälle und Hungersnöte. Die Ursache für diese klimatische Katastrophe war der Ausbruch des Vulkans Tambora, der auf einer indonesischen Insel liegt. Die gewaltige Explosion des Vulkans im April 1815 führte zur Veränderung des Klimas in den Folgejahren.

Das Wetter selbst vorhersagen

Beobachten wir unsere Umwelt ganz genau, können wir unsere eigene Wettervorhersage treffen – natürlich ohne Gewähr. Das Verhalten von Tieren und Pflanzen, Luft, Wind und Wolken können uns sonnige Stunden, eine Schlechtwetterfront oder einen Umschwung verraten.

Eine bekannte Bauernregel sagt: „Wenn die Schwalben niedrig fliegen, wird man Regenwetter kriegen." Schwalben wissen sicher selbst nicht, wann genau es regnet, aber sie jagen Insekten als Nahrung. Und Insekten fliegen tief, wenn die Luft feuchter und der Wind stärker wird. Somit orientiert sich die Flughöhe der Schwalben an der Flughöhe der Insekten, die die eigentlichen Wetterboten sind. Summende Bienen und Spinnen, die an ihren Netzen bauen, sind hingegen ein Zeichen für schönes Wetter.

Einige Pflanzen wie Löwenzahn oder Gänseblümchen öffnen ihre Blüten nur bei Sonnenschein. Auch die Wolken können darüber Aufschluss geben, welche Witterung wir in den nächsten Stunden zu erwarten haben. Wolken sind eine Ansammlung von Wassertröpfchen, die am Himmel schweben. Doch sind ihre Formen unterschiedlich. Feine Schleierwolken, weiße Schäfchen am Himmel und Wolken, die aussehen wie Blumenkohl, deuten in der Regel auf freundliches Wetter und keinen Niederschlag. Hängen die Wolken tief und sind sie dunkel, werden sie immer dichter und bewegen sich schnell, sind dies Anzeichen dafür, dass Regen im Anmarsch ist.

Weitere Schlechtwettersignale sind:
- Fische, die aus dem Wasser springen
- lästige Mücken
- Morgenrot
- ein milchiger „Hof" um die Sonne
- plötzlich aufkommende Winde
- aufsteigender Morgennebel

Weitere Schönwetterboten sind:
- am Abend zirpende Grillen und quakende Frösche
- Regenbogen am Abend
- Tau am Morgen
- Streifen hinter Flugzeugen, die sich schnell auflösen
- Lerchen und Schwalben fliegen hoch

 ## Sternschnuppen zählen

Was gibt es Schöneres, als in einer sternenklaren Sommernacht in den Himmel zu schauen und Sternschnuppen zu zählen? Ein Aberglaube besagt ja, dass man nach einer Sternschnuppe die Augen schließen soll und sich etwas wünschen darf. Den Wunsch allerdings soll man hüten wie ein Geheimnis, sonst wird er nicht erfüllt. Ob dieser Volksglaube nun stimmt oder nicht – das schöne Naturschauspiel einer Sternschnuppe sollten wir uns nicht entgehen lassen. Vor allem im August ist die Chance sehr groß, dieses Spektakel mit bloßem Auge am Himmel genießen zu können. Dabei gilt: Je dunkler der Ort ist, umso besser ist die Sicht nach oben. Auf dem Land ist es also wahrscheinlicher, eine Sternschnuppe zu sehen, da dort keine anderen Lichtquellen stören wie beispielsweise in der Großstadt.

Eine Sternschnuppe erweckt den Eindruck, als fiele ein Stern vom Himmel. Dem ist natürlich

nicht so. Sternschnuppen sind vielmehr kleine Meteoroide oder Staubkörnchen, die aus Eisen oder Gestein bestehen. Sie rasen mit einer sehr hohen Geschwindigkeit durch das All. Wenn sie in die Erdatmosphäre eintreten, erhitzen sie sich durch die Reibung so stark, dass sie verglühen. Die dadurch entstehende Leuchterscheinung bezeichnet man als Sternschnuppe. Oft besitzen sie eine Größe von nur wenigen Millimetern.

Großes Glück haben wir, wenn Sternschnuppen in Schwärmen auftreten. Dann können pro Stunde mehr als 100 Sternschnuppen erblickt werden und das Zählen darf beginnen. Keine Angst übrigens: Wir können nicht von einer Sternschnuppe getroffen werden, denn sie verglüht in einer Höhe von 80 bis 120 km.

Warum häufen sich Sternschnuppen im Sommer?

In der Zeit von Ende Juli bis Mitte August können wir regelrecht auf Sternschnuppenjagd gehen. Die Perseiden sind dafür verantwortlich – ein Sternschnuppenschwarm, der jedes Jahr im Sommer auftritt. Es handelt sich dabei um Staubteilchen von Kometen. Sie tragen auch den volkstümlichen Namen „Tränen des Laurentius". In der Zeit um den Tag des heiligen Laurentius am 10. August kreuzt die Erde auf ihrer Bahn die Staubspur, die dieser Komet hinterlassen hat.

Käsestangen

Das Warten auf die Sternschnuppen kann mit einer kleinen Knabberei am späten Abend verkürzt werden. Macht es euch auf einer Decke bequem und genießt den Sternenhimmel, ein Getränk und die knusprigen Käsestangen.

Zutaten:
- 1 Ei
- 1 EL Kondensmilch
- Salz
- Pfeffer
- 150 g Emmentaler, Parmesan oder Greyerzer Käse
- 1 Päckchen Blätterteig
- Mehl zum Ausrollen
- Paprikapulver

So wird's gemacht:

1. Das Ei mit der Kondensmilch, einer Prise Salz und Pfeffer verquirlen. Dann den Käse fein reiben. Anschließend den Blätterteig mit etwas Mehl bestäuben und die einzelnen Platten möglichst gleich groß zu Quadraten oder Rechtecken ausrollen. Eine Blätterteigplatte mit dem Eigemisch bestreichen und dem geriebenen Käse bestreuen. Der Belag wird mit dem Paprikapulver leicht nachgewürzt.

2. Nun wird eine weitere Blätterteigplatte daraufgelegt und etwas angedrückt. Diese wieder mit dem Ei bestreichen und etwas Käse darauf verteilen. Das Rechteck wird dann mit einem scharfen Messer in etwa 1 bis 2 cm breite Längsstreifen geschnitten.

3. Jeden Streifen zwei- bis dreimal um die eigene Achse drehen. Die Enden sollten dabei etwas zusammengedrückt werden. Danach die Käsestangen auf ein mit Backpapier ausgelegtes Backblech legen und im vorgeheizten Ofen bei 200° C zehn bis 20 Minuten backen.

„Eine Schwalbe macht noch keinen Sommer"

Das bekannte Sprichwort geht auf den griechischen Dichter Äsop zurück. Im übertragenen Sinne bedeutet es, dass man ein einzelnes positives Ereignis nicht als Zeichen dafür nehmen sollte, dass alles gut ist. Das trifft bei dieser Redensart auch buchstäblich auf den Sommer zu. Bereits im Frühjahr fliegen bei uns die ersten Schwalben, doch Sommer ist es erst, wenn wir wirklich viele Schwalben beobachten können.

Was sind die Hundstage?

Der Zeitraum zwischen dem 23. Juli und dem 24. August wird umgangssprachlich als Hundstage bezeichnet. In der Regel können wir in dieser Zeit mit schönem Wetter, viel Sonne und den heißesten Tagen des Jahres rechnen, da dann üblicherweise ein Hochdruckgebiet über Mitteleuropa liegt.

Mit dem vierbeinigen Haustier hat diese Schönwetterperiode allerdings weniger zu tun. Vielmehr haben die Hundstage einen astronomischen Hintergrund und gehen bis auf die alten

Ägypter zurück. Gegen Anfang Juli wurde am Ufer des Nils der Fixstern „Sirius" wieder in der Morgendämmerung gesichtet, nachdem er vorher wochenlang unsichtbar war. Sirius ist der Hauptstern im Sternbild „Großer Hund". Da mit seinem Erscheinen die Sommerhitze und das Überfluten der Felder mit der fruchtbaren Nilschwemme zusammenfielen, glaubte man in Ägypten, dass Sirius die Hitze ausgelöst hätte. Zu Zeiten der alten Römer erschien Sirius erst Ende Juli, was den 23. Juli als Beginn erklärt. Der Name „Hundstage" hält sich immer noch, auch wenn die Sterne keinen Einfluss auf das Wetter haben. Im Hochsommer ist es nun einmal bei uns in Europa, in Ägypten und anderswo auf der Nordhalbkugel meistens am heißesten.

Abenteuer Sommergewitter

Am Horizont tauchen dunkle Wolken auf, der Himmel zieht sich zu, als würde die Welt untergehen, und die Luft ist drückend schwül – manch einer kann es jetzt gar nicht mehr erwarten, bis das Wärmegewitter endlich losgeht. Ein Sommergewitter entsteht, wenn die Sonne die Luft in Bodennähe sehr stark erwärmt und viel Wasser verdunsten lässt. Die warme oder heiße Luft an der Erdoberfläche steigt in kältere Luftschichten auf. Oben kühlt sie schnell ab und löst

das Wärmegewitter aus. In den Sommermonaten können wir dieses Naturschauspiel in den Nachmittags- oder Abendstunden erleben. Um das schöne Sommerwetter müssen wir uns aber nicht sorgen, denn nach einem Wärmegewitter kommt es zu keiner Abkühlung.

Ein Gewitter ist mit den Naturerscheinungen Blitz und Donner verbunden. Ein Blitz ist eine elektrische Entladung zwischen mehreren Wolken oder zwischen Wolken und der Erde. Die statischen Spannungen in den mächtigen Gewitterwolken bauen sich durch die großen Wasseransammlungen, die Temperaturunterschiede in der Wolke und die Winde auf. Im oberen Teil der Wolken sind die Eiskristalle meist positiv geladen, während sich die Graupelteilchen in der unteren Wolkenschicht negativ laden. Ist der Spannungsunterschied in der Wolke zu groß, kommt es zu einer Entladung mit Blitz und Donner. Ein Gewitter ist entstanden.

Sehen wir einen Blitz, so hören wir kurze Zeit später einen Donnerschlag. Eigentlich geschehen diese beiden Vorgänge jedoch gleichzeitig! Der Blitz heizt die ihn umgebende Luft auf, die sich dann rasend schnell ausbreitet. Dadurch entsteht eine Druckwelle, der Donner. Da das Licht (Blitz) sich aber schneller durch die Luft bewegt als der Schall (Donner), hören wir das Grollen des Donners später.

Wie weit ist das Gewitter entfernt?

In drei Sekunden legt ein Donner 1 km zurück. Anhand dessen können wir errechnen, wie weit das Unwetter entfernt ist. So geht's: Man zählt die Sekunden zwischen Blitz und Donner und teilt diese Zahl dann durch drei. Folgt der Donner beispielsweise neun Sekunden nach dem Blitz, ist das Gewitter 3 km entfernt (9 : 3 = 3).

Richtiges Verhalten bei Gewitter

Für viele hat ein Gewitter etwas Faszinierendes und Abenteuerliches, das es – möglichst im Trockenen – zu bewundern gilt. Bei anderen hingegen löst das Naturschauspiel Unbehagen und Ängste aus, doch das ist nicht nötig, denn dieses Wetterphänomen bedroht uns meistens nicht. Menschen sind bei richtigem Verhalten in der Regel vor einem Blitz sicher. Wichtig ist also, bestimmte Regeln einzuhalten, wenn es vom Himmel blitzt und kracht.

Nach Möglichkeit sollte man sich nicht im Freien aufhalten. Ist man aber gerade auf einer freien Fläche unterwegs, sollte man in die Hocke gehen, mit den Armen die Knie umfassen und den Kopf einziehen. Die Füße sollten dicht nebeneinander auf dem Boden stehen und nur wenige Körperteile den Boden berühren. Unternimmt man bei aufkommendem Unwetter gerade eine Fahrradtour, sollte das Zweirad in mindestens 3 m Entfernung abgestellt werden. Am See, Fluss oder Meer sowie im Freibad gilt: Sofort das Wasser verlassen! Denn Wasser leitet bekanntlich. Da Blitze in der Regel am höchsten Punkt einschlagen, bieten Bäume, Berggipfel, hohe Masten und Gegenstände, die in die Höhe ragen, keinen Schutz vor Gewitter. Ebenso sollte um metallische Gegenstände wie Zäune oder Brückenpfeiler ein Bogen gemacht werden.

Sicherheit bietet es hingegen, bei Unwetter in einem Auto zu sitzen. Dort ist man vor einem Blitz geschützt, da die Metallhülle des Fahrzeugs einen Einschlag verhindert. Auch in den eigenen vier Wänden oder anderen Gebäuden ist Schutz geboten. Ist man sich nicht sicher, ob der Unterschlupf über einen Blitzableiter verfügt, sollten alle Stecker gezogen werden, und auf Duschen, Baden und Telefonieren verzichtet werden. Dann kann man sich entspannt dem Naturschauspiel hingeben.

Ein bunter Regenbogen

Ist das Wärmegewitter überstanden und klart der Himmel schnell wieder auf, können wir mit Glück einen Regenbogen entdecken. Ein Regenbogen entsteht, wenn die Sonne Regentropfen anstrahlt. Die Wolken müssen dafür nach dem

Schauer rasch aufreißen, damit wir das Farbspektakel genießen können. Dabei bricht sich das Sonnenlicht im Wasser. Die Lichtstrahlen werden durch das Wasser umgelenkt, und zwar jede einzelne Farbkomponente etwas anders. Unser Auge nimmt Sonnenlicht als weiß wahr, doch eigentlich setzen sich Lichtstrahlen aus verschiedenen Farben zusammen, von Rot über Orange, Gelb, Grün, Blau und Lila. Und das sind die Farben des bunten Bogens am Himmel.

Ein Regenbogen befindet sich immer genau der Sonne gegenüber. Je tiefer die Sonne steht, desto höher steht also der Regenbogen. Deshalb gibt es ihn im Sommer auch nicht um die Mittagszeit herum. Denn dann sind die Strahlen ja direkt auf die Erde gerichtet, und nicht auf den Horizont.

Regenbogen selbst machen

Wenn ihr nicht auf ein Sommergewitter warten möchtet, könnt ihr einen kleinen Regenbogen auch selbst machen. Stellt euch am späten Nachmittag oder Abend im Garten mit dem Rücken zur Sonne. Dann spritzt mit einem Gartenschlauch Wasser in die Luft, sodass es vom Sonnenlicht angestrahlt wird. Und schon seht ihr im Wassernebel den herrlichen Farbenzauber.

Habt ihr keinen Garten oder scheint die Sonne gerade nicht, könnt ihr einen Regenbogen auch in der Wohnung erzeugen. Legt einfach einen kleinen Spiegel leicht schräg in eine Schale mit Wasser, die ihr vor einer weißen Wand platziert. Dann leuchtet mit einer guten Taschenlampe im flachen Winkel auf den Spiegel. Das Wasser in der Schale bricht das Licht der Taschenlampe, genau wie die Regentropfen das Sonnenlicht. Der Spiegel reflektiert das in seine einzelnen Farben zerlegte Licht an die Wand. Wenn es nicht gleich klappt, müsst ihr den Spiegel etwas anders ausrichten.

Die Sonne und der Wind

Eines schönen Sommertages traf die Sonne den Wind.
Dieser fing sofort an, die Sonne zu necken.
„Hallo Sonne, was machst du eigentlich den ganzen lieben
langen Tag? Du scheinst einfach nur – das ist ja langweilig."
Die Sonne blieb still, denn eigentlich hatte der Wind recht, sie machte
den ganzen Tag nichts anderes, als scheinen. Aber sie war zufrieden damit.
Dann fuhr er fort: „Mein Leben ist viel spannender! Wenn ich richtig loslege, kann ich Dachpfannen
von den Häusern holen. Und sogar alte starke Eichen kippen bei meiner Windstärke um. Komm,
zeig mir mal, was du kannst! Lass uns einen Wettkampf machen, wer stärker ist."
„Oje", dachte die Sonne. „Das kann ja heiter werden." Schließlich stimmte sie mit einem etwas
mulmigen Gefühl zu.

„Siehst du da unten auf der Erde den Mann mit dem grünen Mantel, der gerade zur Arbeit
geht?", fragte der Wind.
„Du meinst den mit dem Mantel und den blonden Haaren? Ja, den sehe ich", erwiderte die Sonne.
„Wer von uns beiden es schafft, ihm den Mantel auszuziehen, ist der Stärkere", sagte der Wind
siegessicher. „Ich fange an."
„Abgemacht", sprach die Sonne, obwohl sie keine Idee hatte, wie sie den Wind bezwingen sollte.

Sofort fing der Wind an zu blasen, er pustete und schlug gegen den Mantel des Mannes. Dessen
Haare wehten in alle Richtungen. Nur mit Mühe konnte der Mann sich auf dem Weg halten –
doch den Mantel behielt er an. Wutentbrannt legte der Wind mit einem kräftigen Stoß nach.
Doch je stürmischer es wurde, umso mehr hielt der Mann seinen Mantel an sich, knöpfte ihn bis
oben zu und band einen Gürtel um die Hüften. Es war nichts zu machen, dem Wind gelang es
nicht, den Mantel auszuziehen.

Dann war die Sonne an der Reihe. Sie lächelte und machte das, was sie ihr Leben lang tat: Sie
schien mit all ihren Strahlen und aller Kraft auf die Schultern des Mannes. Es wurde wärmer und
sie schien leise und ohne Anstrengung weiter. Der Mann begann, seinen Mantel zu öffnen. Nach
einer Weile war ihm so warm, dass er ihn auszog. Die Sonne hatte gewonnen!

Gesund in der Sonne

So erheiternd und unbeschwert wir den Sommer auch erleben – wir sollten unser Verhalten der warmen Jahreszeit anpassen. Das gilt nicht nur für begeisterte Sonnenanbeter, denn in einem heißen Sommer erreicht uns täglich eine intensive Sonnenstrahlung. Der menschliche Körper, vor allem die Haut, reagiert auf diese äußeren Einflüsse.

Danke, liebe Sonne!

Das Sonnenlicht fördert die Bildung von Vitamin D im Körper. Dieses Vitamin ist wichtig für den Knochenaufbau. Zwar könnte man Vitamin D auch über die Nahrung aufnehmen, doch ist es einfacher und unkomplizierter, das lebenswichtige Vitamin über ein Sonnenbad zu tanken. Die Haut wird von den Strahlen angeregt, es in seiner aktivsten Form zu bilden. Jeden Tag die Sonne für etwa 15 bis 20 Minuten zu genießen, kann also gesundheitsfördernd sein, ohne sich anzustrengen. Es kommt nur auf die richtige Dosis an.

Zu intensive Strahlen können zu Sonnenbrand führen, der Folgeschäden hervorrufen kann. Und bei zu hohen Temperaturen spielt der Kreislauf manchmal nicht mehr mit, und das Atmen fällt schwer. Deshalb sollte man einige Regeln beherzigen, um beruhigt durch den Sommer zu kommen.

- Die Haut sollte langsam und behutsam an die Sonne gewöhnt werden. Vor allem an den ersten heißen Tagen schattige Plätze bevorzugen.

Generell ist es empfehlenswert, die Zeit zwischen zwölf und 15 Uhr nicht in der direkten Sonne zu verbringen, da die Strahlung am intensivsten ist und teilweise senkrecht auf die Haut tritt.

- Den Körper in luftige, leichte Kleidung aus kühlenden Materialien hüllen. Seide, Leinen und moderne Mischgewebe wie Mikrofaser sind dank der temperaturausgleichenden Eigenschaft ratsam. Helle Kleider stoßen das Licht ab, in dunklen Klamotten hingegen wird einem schnell zu warm. Außerdem sollte an eine leichte Kopfbedeckung und eine Sonnenbrille mit UV-Schutz gedacht werden. Ein Sonnenhut schützt nicht nur vor einem Sonnenbrand im Gesicht, sondern den ganzen Organismus vor einem Sonnenstich.

- In der Sommerhitze schwitzen wir sehr viel mehr als in den kühleren Jahreszeiten. Zum Ausgleich des Flüssigkeitsverlustes sollte man viel trinken, am besten Wasser pur oder gemischt mit Fruchtsäften.

- Sonnencreme bereits 30 Minuten, bevor es nach draußen geht, auf die Haut auftragen. Dabei nicht knausern, sondern das Mittel großzügig verwenden. Der Lichtschutzfaktor ist abhängig vom Hauttyp, also der Eigenschutzzeit der Haut und dem UV-Index. Insgesamt ist es sinnvoller, einen höheren Schutzfaktor zu wählen. Wer die Creme mehrfach aufträgt, verlängert nicht die Schutz-

zeit, sondern kann nur die Wirkung auffrischen, zum Beispiel nach dem Aufenthalt im Wasser.

- Bei Kindern ist größte Achtsamkeit geboten. Sie sollten nur mit Hemd, Hose und Hut in der Sonne herumtollen. Da ihre Haut viel dünner ist als die von Erwachsenen und weniger UV-Strahlen abhält, sollten sie mindestens mit Lichtschutzfaktor 30 geschützt werden. Für lichtempfindliche, hellhäutige Sprösslinge sollte es Lichtschutzfaktor 50 oder mehr sein. Durch Schwitzen, Baden und Abtrocknen kann der Schutzfilm abnehmen, deshalb Kinder bitte mehrfach am Tag eincremen.

Die vornehme Blässe

Einen schön gebräunten Teint zu haben, gehört heutzutage zu den gängigen Schönheitsidealen. Gebräunte Haut wird mit Dynamik, Erfolg und Attraktivität verbunden. Doch das war nicht immer so: Jahrhundertelang schätzte man die sogenannte vornehme Blässe. Gebräunt waren damals nur Bauern und Arbeiter, die den ganzen Tag draußen schuften mussten. Von diesen einfachen Leuten wollten sich die Adeligen abheben und versuchten mit allen Mitteln, ihre vornehme Blässe zu wahren. Mit hochgeschlossener Bluse, Handschuhen und Sonnenschirm ausgerüstet gingen sie damals ins Freie. Im Gesicht wurde mit hellem Puder und Bleichmitteln nachgeholfen.

Selbst unter einer Wolkendecke oder an einem schattigen Plätzchen entfaltet die Sonne ihre Kraft, sodass man sich auch dort bräunen kann. Im Schatten wirken noch 50 % der UV-Strahlen, und bei vereinzelter Bewölkung am Himmel ist die UV-Strahlung oft nicht wesentlich geringer als an einem wolkenlosen Tag.

Erste Hilfe bei Sonnenbrand

Kommt es trotz größter Vorsicht zu einem Sonnenbrand, gilt es, die betroffenen Hautstellen sofort vor weiterem Sonnenlicht zu schützen. Am besten geht ihr in den Schatten und deckt die entsprechenden Stellen ab. Ein Sonnenbrand ist eine Entzündung der Haut und äußert sich durch Rötung und Wärmegefühl an der verbrannten Körperstelle. In schlimmeren Fällen können Schmerzen, Juckreiz und Bläschenbildung hinzukommen. Der Körper hat nun einen erhöhten Flüssigkeitsbedarf, deshalb ist es ratsam, viel Wasser zu trinken. Feuchte Umschläge oder Salben und Gels aus der Apotheke sorgen für Abkühlung und lindern die Beschwerden. Bei starken Verbrennungen und Blasenbildung auf der Haut sollte ein Arzt aufgesucht werden. Das Gleiche gilt, wenn ein Sonnenbrand mit Übelkeit, Kopfweh oder Fieber einhergeht.

Quarkwickel zum Kühlen

Dieses alte Hausmittel hat sich nach einem ver-
hängnisvollen Sonnenbad mit leichten Verbrennungen bewährt. Quark oder Joghurt verhindern
den Feuchtigkeitsverlust der Haut, und die
Milchsäurebakterien beschleunigen den Hei-
lungsprozess. Auch für Kinder sind die Wickel
bestens geeignet.

Man braucht:
• Quark oder Joghurt
• 1 Leinentuch
• 1 trockenes Handtuch

So wird's gemacht:
1. Den Quark oder Joghurt fingerdick auf das Leinentuch auftragen.
2. Die beschmierte Seite des Tuchs direkt auf die
schmerzenden Hautstellen legen.
3. Mit dem Handtuch anschließend das Ganze
abdecken, damit es fixiert wird und nicht kleckert.
4. Hat sich der Quark nach einiger Zeit erwärmt,
kann ein neuer Kühlumschlag vorbereitet werden.

Natürlicher Mückenschutz

Gerade haben wir uns nach einem erfüllten Sommertag zur Ruhe gelegt, und schon geht das Ge-
summe los. Eine Mücke umkreist den Kopf und
sucht eine passende Gelegenheit, uns zu piesa-
cken. Diese unliebsame Situation hat wohl jeder
schon einmal erlebt. Deshalb ist es empfehlenswert, Fliegengitter am Fenster zu befestigen.
Sollte sich ein Blutsauger trotzdem ins Schlafzimmer verirrt haben, schützt ein Moskitonetz über

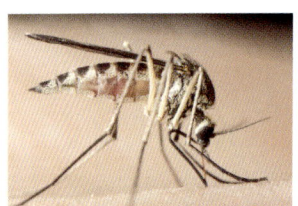 dem Bett. Wäh-
rend der Abend-
stunden sollten
die Fenster ge-
schlossen sein,
vor allem wenn
das Licht brennt.

Ein geselliges Zusammensein an einem lauen
Sommerabend kann ebenfalls von den Plage-
geistern gestört werden. Für diesen Anlass bieten sich Kerzen mit Zitronella-Öl an. Sie sind
nicht nur dekorativ, sondern sorgen durch insek-
tenabweisende Wirkung für ungestörte Stunden. Das Abglimmen von zerriebenen Salbeiblät-
tern in einer feuerfesten Schale duftet etwas
würzig, vertreibt aber ebenfalls die ungeliebten
Blutsauger. Abends empfiehlt es sich außerdem,
im Freien lange und helle Kleidung zu tragen.
Dunkle Farben hingegen ziehen die Mücken an.
Da die Tierchen am liebsten in der Dämmerung
auf die Jagd gehen, ist es sinnvoll, zu dieser Tageszeit ätherische Öle als natürlichen Schutz ein-
zusetzen. Die Gerüche von Kampfer, Lavendel,
Anis und Katzenminze haben sich bewährt. Am
besten die Kleidung mit dem ätherischen Öl beträufeln oder in einem Verhältnis von 1 : 4 mit
Körperlotion mischen und auf die Haut auftragen.

Auch wenn die kleinen Insekten uns manchmal
das Leben schwer machen, sind sie für das Öko-
system unerlässlich. Denn sie dienen vielen Tieren als Nahrungsmittel und spielen in einigen
Gegenden eine wichtige Rolle als Bestäuber. Außerdem stechen nicht alle Mücken, sondern nur
die Weibchen.

Hat euch trotz aller Schutzmaßnahmen ein Mos-
kito gepiesackt, geht die Welt nicht unter. Ein
Mückenstich ist harmlos und ungefährlich. Hausmittel schaffen schnell Abhilfe bei leichter
Schwellung und Juckreiz. Wichtig ist: nicht krat-
zen! Teebaumöl, Franzbranntwein oder Spucke
(die wirklich jeder dabei hat) wirken kühlend.
Schnelligkeit ist bei der Behandlung mit einem
Stück Zitrone gefragt, mit dem die entsprechende Stelle sofort nach dem Stich eingerieben werden sollte. Bei Wanderungen könnt ihr euch in
der Natur bedienen: Spitzwegerich, der oft am
Wegesrand wächst, in der Hand zerdrücken und
den Stich damit einreiben.

Ein Picknick im Grünen

Ob im lauschigen Park, unter schattigen Bäumen im Wald oder auf der Wiese am Flussufer – geeignete Plätze für eine Auszeit mit Schmaus, Spiel und Spaß gibt es viele. Vor allem Kinder lieben diese unkomplizierte Art, Nahrungsaufnahme mit Aktivitäten zu verbinden. Meistens wechselt sich das Schlemmen mit Herumtollen und Spielen ab. Damit das Sommervergnügen ein wahrer Genuss für alle wird, sind etwas Organisation und Vorbereitung erforderlich. Bei mehreren Beteiligten kann man die Ausstattung, das Zubehör und die Verpflegung untereinander aufteilen. So muss niemand stundenlang in der Küche stehen oder sich mit schwerem Gepäck abschleppen. Eine Checkliste, die zusammen erstellt und abgearbeitet wird, hilft dabei, an alles zu denken. Grundsätzlich gilt: Leicht verderbliche und schmelzende Speisen sowie klebrige und aufwendig zu essende Köstlichkeiten haben im Picknickkorb nichts zu suchen. Anstelle von Einweggeschirr und -besteck, die viel Müll produzieren, sollte man auf Picknickutensilien aus Kunststoff für den mehrfachen Gebrauch zurückgreifen.

Checkliste für ein Picknick

- Decke
- Kühlbox mit Kühlakkus
- Servietten, Küchenpapier, feuchter Lappen, Handtuch
- Geschirr, Besteck, Becher oder Gläser
- Flaschenöffner und Taschenmesser
- Mülltüte
- Mückenschutz und Sonnencreme
- Essen und Trinken
- Spielutensilien wie Ball, Federball-Set, Frisbeescheibe

Türen auf und ab nach draußen!

Dort erwartet euch ein ganzer Tag voller Wärme und Sonnenschein, der sanft in einen langen, hellen Abend übergeht und langsam mit einer lieblichen Sommernacht ausklingt. Diese Voraussetzungen sind einfach perfekt, um mit Freunden und der Familie unter freiem Himmel zusammenzukommen und schöne Stunden zu verleben. Denn mit lieben Menschen gibt es immer einen Grund, es sich gut gehen zu lassen. Ein Picknick, ein Grillabend oder ein Straßenfest sind bei schönem Wetter genau das Richtige, um draußen zu genießen.

Wespenalarm

Wer im Freien nach Herzenslust schlemmt, findet schnell viele gelb-schwarze Freunde. Leider haben Wespen einen schlechten Ruf, obwohl nur zwei der in Deutschland heimischen Arten auf unsere Speisen stehen. Nähert sich eine Wespe der Nahrung, solltet ihr weder hektisch um euch schlagen noch versuchen, sie wegzupusten. Denn die Insekten stechen, wenn sie sich bedroht fühlen. Also ruhig bleiben, mit Strohhalm trinken und zur Vorsicht Nahrungsmittel abdecken.

Ein hochmoderner Picknickkorb mit allen Extras ist gar nicht erforderlich für einen erfolgreichen Ausflug. Ein großer Henkelkorb oder eine Tasche erfüllen ebenso ihren Zweck. Unverzichtbar hingegen ist die Kühltasche, in der Erfrischendes wie Saftschorle und Wasser aufbewahrt wird. Eine Thermoskanne hält Getränke ebenfalls kühl. Als kulinarische Leckerbissen empfehlen sich Fingerfood und kleine Snacks wie Fleischbällchen, Hähnchenschenkel, rohes Gemüse mit Dip oder Sandwich-Häppchen, die sich portionsweise naschen lassen. Es gilt: sommerlich, leicht und frisch. Ist ein grüner Salat gewünscht, wird das Dressing erst kurz vor dem Verzehr über die Blätter gegossen. Etwas Süßes zum Nachtisch darf

nicht fehlen, hier bieten sich Obst oder kleine Küchlein an. Den Transport überleben die Speisen unversehrt in verschließbaren Kunststoffbehältern und Schüsseln. Zu guter Letzt bitte nicht vergessen: Nach dem gelungenen Ereignis alles aufräumen und keine Spuren in der Natur hinterlassen.

Tomatensalat mit Brot

Zutaten:
- 400 g altbackenes Ciabatta-Brot oder anderes italienisches Weißbrot
- 1 Salatgurke
- 2 große Lauchzwiebeln
- 5 Tomaten
- ½ Bd. Basilikum
- Salz und Pfeffer
- Olivenöl
- 3 EL Essig

So wird's gemacht:
1. Das Brot in Scheiben schneiden und in einer Schüssel in etwas Wasser einweichen. Nach etwa zehn Minuten die Brotscheiben mit den Händen ausdrücken und in eine Schüssel bröckeln, sodass sich größere und trockene Happen bilden.
2. Dann die Gurke und die Zwiebeln in feine Scheiben schneiden sowie die Tomaten achteln.

Das Gemüse anschließend zum Brot in die Schale geben. Zuletzt wird das Basilikum klein geschnitten und hinzugefügt. Mit Salz und Pfeffer würzen und ein paar Esslöffel Olivenöl unterheben.
3. Den Salat möglichst vorsichtig durchrühren, zur Not kann er mit den Händen vermischt werden. Ein paar Stunden sollte er nun im Kühlschrank durchziehen. Bevor der Salat serviert wird, den Essig und einen Schuss Olivenöl unterrühren.

Esel in der Mitte

Dieses klassische Ballspiel ist kinderleicht und sorgt ohne großen Aufwand für Abwechslung.

Spieleranzahl: 3 Personen
Alter: ab 5 Jahren
Utensilien: Ball

Die drei Teilnehmer einigen sich zunächst, wer als Erstes als „Esel" in die Mitte geht. Die beiden übrigen stellen sich mehrere Meter voneinander entfernt auf, der „Esel" zwischen ihnen. Dann beginnen die beiden äußeren, sich den Ball gegenseitig zuzuwerfen. Der Spieler in der Mitte versucht, den Ball zu erwischen. Fängt er den Ball, geht der Spieler, der zuvor geworfen hat, als „Esel" in die Mitte. Verboten ist es selbstverständlich, den Ball jemandem aus der Hand zu schlagen oder die Kontrahenten zu berühren.

Kirschkern-Weitspucken

Hat der Picknickkoffer Kirschen im Angebot, kann das Naschen der Früchtchen mit einem lustigen Wettbewerb verbunden werden.

Spieleranzahl: ab 2 Personen
Alter: ab 6 Jahren
Utensilien: pro Spieler die gleiche Anzahl an Kirschen

Als Erstes markiert ihr eine Startlinie. Dann wird eine Kirsche verzehrt, bis der Spieler den blanken Kern im Mund behält. Nachdem er sich an der Linie positioniert hat, spuckt er den Stein mit einem kräftigen Stoß so weit wie möglich. Es zählt dabei die Stelle, an der der Kern liegen bleibt. Nachdem alle Teilnehmer an der Reihe waren, hat derjenige gewonnen, dessen Kirschkern am weitesten von der Linie entfernt liegt. Es können auch mehrere „Spuck-Runden" folgen, und am Ende wird zusammengezählt, wer die meisten Punkte einheimsen konnte. Pro Runde gibt es drei Punkte für den am weitesten entfernt liegenden Stein, zwei Punkte für den am zweitweitesten entfernt liegenden und einen Punkt für den am drittweitesten entfernt liegenden Kern.

Fang den Drachenschwanz

Ein fröhliches Bewegungsspiel ist der Drachenschwanz, bei dem sich das Fabelwesen selbst in den Schwanz beißen soll.

Spieleranzahl: ab 5 Personen
Alter: ab 5 Jahren
Utensilien: Tuch oder Band

Alle Spieler stellen sich in eine Reihe und fassen ihren Vordermann

mit den Händen an die Hüften. Der vorderste stellt den Kopf des Drachens dar. Dem hintersten Spieler wird ein Tuch oder Band in den Hosenbund gesteckt, das herunterbaumelt wie ein Schwanz. Aufgabe des Drachenkopfes ist es nun, den Drachenschwanz zu fangen. Der Drachenschwanz versucht natürlich, dem auszuweichen, und der Rumpf des Ungeheuers ist bemüht, bei diesem Unterfangen nicht auseinanderzubrechen. Gelingt es dem Drachenkopf, das Tuch oder Band zu ergattern, wird er zum Drachenschwanzträger in der nächsten Runde.

Holzkohle und Bratwürstchen

Ein Grillabend mit der Familie und Freunden gehört zum Sommer wie der Sand zum Strand. Ob Gasgrill, Lavastein oder klassische Holzkohle – für viele gibt es nichts Schöneres, als den eigenen Brutzler anzuschmeißen. Für Kinder ist Grillen ein Abenteuer, das sie aktiv unterstützen möchten. Deshalb sollten die Kleinen bereits bei den Vorbereitungen eingebunden werden. Sie können mithelfen, das Essen zuzubereiten, den Tisch vor-

zubereiten oder den Grill aufzustellen. Kindgerechtes Grillgut, das schnell und unkompliziert zubereitet wird und lecker schmeckt, kommt sehr gut an. Das sind zum Beispiel Würstchen, Maiskolben, geröstetes Brot oder gegrillte Bananen. Selbst gemachte Marinaden oder Würzmischungen schmecken besonders gut. Fleisch und Geflügel sollten mindestens eine Stunde vorher mariniert werden, um ordentlich durchzuziehen. Bei Fisch sind 30 Minuten ausreichend. Die Grundlage einer Marinade ist meist Öl wie Oliven- oder Sonnenblumenöl. Dazu kommen Pfeffer, Salz, Gewürze und Kräuter. Beim Würzen sind keine Grenzen gesetzt. So kann man neben den klassischen Kräutern wie Paprika, Thymian, Dill oder Knoblauch auch Ingwer, Sesam oder Anis verwenden. Etwas Essig, Zitronensaft oder Sojasoße kann ebenfalls nicht schaden, denn sie machen das Fleisch zart.

Das Anzünden des Grills bleibt fest in der Hand eines Erwachsenen, denn alljährlich kommt es zu Verbrennungen bei unvorsichtigen Grillmeistern. Spiritus gehört nicht auf die Holzkohle, stattdessen sollten Grillanzünder oder Eierkartons zum Einheizen benutzt werden. Feuer und Hitze wecken bei Kindern Neugierde und Entdeckungsdrang, deshalb sollten sie den Umgang damit vorsichtig lernen – aber nicht am Grill! Ein Erwachsener kann dabei helfen und den Kindern beibringen, wie wichtig Sicherheit ist. Deshalb den Grill niemals unbeaufsichtigt lassen!

Auch wenn der Holzkohlegrill viel Geduld erfordert, ist er der Klassiker und sorgt für den typischen Rauchgeschmack. Schließlich kommt es bei einem Grillfest auch darauf an, entspannt zu genießen und Zeit miteinander zu verbringen. Ist der Grill heiß genug, kann man mit einer Grillzange die Leckerbissen auf den Rost legen. Grillschalen aus Aluminium verhindern, dass Fett in die Glut tropft und als Flamme oder Rauch hochsteigt. Fleisch, Fisch und Gemüse haben unterschiedliche Garzeiten, deshalb unbedingt das Grillgut beobachten und mehrfach wenden. Wenn es zu schnell dunkel wird, ist das ein Zeichen, dass der Grill zu heiß ist.

Kräuterbutter

Zu einem gerösteten Stück Brot passt nichts besser als Kräuterbutter.

Zutaten:
• verschiedene frische Kräuter (z. B. Bärlauch, Schnittlauch, Petersilie, Dill, Majoran, Estragon)
• Knoblauch
• weiche Butter
• 1 Spritzer Zitronensaft
• Kräutersalz

So wird's gemacht:
1. Die frischen Kräuter und den Knoblauch klein hacken. Mit einer Gabel dann das Ganze unter die weiche Butter kneten.
2. Zum Schluss noch einen Spritzer Zitronensaft dazu und mit dem Kräutersalz abschmecken.
3. Die Kräuterbutter sollte einige Stunden im Kühlschrank durchziehen.

Gemüsespieße

Zutaten:
• rote und gelbe Paprika
• Cocktailtomaten
• Zucchini
• Zwiebeln
• Olivenöl
• Knoblauch
• verschiedene frische Kräuter (z. B. Thymian, Rosmarin, Oregano)
• Salz und Pfeffer

So wird's gemacht:
1. Die Paprika aufschneiden, entkernen, waschen und in 4 cm x 4 cm große Stücke schneiden. Anschließend die Cocktailtomaten sowie die Zucchini waschen und diese in etwa 1 cm dicke Scheiben schneiden. Die Zwiebeln schälen, halbieren und dann in 4 cm lange Stücke schneiden.
2. Für die Marinade das Olivenöl, den gepressten Knoblauch und die klein gehackten Kräuter mit Salz und Pfeffer in einer Schüssel anrühren.
3. Das Gemüse in die Marinade geben und alles gut vermischen, bevor die Schale für 1 Stunde in den Kühlschrank kommt. Danach das Gemüse abwechselnd auf Metallspieße stecken.

Gegrillte Bananen

Lässt die Glut auf dem Grill nach, kann es ans Dessert gehen.

Zutaten:
- reife Bananen
- Honig

So wird's gemacht:
Die Bananen mit Schale auf den Grill legen und in regelmäßigen Abständen wenden. Hat die Schale eine braunschwarze Farbe angenommen, ist die Banane zum Verzehr bereit. Mit einem Messer in der Mitte zerschneiden und mit Honig beträufeln.

Ein stimmungsvolles Lagerfeuer

Ein knisterndes Lagerfeuer mit lodernden Flammen ist immer ein außergewöhnliches Erlebnis. Feuer übt vor allem auf Kinder eine besondere Faszination aus, es steht für Abenteuer, Wärme und Geborgenheit. Damit es stimmungsvoll wird, muss ein Lagerfeuer vernünftig vorbereitet werden. Zunächst wählt ihr eine geeignete Feuerstelle aus, denn nicht überall ist es erlaubt zu zündeln. Grundsätzlich solltet ihr bei der Suche nach der Feuerstelle beachten, dass die Flammen nicht auf brennbares Material oder herum-

liegende Gegenstände übergreifen können, auch wenn der Wind sich dreht. Geeignete Feuerplätze wären auf Sand, Kies oder Erde. Auf einer Wiese sollte man Rasenstücke ausstechen und die Stelle mit einem Ring aus Steinen abgrenzen, sodass sich das Feuer nicht ausbreiten kann.

Es brennt!
Feuer ist nicht nur reizvoll, es ist vor allem gefährlich! Aus ein paar kleinen Funken kann ein riesiger Flächenbrand entstehen, der nicht mehr in den Griff zu bekommen ist. Daher sollte immer ein Erwachsener dabei sein und das Feuer die ganze Zeit bewacht werden. Am besten ist es, immer einen Eimer Wasser griffbereit zu haben.

Schwärmt in alle Richtungen aus und tragt das Feuerholz zusammen. In die Mitte der Feuerstelle legt ihr kleine Äste, zusammengeknülltes Papier, Birkenrinden oder Tannenzapfen – das alles eignet sich als Zunder. Über diesen Haufen ordnet ihr pyramidenförmig größere Holzstämme an. Die dicksten Stämme sind natürlich außen aufgestapelt. Mit einem lodernden Streichholz wird das Innere angezündet. Jetzt dürft ihr euch der Lagerfeuerromantik hingeben, gemeinsam singen, Gitarre spielen, Geschichten erzählen oder einfach nur warten, bis ihr das Grillwürstchen ins Feuer halten könnt. Ganz unkompliziert ist es auch, Brotstücke, Marshmallows, Äpfel oder Bananen auf einen Stock zu spießen und über der Glut zu rösten.

Wenn ihr gemütlich am Lagerfeuer sitzt, könnt ihr das gemeinsame Singen mit Spielen kombinieren. Einer von euch sagt im Kopf lautlos das Alphabet auf, bis jemand „Stopp" ruft. Den Buchstaben, an den der Zähler gerade dachte, teilt er laut mit, beispielsweise „E". Jetzt ist die Runde ge-

fragt, möglichst viele Liedtitel, die mit „E" beginnen, vorzuschlagen und anzustimmen. Oder einer summt oder pfeift den Refrain eines Liedes, das die anderen erraten müssen. Wer richtig liegt, darf das nächste Stück anstimmen. Schwieriger wird das Ratespiel, wenn ihr die Melodie klatscht. Beim Geschichtenerzählen sorgt ihr für Abwechslung, wenn ihr gemeinsam eine Erzählung „erspinnt". Der Älteste der Runde beginnt mit zwei bis drei Sätzen, dann geht es der Reihe nach: Jeder darf bis zu drei Sätze hinzufügen und seine persönliche Note einbringen. Hat jeder Einzelne ein großes Repertoire an Erlebnissen parat, könnt ihr „Wahr oder unwahr" spielen. Ein Teilnehmer berichtet von drei Ereignissen aus seinem Leben, wobei eine Geschichte geflunkert ist. Die Übrigen müssen herausfinden, welches Erlebnis der Fantasie entstammt. Wer es als Erstes errät, darf drei Geschichten aus seinem Leben erzählen.

Neigt sich der gesellige Abend dem Ende zu, muss das Feuer gelöscht werden. Dafür eignen sich Wasser, Erde oder Sand. Achtet darauf, dass keine Glutnester zurückbleiben.

Im Freien übernachten

Für den einen ist es reine Abenteuerlust, für den anderen einfach zu heiß in den eigenen vier Wänden: eine Übernachtung im Freien. Im Garten zwischen zwei Bäumen in der Hängematte zu baumeln und nebenbei den Sternenhimmel zu beobachten, ist zweifelsohne ein Erlebnis. In den Tropen ist diese Art von Outdoor-Schlafen üblich, da die Hängematte vor kriechendem Ungeziefer schützt. Wir haben lediglich Mücken zu fürchten, aber dafür werden wir sanft in den Schlaf geschaukelt wie in einer Wiege. Noch mutiger ist es, nur auf einer Schlafunterlage wie einer Isomatte in der Natur zu übernachten. Das nennt man biwakieren. Ein Schlafsack ist dabei von Vorteil.

Ein Riesenspaß für Groß und Klein ist es zu zelten. Dafür gibt es luxuriöse Familienzelte, expeditionstaugliche Gruppenzelte oder ganz schlichte Einmannzelte. Für Kinder ist der Schnickschnack jedoch Nebensache, ihnen ist das Abenteuer, draußen zu übernachten, wichtiger. Gemeinsam mit der ganzen Familie in einem Zelt zu schlafen und die Natur aus nächster Nähe zu belauschen, ist aufregend und ungewöhnlich. Bereits der Zeltaufbau wird zur Familienangelegenheit, bei der alle mithelfen können. Zunächst sucht ihr ein schattiges Plätzchen aus und befreit den möglichst ebenen Boden von Steinchen, Stöcken oder anderen Gegenständen. Dann geht es an die Arbeit, das Nachtlager aufzubauen. Wichtig ist vor allem, dass ihr das Zelt gut mit Seilen und Heringen befestigt, damit es gegen Wind gewappnet ist.

Wenn der kleine Hauspalast steht, könnt ihr die Luftmatratzen aufblasen und die Schlafsäcke ins Zelt packen. Dort könnt ihr mit der Taschenlampe lesen, euch unterhalten oder einfach nur den Geräuschen draußen lauschen. Blätter rascheln, Igel wühlen sich durchs Gras, Grillen zirpen – all dies hört sich im Zelt viel näher und unmittelbarer an als innerhalb der Steinwände in einem Haus.

Ein Windlicht basteln

An einem lauen Sommerabend ist ein Windlicht vielseitig einsetzbar. Ob beim Grillen als Tischdekoration oder für eine stimmungsvolle, schöne Atmosphäre in der Dunkelheit.

Material:
- leeres Senf- oder Marmeladenglas
- Transparentpapier in verschiedenen Farben
- Schere
- Bastelleim oder Tapetenkleister
- Teelicht

So wird's gemacht:
1. Das Glas sollte gründlich gereinigt und trocken sein. Das farbige Transparentpapier schneidet oder reißt ihr in verschieden große Stücke.
2. Dann bestreicht ihr das Glas von außen mit Kleister oder Leim und klebt die Papierschnipsel an. Die Papierfetzen können sich dabei auch überlappen.
3. Ist das Transparentpapier angetrocknet, stellt ihr ein Teelicht in das Glas.

Kommt, lasst uns feiern

Was gibt es Schöneres, als mit Familie, Freunden oder Nachbarn ein rauschendes Sommerfest unter freiem Himmel zu feiern? Mindestens einmal im Jahr sollten wir eine fröhliche Feier in Gesellschaft begehen – egal ob im Garten, auf der Wiese oder im Hinterhof. Der passende Ort findet sich genauso wie der Anlass: Gartenparty, Sommerfest, Nachbarschafts- oder Straßenfest.

Ein Straßenfest in der Nachbarschaft

Am Anfang steht die Idee für eine Feier, die es mit anderen gemeinsam umzusetzen gilt. Es sollten möglichst viele Freunde oder Nachbarn zusammengetrommelt werden, die die gemeinschaftliche Organisation und Vorbereitung erledigen. Dabei sollte ein „Festkomitee" von wenigen Personen die Leitung übernehmen und die Aufgaben gezielt verteilen.

Egal ob es ein überschaubares Zusammenkommen, bei dem jeder seinen Stuhl und etwas zu essen mitbringt, oder eine große Party mit allen Anwohnern wird, zu Beginn der Planung sollten wichtige Eckdaten festgelegt werden:

Checkliste
- Wann und wo findet das Fest statt?
- Wie viele Personen kommen und in welcher Altersgruppe sind sie?
- Was gibt es zu essen und trinken?
- Welche Aktivitäten sind geplant, zum Beispiel Spiele, Basteleien, Tombola, Theateraufführung, Flohmarktstände?
- Was wird benötigt, zum Beispiel Stühle, Tische, Geschirr, technische Geräte?
- Wer trägt die anfallenden Kosten?

Bei einem Straßenfest bekommt jeder die Gelegenheit, sich selbst und sein Können einzubringen. Das macht Spaß und fördert den Zusammenhalt der Gemeinschaft. Es wird gespielt und gebastelt, Hobbymusiker oder -schauspieler verblüffen mit einer Aufführung, Nachwuchskünstler bieten ihre Werke feil, und wer gerne kocht, zaubert eine kulinarische Leckerei.

Entstehen Unkosten bei der Feier, könnt ihr sie auf alle Teilnehmer umlegen oder über Verkaufsstände von Essen und Trinken einnehmen. Eine andere Möglichkeit, die Kasse aufzubessern, ist eine Tombola. Sie ist oft ein Höhepunkt bei Festen und erfordert etwas Vorbereitung. Zunächst müssen die Preise gestiftet und gesammelt werden. Dann geht es ans Erstellen der Lose. Entscheidet euch, ob es nur Treffer oder auch Nieten geben soll. Das hängt von der Anzahl der Gewinne ab, die mit einer Nummer versehen sind. Für eine Niete kann man beispielsweise die Ziffern 00 verwenden. Die entsprechenden Zahlen werden auf kleine Zettel geschrieben, die ihr zusammenrollt, mit einem Band verschließt und in ein großes Gefäß legt. Die Loskäufer ziehen aus dem Behälter die Glückslose. Sind alle Lose verkauft, kann es ans Verlesen und Austeilen der Preise gehen. Noch spannender ist es, wenn die Gewinnnummer am Preis nicht sichtbar ist. So

bleibt jeder bis zum Schluss im Ungewissen, was er gewonnen hat.

Zu guter Letzt ist es wichtig, dass viele Nachbarn, Freunde und Bekannte zur Party kommen. Deshalb sprecht sie persönlich an oder macht Aushänge in der Straße!

Offizielle Genehmigung für das Fest
Sprengt die Feier im kleinen Hinterhof oder im privaten Garten den Rahmen, kann sie auf einem öffentlichen Platz oder auf der Straße stattfinden. Dafür benötigt man in der Regel eine offizielle Genehmigung der Stadt, da eventuell ein bestimmtes Gebiet abgesperrt werden muss. Und dies wiederum verursacht Kosten. Deshalb rechtzeitig überprüfen, ob eine Genehmigung erforderlich ist.

Duftender Lavendel und bunte Schmetterlinge

Pflanzen und Bäume stehen im Sommer in voller Pracht: Blumen blühen, Früchte reifen und Getreide ist zur Ernte bereit. In der Tierwelt scheint etwas Ruhe eingekehrt zu sein, nachdem im Frühjahr viele Tiere Nachwuchs bekommen haben. Gerade im Sommer können wir vieles in der Natur erleben und Tiere beobachten.

Tiere im Sommer

Dass bestimmte Tierarten Winterschlaf halten und dabei den Stoffwechsel und die Nahrungsaufnahme herunterschrauben, ist uns bekannt.

Aber gibt es auch eine Art Sommerschlaf? In südlicheren Breiten, wo der Sommer sehr heiß und trocken ist, halten Reptilien wie Krokodile und Schlangen eine sogenannte Sommerruhe. Sie vergraben sich unter einer Schlammdecke, im Erdboden oder suchen in Felsspalten Unterschlupf. Ist der Sommer bei uns zu trocken, fällt die Weinbergschnecke in einen Trockenschlaf. Sie verschließt dabei ihre Öffnung mit einer Schleimschicht wie mit einem Deckel. So kann sie das Wasser in ihrem Körper halten.

Unsere einheimischen Reptilien oder Kriechtiere kann man im Sommer gut erspähen, denn sie lieben ein „Bad in der Sonne". Da Reptilien wechselwarme Tiere sind, ist ihre Körpertemperatur von der Umgebungstemperatur abhängig. So sind neben Verstecken und sicheren Unterschlupfmöglichkeiten ungestörte Sonnenplätze für sie wichtig.

 ## Steinhaufen anlegen

Mit einem gut angelegten Steinhaufen finden Reptilien und Amphibien Schutz und ein schönes Plätzchen. Doch lockt er nicht nur Kröten oder Eidechsen an, auch viele Insekten, wie beispielsweise Schmetterlinge wissen die warmen

Kiesel in der Sonne zu schätzen. Die Steine wärmen sich dank der Sonne schnell auf und geben die Erwärmung in das Innere des Haufens weiter.

Das braucht man:
- Steine unterschiedlicher Größe und Form
- Spaten
- Arbeitshandschuhe

So wird's gemacht:
Am besten legt man den Steinhaufen gleich zu Beginn des Sommers an. Zuerst wird ein geeigneter Standort ausgewählt. Das sollte eine sonnige, ungestörte und windgeschützte Stelle sein. Der Untergrund sollte aus lockerer Erde bestehen und wasserdurchlässig sein, wie zum Beispiel Kies oder Sandboden. Nun geht es an die eigentliche Arbeit: Mit dem Spaten wird eine etwa 1 m x 1 m große Mulde ausgehoben, die eine Tiefe von ungefähr 30 cm besitzt. Dann wird mit dem Aufschichten der Steine begonnen. Bei diesem Arbeitsschritt ist es sinnvoll, Handschuhe zu tragen. Große, kleine, runde und flache Steine werden im Wechsel angeordnet. Dadurch entstehen die für die Tiere so wichtigen Zwischenräume. Die Steine werden so lange aufgeschichtet, bis ein Haufen von 1 bis 1,5 m Höhe entsteht, dessen Hohlräume ein Labyrinth bilden.

Nun heißt es abwarten! Nach ein paar Wochen könnt ihr euch vorsichtig anschleichen und schauen, ob sich Tiere unter dem Steinhaufen angesiedelt haben.

Schmetterlinge beobachten

Sommerzeit ist Schmetterlingszeit! Man kann sie nicht nur auf Steinhaufen, sondern an vielen Plätzen in der Natur bestaunen. Auf Blumenwiesen, im Kräutergarten, in der Nähe von Beerensträuchern oder im blühenden Schmetterlingsflieder

fliegen Schmetterlinge in den verschiedensten Farben umher. Auf kurz geschorene Rasenflächen hingegen verirren sich Schmetterlinge nur selten. Wer sich an den bunten Faltern im eigenen Garten erfreuen möchte, sollte zumindest Teile davon naturnah gestalten und aufs wöchentliche Rasenmähen verzichten. Übermäßiges Düngen und der Einsatz von chemischen Pflanzenschutzmitteln sind ebenfalls nicht angebracht. Im August kann man auf Brennnesseln die schwarzen Raupen des Tagpfauenauges erblicken. Es ist bereits die zweite Generation der Falter in einem Jahr, die sich kurze Zeit nach dem Schlüpfen um das Winterquartier kümmern. Auch auf einer saftigen Wiese mit Klee, Luzerne und Löwenzahn tummeln sich jetzt die Schmetterlinge.

Hohe Wiesen sind im August ebenfalls ideal, um Heuschrecken zu beobachten. Einfach genau hinhören, aus welcher Richtung das Gezirpe kommt, und dann vorsichtig anschleichen. Ansonsten springen die Grashüpfer mit ihren langen Beinen weit weg oder verstummen, sodass sie sich aufgrund ihrer Tarnfarben nicht wiederfinden lassen. Denn Heuschrecken sind nun einmal schreckhaft.

Auf einem Grashalm pfeifen

Sucht euch einen möglichst harten und breiten Grashalm. Klemmt ihn längs zwischen die beiden Daumen und den Daumenballen, sodass er gespannt ist. Zwischen Daumen und Daumenballen entsteht ein Spalt mit dem Grashalm in der Mitte. Wird darauf geblasen, vibriert der Halm und erzeugt dadurch ein Pfeifgeräusch.

Grashalm-Spiel

Spieleranzahl: ab 2 (gerade Anzahl erforderlich)
Alter: ab 5 Jahren
Utensilien: pro Spieler 1 Grashalm

Jeder Spieler sucht sich einen langen Grashalm, der möglichst dick und reißfest ist. Es spielen immer zwei Teilnehmer gegeneinander. Zunächst biegt ein Spieler seinen Grashalm zu einer Schlaufe und hält die beiden Enden ganz fest zwischen Daumen und Zeigefinger. Der Duellant steckt nun seinen Grashalm durch die entstandene Schlinge hindurch und bildet mit ihm ebenfalls eine Schlaufe, die er mit Daumen und Zeigefinger fest geschlossen hält. Es entstehen also zwei ineinandergeschlungene Schlaufen. Mit einem Startkommando beginnen die beiden Kontrahenten so fest wie möglich zu ziehen. Wessen Grashalm dem Druck standhält und nicht reißt, der hat gewonnen. Bei mehr als zwei Mitspielern spielt der Gewinner mit demselben Grashalm gegen die Sieger der anderen Duelle. Wer bis zum Schluss einen intakten Grashalm besitzt, darf sich Sieger nennen.

Igel beobachten

Wer an einem lauen Sommerabend im Garten weilt, hat gute Chancen, einen Igel zu sichten. Denn das dämmerungs- und nachtaktive Tierchen macht sich zu fortgeschrittener Stunde auf die Suche nach Käfern, Schnecken und Würmern. So können wir den stacheligen Freund schnaufend und schmatzend im Garten herumlaufen hören. Da er ein Wildtier ist und sein Leben auf Freiheit in der Natur ausgerichtet ist, braucht der Igel im Sommer in der Regel keine menschliche Hilfe. Eine Ausnahme ist ein Igelkind, das sich tagsüber außerhalb des Nests aufhält. Im Gegensatz zu vielen anderen Tierarten liegt die Hauptwurfzeit bei Igeln im Hochsommer. Irrt ein Igelsäugling, dessen Augen und Ohren noch geschlossen sind, durch die Gegend, sollte man ihn zur nächsten Igelstation oder zum Tierarzt bringen.

Gartenbesitzer können dem stacheligen Gesellen seinen Lebensraum so gestalten, das er sich dort wohlfühlt. Wie auch für viele andere Tiere von Vorteil sollte der Garten möglichst natur-

nah mit einheimischen Stauden, Kräutern und Blumen gestaltet sein. Ein Haufen von Gestrüpp, Ästen oder Zweigen bietet ihm ebenso eine gute Unterschlupfmöglichkeit wie ein Steinhaufen. Um den Igel bei der Nahrungssuche zu unterstützen, ist ein Komposthaufen mit organischen Abfällen im Garten ratsam. Der Misthaufen sollte gut zugänglich sein für das kriechende Säugetier.

Vogeltränke

Im Sommer lassen sich Vögel überall in der Natur beobachten. Um dem etwas nachzuhelfen, kann man eine Vogeltränke aufstellen, an der das niedliche Federtier trinken oder ein Bad nehmen kann. Ist an heißen Tagen diese Oase sehr begehrt, gibt es aus nächster Nähe viele Vögel beim Durstlöschen zu erblicken. Eine Vogeltränke lässt sich im Handel erwerben, jedoch kann man auch einen Untersetzer für Blumentöpfe oder eine alte Auflaufform verwenden. Als Standort empfiehlt sich ein gut einsehbarer Platz, damit die Vögel sich nähernde Feinde rechtzeitig bemerken. Wichtig ist außerdem, dass das Wasser möglichst täglich ausgetauscht wird, damit sich keine Krankheiten unter den gefiederten Freunden ausbreiten.

Eine Wanderung im Dunkeln

Der Sommer lädt euch ein, zu jeder Tageszeit hinaus in die Natur zu ziehen. Ein besonderes Erlebnis ist eine Nachtwanderung mit der Familie oder mit Freunden. Je nach Alter der Kinder wird entschieden, ob Taschenlampen zum Einsatz kommen. Auf jeden Fall solltet ihr mit einer Lampe ausgerüstet sein, aber bedenkt dabei, dass durch künstliche Beleuchtung der Reiz der Dunkelheit verloren geht. Der Sehsinn ist bei Nacht eingeschränkt, sodass sich der Mensch auf andere Sinne verlassen muss. Das ist ein spannendes Abenteuer, das Mut und Selbstvertrauen erfordert. Deshalb sollte man dabei niemanden zu etwas zwingen, damit keine Ängste entstehen. Ebenso sind die verschiedenen Aktivitäten, die bei der Wanderung unternommen werden können, abhängig vom Alter und von der Größe der Gruppe.

Auf einem Wegabschnitt sollten alle schweigend marschieren, damit nur die Geräusche bei Nacht zu hören sind. Haltet inne und konzentriert euch darauf, welche Laute die Bäume, Blätter, Äste, der Wind und die Tiere von sich geben. Falls ihr Glühwürmchen tanzen seht,

macht einen Zähl-Wettbewerb: Wer sieht die meisten Glühwürmchen? Wer es sich zutraut, kann auf einem gut befestigten Weg ein Stück allein oder mit einem Partner gehen. Der Wegabschnitt sollte einem Erwachsenen bekannt sein und vorher genau abgesprochen werden. Ist ein bisschen Gruselstimmung gefragt, kann jemand eine spannende Schauergeschichte in der Dunkelheit erzählen.

Vorsicht Zecken!

Wer sich im Wald und auf Wiesen aufhält, sollte daran denken, dass die kleinen Blutsauger sich dort herumtreiben können. Leider können Zecken mit einem Stich gefährliche Krankheiten übertragen, deshalb sollte man versuchen, sie sich vom Leib zu halten. Bei längeren Spaziergängen sind in Zeckengebieten lange Hosen und feste Schuhe empfehlenswert. Nach dem Ausflug sollten Kleidung und Körper nach dunklen Punkten abgesucht werden, auch bei Hunden. Zecken halten sich bevorzugt an gut durchbluteten Stellen auf, zum Beispiel in der Kniebeuge. Wer einen Plagegeist findet, sollte ihn mit einer Pinzette oder Zeckenzange vorsichtig senkrecht nach oben herausziehen. Das Biest dabei nicht zerquetschen und danach die Einstichstelle desinfizieren. Falls sich die Stelle trotzdem entzündet, solltet ihr schnell einen Arzt aufsuchen.

Wer zu den Frühaufstehern gehört und in der Nähe eines Waldstücks wohnt, kann noch vor Sonnenaufgang mit einer Waldwanderung beginnen. Eine schöne Erfahrung ist es, das friedliche Erwachen des Tages in einem Wald zu erleben. In aller Ruhe könnt ihr den Morgentau spüren, einen Sonnenaufgang im Wald bewundern und mit etwas Glück Wildtiere entdecken.

Eine schöne Abrundung dieses Abenteuers ist ein Frühstück im Wald, das am Abend vorher zubereitet wird. Vielleicht erwartet euch auch ein Erwachsener an einem verabredeten Treffpunkt mit frischen Brötchen!

Erntezeit – Früchtezeit

Sommermonate sind Beerenmonate! Die süßen Früchte aus heimischen Landen kann man nun überall kaufen. Doch noch schöner ist es, sie selber zu pflücken. Ob im eigenen Garten, im Wald, am Wegesrand oder auf einer Beerenplantage – beim Beerensammeln erleben vor allem Kinder, wo und wie die köstlichen Früchte wachsen,

die sie so gern naschen. Wer Waldbeeren pflücken möchte, sollte die Früchte genau kennen. Um Verwechselungen mit giftigen Tollkirschen oder Einbeeren auszuschließen, fragen Kinder am besten einen kundigen Erwachsenen, wenn es ans Ernten geht. Früchte und Beeren sollten möglichst nicht ungewaschen gekostet werden. Danach das Erntegut am besten gleich servieren oder verarbeiten.

Rote Grütze

Das norddeutsche Dessert ist ein unschlagbarer Klassiker aus verschiedenen Beerenarten.

Zutaten:
- 20 g Speisestärke
- 300 ml roten Fruchtsaft (z. B. Johannisbeersaft)
- 50 g Zucker
- 250 g Rote & Schwarze Johannisbeeren
- 250 g Himbeeren
- 250 g Erdbeeren

So wird's gemacht:
Die Speisestärke mit 4 EL vom Fruchtsaft in einer Tasse anrühren, dass keine Klumpen entstehen. Den übrigen Saft mit dem Zucker auf dem Herd zum Kochen bringen. Dann die Johannis- und die Himbeeren hinzugeben sowie die Speisestär-

ke einrühren. Nachdem die Masse kurz aufgekocht ist (etwa 1 Minute) und klar wird, die Erdbeeren unterrühren und einen Moment köcheln lassen, damit sie nicht zu weich werden. Ist die Rote Grütze abgekühlt, wird sie in eine Schale gefüllt und im Kühlschrank einige Stunden kaltgestellt. Dazu passt Schlagsahne.

Das erste Getreide

Atmet bei einem Ausflug aufs Land einmal tief durch! An trockenen Tagen könnt ihr den Duft von erntereifem Getreide oder frischem Heu schnuppern. Die Bauern beginnen im Sommer auf den Feldern Heu und Getreide zu mähen. Was unsere Vorfahren unter großer Anstrengung mit Heugabel und Sense von Hand erledigt haben, wird heutzutage von einer Maschine ausgeführt. Ein malerisches Stoppelfeld mit Strohballen im Hochsommer lädt ein, auf den Spuren der Korngeister zu wandeln. Nach einem alten Volksglauben waren die Korngeister Wächter über die Getreidefelder und somit für die Ernte verantwortlich.

Lughnasadh in Irland
Aus der keltischen Mythologie stammt die Tradition am 1. August das Lughnasadh-Fest zu feiern, dessen Name auf den irischen Gott Lugh zurückgeht. Das Fest markiert das Ende der Pflanzzeit und den Beginn der Getreideernte. Es ist auch unter dem Namen Lammas bekannt, der vom englischen Wort „loaf mass" abgeleitet wurde, was so viel wie „Brotlaib-Messe" bedeutet.

 ## Strohpuppe basteln

Findet ihr liegen gebliebene Strohhalme, Maisblätter und Blumen vom Feldrand, könnt ihr eine Kornpuppe basteln.

Material:
- Stroh- oder Grashalme
- Blätter
- Blumen
- Schere
- Zwirn oder Draht

So wird's gemacht:
1. Die Gräser oder das Stroh der Länge nach sortieren. Für den Körper der Puppe wird ein langes Bündel benötigt. Die langen Halme in die Hand nehmen und die obere Seite einmal umbiegen.
2. Mit dem Zwirn oder Draht werden die umgebogenen Halme fixiert, sodass Kopf und Körper entstehen. Für die Arme schneidet ihr ein zweites Bündel zurecht und legt es quer über den Rumpf.
3. Das Armbündel wird ebenfalls mit Zwirn oder Draht am Oberkörper befestigt. Zwei Beine erhält die Puppe, indem der untere Teil des Körpers in der Mitte geteilt wird. Am Beinansatz werden

sie fixiert, wenn ihr sie dort mit Gräsern oder Draht umschlingt.
4. Zum Schluss erfolgt der Feinschliff: Die Puppe wird mit Blumen und Blättern verschönert. Beispielsweise könnt ihr ein großes Blatt zu einem Kopftuch binden oder der Figur eine Blüte ins Haar stecken. Mit kleinen Blättern und Blumen kann ein Gesicht angedeutet werden.

Blumen im Sommer

Die Natur hält im Sommer ein wahres Blumenmeer bereit. In vielen verschiedenen Farben leuchten die Blüten. Die klassischen Sommerblüher in den Gärten sind Dahlien, Gladiolen, Lilien, Margeriten und Stiefmütterchen. Aber auch bunte Blumenwiesen mit Wildblumen, wie Klatschmohn, Löwenzahn, Huflattich oder auch der Spitzwegerich erfreuen sich großer Beliebtheit.

Blumenkranz

Aus Löwenzahn oder Gänseblümchen könnt ihr wunderschöne Kränze für die Köpfe der ganzen Familie basteln. Dafür benötigt ihr langstielige Blümchen. Mit dem Messer oder dem Fingernagel ritzt ihr ein paar Zentimeter unterhalb der Blüte vorsichtig einen Schlitz in den Stiel. Durch den entstandenen Spalt schiebt ihr den Stängel der nächsten Blume. So geht es weiter, bis der romantische Kranz so lang ist, dass er auf einen Kopf passt.

Der Inbegriff einer Sommerblume ist sicherlich die Sonnenblume. Sie sieht nicht nur so aus wie die Sonne, sondern sie wendet sich auch immer dem Sonnenlicht zu. Die Blüte verfolgt an sonni-gen Tagen die Sonne auf ihrem Weg von Ost nach West. Bei Sonnenaufgang befindet sich die Knospe wieder mit Blick auf den Osten. Nicht nur ihr Anblick kann Freude bereiten, die Samen oder Kerne der Sonnenblume sind gesund und eignen sich hervorragend zum Knabbern zwischendurch.

Mittlerweile kann man in den Geschäften das ganze Jahr über Rosen kaufen. Doch die „Königin der Blumen", so wird die Rose seit der griechischen Antike bezeichnet, hat ihre Blütezeit hierzulande ab dem Frühsommer. Der Juni wird daher unter den Gärtnern auch Rosenmonat genannt. Damit Hobbygärtner möglichst lange etwas von der Pracht haben, sollten verblühte Rosen immer abgeschnitten werden. Dadurch bilden sie neue Knospen, und so können die Blüten noch über Monate Freude bereiten. Das Abschneiden welker Blüten gilt ebenso für andere Stauden und Sommerblumen. Wer jedoch Spaß daran hat, sich Pflanzensamen selbst zu ziehen, sollte ein paar welke Blüten stehen lassen, in denen sich der Samen bildet. Ist das keimfähige Saatgut reif, kann man es ernten und im nächsten Jahr aussähen.

Die beliebtesten Gartenpflanzen in Deutschland

Der Bundesverband Deutscher Gartenfreunde hat im letzten Jahrzehnt eine Studie durchgeführt und ermittelt, welche Gartenpflanze am beliebtesten in deutschen Kleingärten ist. Auf Platz eins steht die Ringelblume, die zu den Sommerblumen zählt. Weitere beliebte Gartenpflanzen sind laut der Untersuchung: Petersilie, Tomate, Rote Johannisbeere und Echter Lavendel.

Lavendelsäckchen selbst machen

Wenn im Sommer der Lavendel herrlich blüht und duftet, kann man sich diesen Wohlgeruch mit einem selbst gemachten Lavendelsäckchen erhalten. Es verleiht frischen Duft in Kleiderschränken und hilft auf natürliche Weise gegen Motten.

Material:

- Lavendel
- Schere
- Baumwollstoff
- Nähnadel und Garn
- Geschenkband

So wird's gemacht:

1. Wer keinen Lavendelstrauch im Garten besitzt, kann die Pflanze oder nur die Blüten im Handel erwerben. Blüht der Lavendel zum ersten Mal im Sommer, sollten die langen Stiele abgeschnitten und getrocknet werden. Dafür werden die Stiele wie ein Blumenstrauß zusammengebunden und an einer dunklen Stelle aufgehängt.

2. Zwischenzeitlich kümmert ihr euch um die Säckchen. Die Größe des Säckchens bestimmt ihr selber, zum Beispiel 10 cm x 6 cm. Legt zwei gleichgroße Stoffstücke auf links aufeinander und näht sie an drei Seiten zusammen. Die Stiche sollten nicht zu groß sein, damit der Sack dicht bleibt.

3. Zieht den Stoff auf rechts, dann kann das Füllen beginnen. Der getrocknete Lavendel wird in kleine Stücke geschnitten, die Blüten abgerieben und dann in das Stoffbeutelchen gefüllt. Mit einem Geschenkband zum Schluss die Öffnung zuschnüren.

Sommerlieder

Liebe, liebe Sonne

Lie - be, lie - be Son - ne, komm ein biss - chen run - ter,

lass den Re - gen o - ben, dann wol - len wir dich lo - ben.

Ei - ner schließt den Him - mel auf, kommt die lie - be Son - ne raus.

Hejo, spann den Wagen an!

He - jo, spann den Wa - gen an! Sieh der Wind treibt

Re - gen ü - bers Land! Hol die gold - nen Gar - ben, hol die gold - nen Gar - ben!

Trarira, der Sommer, der ist da!

1. Tra - ri - ra, der Som - mer, der ist da! Wir wol - len in den Gar - ten und wolln des Som - mers war - ten. Ja, ja, ja, der Som - mer, der ist da!

2. Trarira, der Sommer, der ist da!
Wir wollen hinter die Hecken
und wolln den Sommer wecken.
Ja, ja, ja, der Sommer, der ist da!

3. Trarira, der Sommer, der ist da!
Der Winter liegt gefangen,
wir schlagen ihn mit Stangen.
Ja, ja, ja, der Sommer, der ist da!

4. Trarira, der Sommer, der ist da!
Der Sommer hat gewonnen,
der Winter ist zerronnen.
Ja, ja, ja, der Sommer, der ist da!

Summ, summ, summ!

1. Summ, summ, summ! Bien-chen summ he - rum! Ei, wir tun dir nichts zu - lei - de, flieg nur aus in Wald und Hei - de. Summ, summ, summ! Bien - chen summ he - rum!

2. Summ, summ, summ!
Bienchen summ herum!
Such in Blüten, such in Blümchen
dir ein Tröpfchen, dir ein Krümchen.
Summ, summ, summ!
Bienchen summ herum!

3 Summ, summ, summ!
Bienchen summ herum!
Kehre heim mit reicher Habe,
bau uns manche volle Wabe.
Summ, summ, summ!
Bienchen summ herum!

Es ist Urlaubszeit!

Die Sommerferien stehen vor der Tür! Für viele Familien ist das die Zeit und Gelegenheit, sich einmal richtig zu erholen und aus dem Alltag auszubrechen. Eine Urlaubsreise sorgt für Tapetenwechsel, macht Spaß und bietet die Möglichkeit, etwas Neues zu entdecken. Während Mama und Papa am liebsten den ganzen Tag entspannen würden, möchtet ihr gern mit allen zusammen Sandburgen bauen oder eine Bootsfahrt machen. Jeder hat andere Bedürfnisse und Ansprüche an die „schönste Zeit im Jahr". Daher sollten alle Rücksicht nehmen: Zum Beispiel kommen an einem Tag die Eltern auf ihre Kosten, dafür werden am nächsten die Wünsche der Sprösslinge erfüllt. Dabei gilt es natürlich, die geplanten Aktivitäten an das Alter der Kinder anzupassen. Für Kinder ist Verreisen immer ein Abenteuer. Sie verlassen ihre gewohnte Umgebung und sind gespannt auf das Urlaubsziel, unter dem sie sich meist nichts Konkretes vorstellen können. Daher kann es auf der Reise schon einmal zu einem ungeduldigen „Wann sind wir denn endlich da?" kommen.

Koffer packen

Bevor der lang ersehnte Urlaub beginnt, steht erst einmal das Kofferpacken auf der Tagesordnung. Am besten geht das mithilfe einer Packliste, die rechtzeitig erstellt wird. Kinder können dabei eingebunden werden. Sie dürfen sich das Lieblings-T-Shirt oder die Shorts aussuchen, die unbedingt eingepackt werden müssen. Natürlich kommen für alle Fälle Dinge der Freizeitbeschäftigung hinzu, etwa Malbuch und Stifte, Bücher oder ein kleines Spielzeug. Und vonseiten der Kinder zu guter Letzt ins Handgepäck: das Kuscheltier oder die Schmusedecke.

Reiseproviant

Reisen macht in der Regel hungrig. Deshalb sollte für jedes Familienmitglied etwas dabei sein und der Reiseproviant ausgewogen gehalten werden. Leicht zuzubereiten ist die gute alte Stulle. Vollkornbrot mit einer mageren Scheibe Wurst oder Käse mit niedrigem Fettgehalt und einem Blatt Salat liefert Energie und sättigt. Gemüse in mundgerechte Stückchen geschnitten und frisches Obst sind ein gesunder Snack für zwischendurch. Zum Knabbern eignen sich auch Trockenfrüchte, Knäckebrot, Nüsse oder Sonnenblumenkerne. Wichtig ist, dass genügend Getränke mit an Bord sind. Am besten eignen sich Wasser oder Saftschorlen in wiederverschließbaren Flaschen. Natürlich freuen sich die Kleinen auch über Gummibärchen oder einen Lolli. Gute Dienste leistet auf Reisen ein feuchtes Tuch in einem wiederverschließbaren Frischhaltebeutel.

Spiele für unterwegs

So groß die Freude auf den Urlaub auch ist, eine Reise kann manchmal ganz schön lange dauern. Damit im Auto, in der Bahn oder in der Wartehalle keine Langeweile aufkommt, könnt ihr euch die Reisezeit mit unterhaltsamen Spielen versüßen. Das Praktische daran ist, dass ihr keinerlei Zubehör braucht, sondern nur euch selbst.

 ### Auto-Rallye

Spieleranzahl: ab 2 Personen
Alter: ab 6 Jahren

Jeder Spieler sucht sich eine Farbe aus, deren Autos er zählen möchte. Dabei solltet ihr euch auf entweder häufig vorkommende (Blau, Schwarz) oder eher seltene Autofarben (Gelb, Grün) einigen. Sonst wird es unfair. Gezählt werden die Fahrzeuge, die euch auf der Autobahn überholen oder auf der Landstraße entgegenkommen. Wer zuerst 30 gezählt hat, ist der Sieger. Schwieriger wird das Spiel, wenn ihr anstelle der Farben die Automarken zählt, etwa BMW oder Ford.

 ### Wie bitte?

Spieleranzahl: ab 2 Personen
Alter: ab 4 Jahren

„Wie bitte?" bringt Ruhe in die Runde und kann überall gespielt werden, wo die Mitspieler sich ins Gesicht schauen können. Einer spricht sehr deutlich, aber lautlos Wörter oder Sätze. Der andere Spieler schaut genau auf die Mundbewegungen und versucht, das Gesagte zu verstehen. Pro richtig gelesenem Wort gibt es einen Punkt. Wer am Ende die meisten Punkte verbuchen kann, hat gewonnen.

Schere, Stein, Papier

Spieleranzahl: ab 2 Personen (gerade Anzahl erforderlich)
Alter: ab 5 Jahren

Bei diesem beliebten Zeitvertreib treten immer zwei gegeneinander an. Die beiden Spieler stehen sich gegenüber und schließen ihre rechte Hand zu einer Faust. Dann sagen sie gemeinsam: „Schere, Stein, Papier!" Kaum haben sie das letzte Wort gerufen, zeigt jeder Spieler mit seiner Hand eines der folgenden Symbole:
- Schere: Zeige- und Mittelfinger werden in V-Form ausgestreckt.
- Stein: Die Faust ist geballt.
- Papier: Die Hand wird flach ausgestreckt.

Nun kommt es darauf an, welche Symbole aufeinandertreffen. Die Kombination entscheidet über den Sieger der Runde.
- Schere und Stein: Der Stein schleift die Schere, er gewinnt.
- Stein und Papier: Das Papier wickelt den Stein ein, es gewinnt.
- Papier und Schere: Die Schere zerschneidet das Papier, sie gewinnt.

Pro Runde gibt es einen Punkt für den Gewinner des Duells. Zeigen beide Spieler das gleiche Symbol an, wird die Runde wiederholt. Wer als Erster zehn Punkte ergattern konnte, ist der Sieger.

Auf in die Ferne

Das Urlaubsziel ist immer Geschmackssache – ob es um die Ecke liegt oder man eine halbe Weltreise dorthin unternimmt. Sind Kinder mit von der Partie, sollte bei der Reisewahl unbedingt das Alter mitberücksichtigt werden, nicht zuletzt wegen der Gepäckmenge. Prinzipiell gilt: Je jünger das Kind, desto kürzer sollte die Anreise sein. Bei Urlaub in der Ferne ist zu beachten: Viele Sprösslinge reagieren auf schwül-heißes Klima, mögen keine plötzlichen Temperaturunterschiede oder leiden unter der Zeitumstellung. Wer in die Tropen reist, sollte sich rechtzeitig informieren, ob Impfungen erforderlich sind und für den Fall der Fälle, wo der nächste Arzt zu finden ist.

Ich sehe etwas mit A, B, C

Spieleranzahl: ab 2 Personen
Alter: ab 5 Jahren

In der Bahnhofshalle oder am Flughafen lässt sich dieses Suchspiel besonders gut ausüben, da es dort viel zu beobachten gibt. Die Spieler inspizieren genau die Umgebung, in der sie sich befinden. Der Jüngste darf beginnen. Er nennt einen Gegenstand, den er beim Umherschauen erblickt hat und – das ist die zweite Auflage – der mit dem Buchstaben A beginnt, zum Beispiel Aktenkoffer. Dabei zeigt er auf den Gegenstand. Dann ist der Nächste an der Reihe, der ebenfalls die Aufgabe hat, etwas mit A zu erspähen und den anderen kundzutun, zum Beispiel Apfel. So geht es immer reihum, bis einer der Mitspieler auf dem Schlauch steht und keinen Begriff mehr mit A in der Umgebung findet. Wer aufgeben muss, bekommt einen Strafpunkt und darf sich an einen Gegenstand mit dem Buchstaben B wagen. Sind alle Begriffe mit B ausgeschöpft, wird wieder ein Strafpunkt an denjenigen Spieler verteilt, der die Schultern zucken musste. So schlängeln sich die Spieler durchs Alphabet. Wer drei Strafpunkte eingeheimst hat, muss ausscheiden. Gewonnen hat der Teilnehmer mit den wenigsten Minuspunkten.

Selbst gemachtes Vanilleeis

Zutaten:
- ½ l Milch
- 200 g Puderzucker
- 4 Eigelb
- ½ Vanillestange
- ⅛ l Schlagsahne

So wird's gemacht:
1. Die Milch mit dem Puderzucker und dem Eigelb in einem Kochtopf verquirlen und mit der ausgekratzten Vanillestange erhitzen. Die Masse mit einem Schneebesen bis kurz vor dem Kochen schlagen.
2. Dann den Topf vom Herd nehmen, die Vanilleschote entfernen und die Masse etwas abkühlen lassen.
3. Zum Schluss die steif geschlagene Sahne unterziehen.
4. Das Ganze in eine Plastikschale füllen und in die Gefriertruhe stellen.

Urlaub auf Balkonien

Nach einer Redensart ist es zu Hause bekanntlich am schönsten. So könnt ihr auch dort einen wunderschönen Urlaub verbringen. Nach einem erlebnisreichen Urlaubstag fallt ihr abends ins eigene Bett, in dem man erfahrungsgemäß am besten schläft. Es gibt viele Möglichkeiten, in der eigenen Stadt oder im Umland die Ferien spannend und abwechslungsreich zu gestalten: Fahrradtour, Wandertag, Picknick im Grünen, Museumsbesuch, Waldspaziergang oder Spieletag im Freien. Ihr könnt auch eine „Poolparty" im Garten veranstalten, zu der ihr Freunde ins aufblasbare Planschbecken einladet. Vielleicht ist in eurer Nähe ein Kletterpark, in dem ihr die Wände hochkraxeln könnt. In jedem Bundesland gibt es Freilichtmuseen, die im Sommer häufig Aktionen zum Mitmachen anbieten. Ein Ausflug ins Mittelalter mit Rittern und Burgfräulein kann ebenfalls sehr reizvoll sein. Viele Burgen bieten Ritterspiele, Mittelalterfeste oder andere Veranstaltungen für Kinder an. Keine Festung bei euch im Umland, aber dafür ein Binnen- oder Seehafen? Eine Hafenrundfahrt zwischen Containern, Kränen und Frachtern ist immer ein Erlebnis. Zwischendurch immer wieder dran denken: Ihr habt Ferien, also schlummert einmal ganz lange und genießt ein ausgedehntes Frühstück im Schlafanzug. Schön!

Ein kleiner Tipp, damit jedes Familienmitglied auf seine Kosten kommt und es keinen Streit gibt: Jeder schreibt einen oder zwei Wünsche, was er gerne machen möchte, auf einen Zettel, am besten eine Aktivität für tolles Sommerwetter und eine für einen Regentag. Die Vorschläge für gutes Wetter kommen in eine Tüte, die für Regenwetter in eine andere. An einem Wunschtag wird zuerst das Wetter inspiziert und dann aus der jeweiligen Tüte ein Vorschlag gezogen. Wie oft es einen Wunschtag gibt, bestimmt eure Familie.

 ## Eine Sonnenuhr basteln

Material:
- 1 dünner Stock
- 1 runder Blumentopf, gefüllt mit Erde
- 1 wasserfester Stift
- Uhr

So wird's gemacht:
1. Steckt den Stock in den mit Erde gefüllten Blumentopf. Entscheidend ist, dass der Stab genau senkrecht in die Mitte des Blumentopfes gerammt wird.
2. Dann markiert ihr einen Halbkreis auf dem Rand des Tontopfes. Der Halbkreis wird noch einmal in der Mitte geteilt. Mit dem Stift schreibt ihr rechts an den Halbkreis eine Sechs, an die Markierung in der Mitte eine Zwölf und links eine 18.

Das Ausrichten der Sonnenuhr beginnt am besten, wenn eure Armbanduhr zwölf Uhr mittags anzeigt.
3. Stellt euer Blumentopf-Chronometer an ein sonniges Plätzchen und dreht es solange, bis der Schatten des Stabes genau auf die Zwölf-Uhr-Markierung fällt. Ab jetzt dürft ihr die Sonnenuhr nicht mehr verstellen.
4. Drei Stunden später schaut ihr wieder auf den selbst gebauten Zeitmesser. Wo der Schatten hinfällt, markiert ihr 15 Uhr. Um 18 Uhr abends, sollte der Stab genau über der 18-Uhr-Markierung zu sehen sein. Am nächsten Morgen fällt der Schatten um sechs Uhr auf die entsprechende Markierung. Ihr könnt dann ruhig noch schlafen. Aber spätestens um neun Uhr solltet ihr die entsprechende Markierung eintragen. Aber ihr könnt auch jede Stunde oder sogar jede halbe Stunde auf eurer Sonnenuhr einzeichnen.

 ## Seifenblasen selbst machen

Material:
- 1 l destilliertes Wasser
- 3 EL Geschirrspülmittel
- 1 EL Glyzerin (aus der Apotheke)
- Draht
- Wolle

So wird's gemacht:
1. Vermischt alle Zutaten miteinander und rührt den Mix um. Lasst die Seifenblasenflüssigkeit am besten über Nacht stehen.

2. In der Zwischenzeit formt ihr aus dem Draht eine Schlinge und verdreht die beiden Enden zu einem Griff. Der Draht wird dann mit der Wolle umbunden.

3. Taucht ihr nun am nächsten Tag den Pustering in die Flüssigkeit und pustet vorsichtig dadurch, könnt ihr euch an bunt schillernden Seifenblasen erfreuen.

 ## Räuber und Gendarm

Spieleranzahl: 4–20 Personen
Alter: ab 7 Jahren

Für dieses Spiel benötigt ihr ein größeres Gelände, auf dem man sich gut verstecken kann. Zunächst markiert ihr das Gefängnis in der Mitte der Spielfläche, zum Beispiel mit herumliegenden Steinen oder Stöcken. Dann teilt ihr die Gruppe in Räuber und Gendarmen ein. Bei vier Mitspielern können zwei die Ganoven und zwei die Polizisten sein. In einer größeren Gruppe sollte es mehr Räuber als Gendarmen geben, beispielsweise können auf einen Polizisten zwei Banditen kommen. Nun geht es auf Verbrecherjagd: Die Gendarmen stellen sich ins Gefängnis und zählen mit geschlossenen Augen bis 15. Derweil verstecken sich die Räuber auf dem Gelände. Bei 15 angekommen, heißt es für die Polizisten, die Verbrecher aufzuspüren. Wer einen Halunken entdeckt, versucht, ihn abzuschlagen. Gelingt dies dem Ordnungshüter, darf der Räuber keinen Widerstand mehr leisten und muss sich vom Polizisten ins Gefängnis führen lassen. Die Räuberkollegen, die sich noch in Freiheit befinden, haben nun die Chance, ihre gefangenen Mitstreiter aus der Haftanstalt zu befreien. Dafür müssen sie ins Gefängnis eindringen und dort die Häftlinge abschlagen. Bei mehreren Gendarmen im Spiel ist es daher sinnvoll, einen zum Bewachen des Gefängnisses abzustellen. Wenn alle Räuber gefangen sind, ist die Jagd vorbei.

Spaßige Abkühlung gefällig?
An einem heißen Sommertag ist vermutlich jeder für eine Abkühlung dankbar. Eine Wasserbombe kann da weiterhelfen. Natürlich sorgt sie nicht nur für Spritzer, wenn sie neben einem Menschen zerplatzt, sondern auch für einen erschrockenen Blick. Daher ist es am besten, wenn alle mit Wassermunition ausgerüstet sind und die Dinger nur so vor euren Füßen zerplatzen. Füllt einen Luftballon mit Wasser, knotet ihn zu, und der feuchte Spaß kann beginnen.

Murmelspiele

Kinder auf der ganzen Welt lieben die kleinen bunten Kugeln. Mit ihnen zu spielen, macht nicht nur Spaß, es ist auch ungemein praktisch: Sie passen in jede Hosentasche und sind drinnen, draußen und unterwegs einsetzbar.

Glücksstein

Spieleranzahl: ab 2 Personen
Alter: ab 6 Jahren
Utensilien: Murmeln, Stein, Kreide

Ihr zieht einen Kreis von 3 bis 6 m Durchmesser. Genau in die Mitte legt ihr den Stein. Dann gruppiert ihr euch um den Kreis herum. Alle haben die gleiche Anzahl an Murmeln zur Verfügung. Pro Runde versucht jeder, eine Murmel so dicht wie möglich an den Stein zu kullern. Wem dies gelingt, der darf alle Kuller innerhalb des Kreises behalten, die außen liegenden gehen zurück an ihre Besitzer.

Murmel werfen

Spieleranzahl: ab 2 Personen
Alter: ab 6 Jahren
Utensilien: leerer Eierkarton, Stift, pro Spieler 5 Murmeln

Als Erstes wird das Wurfziel vorbereitet. Dafür schreibt einer von euch in die becherförmigen Vertiefungen des Eierkartons einmal die „15", zweimal die „10", dreimal die „5" und viermal die „1". Der Eierkarton wird dann geöffnet auf den Boden gestellt. Etwa 2 m davon entfernt markiert ihr die Wurflinie, an der ihr euch aufstellt. Pro Runde wirft jeder Spieler alle fünf Murmeln in den Eierkarton und zählt die Punkte zusammen. Wer nach zehn Runden die meisten Punkte eingeheimst hat, darf sich Murmelwurfkönig nennen.

Spaß am Wasser

Urlaub an der See ist für viele Familien Erholung pur. Sonnenschein, Strand und Wasser genügen, um Kinder in den Ferien glücklich zu machen. Während ihr spielt, entspannen sich die Eltern im Liegestuhl. Ein Tagesausflug an die Küste oder eine Tour zum nächsten See – und schon fühlt ihr euch wie im Badeurlaub. Viele deutsche Seen und Flüsse besitzen eine gute Wasserqualität, sodass man gefahrenlos darin baden kann. Spielt das Wetter mit und gibt es dort einen Strand, sind die Voraussetzungen für einen Badetag perfekt.

Burgen und Schlösser aus Sand

Für Kinder ist es immer ein Riesenspaß, mit Sand zu spielen, doch auch die Eltern kann man schnell dafür begeistern, wenn eine Sandburg gebaut wird. Mit einfachem Strandzubehör lassen sich tolle Anwesen zaubern. Zur Grundausrüstung gehören Eimer, Schaufel und eine Sprühflasche. Letztere dient dazu, den Sand zu benetzen, denn die kleinen Körnchen haften am besten zusammen, wenn sie feucht sind. Euer Werkzeug könnt ihr vielseitig erweitern: Mithilfe von leeren Joghurtbechern formt ihr kleine Türme. Zum Verzieren, Dekorieren oder Ritzen von Mustern eignen sich Muscheln, Stöcke, Steine, Federn, Seetang oder auch Haarkämme.

 ## Erobert die Burg!

Spieleranzahl: ab 4 Personen
Alter: ab 6 Jahren
Utensilien: Sand, Stock, Armbänder in 2 Farben

Baut eine einfache Sandburg und steckt den Stock als Fahnenmast in die Mitte. Dann bildet ihr zwei gleich große Gruppen. Alle Spieler einer Mannschaft bekommen ein Band in der gleichen Farbe, das mit einer Schleife am Arm festgebunden wird. Das Band soll sich leicht lösen lassen. Ein Team sind die Angreifer, die versuchen, den Stock auf der Burg zu erobern. Die Verteidiger versuchen, dies zu verhindern, indem sie den Attackierenden die Schleifen der Armbinden aufziehen. Denn wer seine Binde verliert, muss ausscheiden. Aber auch die Angreifer können ihren Gegenspielern die Armbänder entfernen, sodass sich die Reihen der Abwehr lichten und sie leichter zum Ziel kommen können. Die Angreifer haben gewonnen, wenn sie den Stock erbeuten. Die Verteidiger hingegen gehen als Sieger hervor, wenn alle Angreifer ausgeschieden sind.

Mit Muscheln spielen und basteln

Wer schon einmal an der See einen Strandspaziergang unternommen hat, weiß, dass es dort viele schöne Dinge zu sammeln gibt. Muscheln in allen Farben und Formen stehen sicher an erster Stelle. Mit den beliebten Fundstücken kann man allerhand anstellen. Legt euch eine Muschel auf die Stirn und balanciert sie eine Strecke über den Strand. Diesen Muschellauf könnt ihr mit mehreren als Wettkampf austragen. Eine schicke Kette bastelt ihr, indem ihr die Muschelschalen vorsichtig mit einem Handbohrer durchlöchert und dann auf ein Baumwoll- oder Lederband aufzieht. Die kleinen Schätze der Meere eignen sich auch als Boote im ausgegrabenen „Hafenbecken" bei Ebbe. Als dekorative Namenskarten kann man sie bei Tisch verwenden: Die Muscheln säubern und auf die Schale den Namen des Gastes schreiben.

 ### Bilderrahmen mit Muscheln

Material:
- Sand
- 1 einfacher Bilderrahmen aus Holz
- Bastelleim
- Muschelschalen

So wird's gemacht:
1. Breitet den Sand gleichmäßig auf einer Fläche aus.
2. Den Bilderrahmen bestreicht ihr mit Leim und lasst ihn kurz antrocknen. Danach den Rahmen mit der Klebeseite auf den Sand legen und andrücken. Nach kurzer Zeit wird er wieder angehoben. Ist der Bilderrahmen getrocknet, wird der nicht klebende Sand abgeschüttelt.
3. Dann kann es ans Verzieren gehen: Dafür Bastelleim auf die Muscheln streichen und sie auf den Sandhintergrund am Rahmen kleben.

 ### 1, 2, 3 – wer holt den Ball?

Spieleranzahl: ab 4 Personen
Alter: ab 6 Jahren
Utensilien: Ball

In flachem Wasser oder am Strand sorgt das Spiel für Spaß und Bewegung. Zu Beginn bekommt jeder eine Nummer. Der Spieler mit der höchsten Nummer beginnt und erhält den Ball. Er zählt leise bis 20. In dieser Zeit entfernen sich die Übrigen etwa zehn Schritte von ihm. Während er den Ball senkrecht in die Luft wirft, ruft er laut die Nummer eines Mitspielers, beispielsweise „Nummer zwei". Nummer zwei rast daraufhin schnell zum Ball und versucht, ihn zu fangen. Gelingt es ihm, versucht er, einen anderen Mitspieler mit dem Ball abzuwerfen. Während die übrigen Teilnehmer an ihrem Platz stehen bleiben, darf der Ballbesitzer drei Schritte in Richtung seines „Opfers" gehen. Trifft der Werfer ihn, so übernimmt der Getroffene in der nächsten Runde das Werfen und Rufen. Ansonsten ist derjenige an der Reihe, dessen Nummer aufgerufen wurde.

Bei schlechtem Wetter …

Regnet es im Urlaub, muss keine Langeweile aufkommen. Es ist gerade die rechte Zeit, um Ansichtskarten oder Briefe zu verschicken und Ferientagebuch zu schreiben. Tragt dort ein, was ihr erlebt, gedacht und gefühlt habt. Lasst Platz für Fotos, dann bleibt es eine liebe Erinnerung.

Habt ihr das alles erledigt, in Büchern geschmökert oder sämtliche Spiele ausprobiert, dann kümmert euch doch um kleine Mitbringsel aus dem Urlaub: Für die Freundin ein paar Muscheln, für die Großeltern eine Flasche mit See- oder Bergluft, für die Cousins einen Beutel mit echtem Seewasser und für die Lehrerin eine Tüte mit Dünensand.

Feste im Sommer

Die großen offiziellen Feste und Feiertage des Jahres liegen bekanntlich nicht im Sommer, doch dafür bietet die warme Jahreszeit Festtage, die zum Feiern unter freiem Himmel einladen. Die christlichen Gedenktage werden häufig mit feierlichen Umzügen, den Prozessionen, begangen. Viele andere Bräuche, die man mit der ganzen Familie, den Freunden und Nachbarn wieder aufleben lassen kann, finden sich ebenfalls an den Festtagen. Auch einige Volksfeste im Sommer besitzen eine lange Tradition und sind mit kirchlichen Gedenktagen verbunden.

Fronleichnam

Das Fronleichnamsfest wird am Donnerstag in der zweiten Woche nach Pfingsten begangen. An diesem Tag feiert die katholische Kirche die leibliche Gegenwart Jesu Christi im Sakrament der Eucharistie. Der Name „Fronleichnam" leitet sich aus „vron" (Herr) und „lichnam" (Leib, Körper) ab und bedeutet „Leib des Herren". Dieses Hochfest ruft das letzte Abendmahl in Erinnerung, das Christus am Gründonnerstag mit seinen Jüngern feierte.

Ein traditioneller Brauch des Fronleichnamsfestes sind die Prozessionen: Die Christen ziehen durch festlich geschmückte Straßen oder Gegenden und bekennen so ihren Glauben in der Öffentlichkeit. Eine Hostie, als Symbol des Leibes Christi, wird in einem Gefäß durch den Ort getragen. Traditionell wurden die Straßenränder mit blühenden Zweigen, Fahnen und Blumen geschmückt. Vielerorts ist das heutzutage noch der Fall, in einigen Gegenden werden sogar Bilder aus Blumen hergestellt. Gesetzlicher Feiertag ist Fronleichnam in Baden-Württemberg, Bayern, Hessen, Nordrhein-Westfalen, Rheinland-Pfalz und im Saarland sowie in sächsischen und thüringischen Gemeinden mit überwiegend katholischer Bevölkerung. Zurück geht der Feiertag auf Anregung der Nonne Juliana von Lüttich (um 1192 bis 1258). 1246 wurde das Fest zum ersten Mal im Bistum Lüttich gefeiert, die erste schriftlich belegte Fronleichnamsprozession gab es 1279 in Köln. Allerdings sind die Prozessionen nicht nur für Fußgänger. Noch heute werden Seeprozession veranstaltet, bei denen Schiffe übers Wasser ziehen, beispielsweise auf dem Chiemsee in Bayern oder in Köln-Mülheim auf dem Rhein.

Sonnenwende

Am 21. Juni ist der längste Tag und die kürzeste Nacht des Jahres. Aus diesem Anlass wird an diesem Tag das Sonnenwendfest gefeiert. In einigen Gegenden Deutschlands begeht man die kürzeste Nacht mit einem

Feuer in großer Gemeinschaft. Vor allem in skandinavischen Ländern und dem Baltikum erfreut sich das Naturfest großer Beliebtheit. Ende Juni wird es nachts in den nördlichen Teilen dieser Länder nicht richtig dunkel, es sind die sogenannten „Weiße Nächte". Alte Bräuche leben dann auf: Familien, Verwandte und Nachbarn feiern zusammen, die Häuser werden mit Birkenlaub und Blumen geschmückt und riesige Feuer werden auf dem Land, am Strand, auf Berggipfeln oder auf Flößen in Flüssen angezündet. Durch das Feuer sollen böse Geister und Krankheiten vertrieben werden. In Schweden, wo das Mittsommerfest am Samstag zwischen dem 20. und 26. Juni gefeiert wird, stellen die Menschen nach alter Tradition eine prächtige, mit Blumen geschmückte Mittsommernachtsstange auf. Zu Volksliedern singen und tanzen die Schweden um diesen Baum herum. Auch an der geheim-

nisvollen Kultstätte Stonehenge in England wird in der Nacht zum 21. Juni die Sonnenwende gefeiert. Dort versammeln sich die Menschen und warten bis zum frühen Morgen auf den Sonnenaufgang.

Johannistag

Bekannter als die Sonnwendfeier ist bei uns das Johannisfest am 24. Juni. Zu Ehren des Geburtstages von Johannes dem Täufer wird vielerorts dieses Fest gefeiert. Seine Bräuche stehen in Zusammenhang mit der drei Tage vorher stattfindenden Sonnwendfeier. Johannisfeuer werden in der Nacht vor dem 24. Juni angezündet, sie stehen als Symbol für die Sonne, das Licht und Christus. Die Menschen tanzen um das Feuer herum und werfen in einigen Regionen Strohpuppen oder Kräuter hinein. Dadurch soll

alles Böse verbrannt werden – dem Feuer wird somit eine reinigende und heilende Kraft zugeschrieben. Nach einem alten Brauch sprangen früher Paare Hand in Hand über das Feuer. Schafften sie es, sich nicht loszulassen, so hatten sie gute Chancen auf ein gemeinsames Leben in guten wie in schlechten Zeiten.

„Viel Regen am Johannistag, nasse Ernten man erwarten mag"
Für Bauern war der Johannistag einer der Lostage, aus denen sie früher Wettervorhersagen und Prognosen für die Ernte ableiteten. Daher gibt es viele Bauernregeln zu Johanni, beispielsweise: „Wie das Wetter zu Johanni war, bleibt es viele Tage gar." Traditionell leitete der Tag außerdem den Beginn der Reifeperiode von Getreide ein. Rhabarber und Spargel hingegen sollte man nach Johanni nicht mehr ernten. Die Johannisbeeren werden nun reif, und Glühwürmchen leuchten hell in der Nacht. Daher heißen diese auch Johanniswürmchen.

Zum Johannistag wurden traditionell Johanniskräuter gesammelt. Neben dem Johanniskraut schrieb man an diesem Tag Bärlapp, Beifuß, Eisenkraut sowie einigen anderen Kräutern besondere Heilkräfte zu. Daraus flocht man Kränze, um sie vors Haus zu hängen oder unters Kopfkissen zu legen.

Johannisbeergelee

Zutaten:
- 1 kg schwarze Johannisbeeren
- 500 g Gelierzucker (2:1) oder 1 kg Gelierzucker (1:1)
- ¼ l Wasser

So wird's gemacht:
1. Die Johannisbeeren von den Rispen abzupfen und abwaschen. Die Beeren mit ¼ l Wasser in einem Kochtopf erwärmen und etwa zehn Minuten köcheln lassen.
2. Dann wird der Saft abgegossen. Dafür entweder die Johannisbeeren in ein Sieb gießen und den Saft in einer Schüssel auffangen oder ein Küchenhandtuch über die Schüssel legen und die Früchte daraufgeben. Der Saft passiert in diesem Fall das Küchenhandtuch, wenn man es etwas anhebt. Bei dieser Variante können die Johannisbeeren mit dem Handtuch ausgewrungen werden. Insgesamt sollte es 0,8 l Saft ergeben. Um auf diese Menge zu kommen, kann der Saft mit Wasser gestreckt werden.
3. Die Flüssigkeit nun mit dem Gelierzucker in den Topf geben und 4 Minuten kochen lassen. Der dabei entstehende Schaum sollte abgeschöpft werden. Das noch heiße Gelee in die vorbereiteten Gläser füllen und verschließen. So hält es sich mindestens ein Jahr lang.

Siebenschläfertag

Habt ihr schon einmal das mausähnliche Tier namens Siebenschläfer gesehen? Es ist niedlich mit seinem buschigen Schwanz und ruht im Winter für mindestens sieben Monate, aber mit dem Siebenschläfertag hat das Tier rein gar nichts zu tun.

Der 27. Juni ist vielmehr ein religiöser Gedenktag. Nach einer Legende haben sich im Jahr 251 sieben Christen vor der Verfolgung durch den römi-

schen Kaiser Decius in eine Höhle bei Ephesus gerettet. Ephesus befindet sich heutzutage in der Türkei. In dieser Höhle haben die sieben Schläfer fast 200 Jahre geruht, bis sie am 27. Juni 446 entdeckt wurden und wieder erwacht sind. So sah man sie als Beweis für ein Leben nach dem Tod an. Deshalb wurden die heiligen Siebenschläfer bis vor ein paar Jahrhunderten noch feierlich von der Kirche verehrt.

Bekannter als die Legende um die sieben Schläfer ist der Tag als Lostag für Wetter- und Bauern-

regeln. Der Zeitraum um und nach dem Siebenschläfertag, also von Ende Juni bis Anfang Juli,
ist angeblich entscheidend für das Wetter in
den folgenden Wochen. Daher lautet die Kern-
aussage der meisten Bauernregeln: „Das Wetter
am Siebenschläfertag sieben Wochen bleiben
mag." Diese Regeln haben die Bauern vermutlich vor Hunderten von Jahren aufgestellt.
Meteorologisch gesehen können in diesem
Zeitraum tatsächlich die europäischen Groß-
wetterlagen Tendenzen für das folgende Sommerwetter anzeigen.

Allerdings müsste der Gedenktag heutzutage
eigentlich nicht am 27. Juni gehalten werden.
Denn die Bauernregeln entstanden vor der gregorianischen Kalenderreform im Jahr 1582, bei
der zehn Tage gestrichen wurden. Somit fiele
der Lostag nach unserem Kalender eigentlich
ungefähr auf den 7. Juli.

 Wettertagebuch

Überprüft mit einem Wettertagebuch, ob die
Bauernregeln zum Siebenschläfertag auf eure
Region zutreffen und welches Datum die besten
Vorhersagen ermöglicht. Dafür sind nur ein
Zettel, ein Stift, gute Beobachtungsgabe und
Ausdauer erforderlich. Das Projekt wird nämlich
auf einen längeren Zeitraum angelegt. Beginnt
zu Johanni und notiert euch zuerst täglich bis
zum 7. Juli das Wetter in eurer Gegend. Besonders genau ist es, wenn für morgens, mittags
und abends ein Eintrag erfolgt, der Temperatur,
Sonnenschein und Regenfall umfasst. In den da-
rauffolgenden Wochen beobachtet ihr weiter
das Wetter und schreibt es auf. Einmal täglich
reicht jetzt aus. Mitte August schließt ihr das Tagebuch ab und vergleicht die Angaben. War die
Wetterlage nach dem 7. Juli wirklich stabil? Oder
schon ab 24. Juni? Und welcher Vorhersagetag
war am genauesten?

Mariä Heimsuchung

Maria, die Mutter Jesu, besuchte ihre Cousine
Elisabeth, um die Freude ihrer Schwangerschaft
mit der Verwandten zu teilen. Elisabeth ihrerseits
war mit Johannes dem Täufer schwanger. Dessen gedenken die Christen am
Tag von Mariä Heimsuchung,
der im deutschen Sprach-
gebiet auf den 2. Juli fällt.
Allerdings ist dies etwas
verwunderlich.
Denn wie ihr
vielleicht

noch wisst, wird am 24. Juni des Geburtstages von Johannes dem Täufer gedacht. Da der 2. Juli aber nach seinem Geburtsfest liegt und Elisabeth noch schwanger war, wurde Mariä Heimsuchung auf den 31. Mai verlegt und es wird ihrer in einigen Ländern an diesem Datum gedacht.

Eine Tradition bei katholischen Christen ist es, am 2. Juli zur Wallfahrtskirche nach Werl (Westfalen) zu pilgern. Aus Schutz vor Blitzeinschlägen wurden früher an diesem Tag Haselnusszweige vor das Fenster gehängt. Außerdem gilt der Tag als Wetterwende mit entsprechenden Bauernregeln.

Mariä Himmelfahrt

An Mariä Himmelfahrt feiern die katholischen Christen die Aufnahme Marias in den Himmel. Einer Legende nach wurde dem Leichnam Marias eine Palme vorausgetragen, bevor sie in den Himmel aufgenommen wurde. Währenddessen soll sich ein besonderer Duft verbreitet haben.

Eine andere Erzählung berichtet, dass Marias Grab geöffnet wurde und dort anstelle ihres Leichnams Blumen zu finden waren. Das Hochfest besitzt eine lange Tradition. Bereits im 5. Jahrhundert wurde in der Ostkirche eine Marienfeier zu ihrer Aufnahme in den Himmel zelebriert. Gesetzlicher Feiertag ist der 15. August nur im Saarland und in bayrischen Gemeinden mit überwiegend katholischer Bevölkerung.

Eng verknüpft ist Mariä Himmelfahrt mit verschiedenen Bräuchen. An diesem Tag werden in der katholischen Kirche feierlich Kräuter geweiht. Je nach Region waren früher die Anzahl und die Art der Kräuter sehr unterschiedlich. Sieben oder neun Kräuter wurden zu einem Strauß zusammengebunden und zur Segnung in die Kirche

gebracht. Mitunter gab es auch Sträuße mit bis zu 99 Kräutern. Zu Hause hängte man die geweihten Kräuterbuschen auf, bereitete daraus Tee oder gab sie kranken Tieren als Futter. Sie sollten vor Krankheiten, Gewitter und allem Unheil schützen. Heutzutage umfassen die Sträuße mindestens sieben Kräuter, wobei in einigen Regionen eine Königskerze die Mitte des Straußes bildet.

Vor allem in süddeutschen Gegenden versammeln sich die Gläubigen abends zu Mariä Himmelfahrt, um Lichterprozessionen beizuwohnen. Auf dem Wörthersee in Österreich und auf dem Bodensee finden diese traditionell auf Schiffen statt.

Kräutertee selbst machen

Um die Heilwirkung von Kräutern wussten die Menschen schon vor Tausenden von Jahren. Noch immer können wir uns mit einer Tasse frisch aufgebrühtem Kräutertee etwas Gutes tun. Wer im Garten Kräuter anpflanzt oder sie auf dem Balkon züchtet, kann sich einen Tee selbst machen. Frisch gepflückte Kräuter kann man einfach mit abgekochtem Wasser übergießen und etwa zehn Minuten ziehen lassen. Der Sommer lässt sich gut dafür nutzen, Vorräte für kältere Monate anzulegen. Thymian, Kamille, Salbei und andere Kräuter kann man im Baumwollbeutel in der Sonne oder im leicht geöffneten Backofen mehrere Stunden bei ungefähr 50° C trocknen. Ein Bestimmungsbuch hilft euch, Aussehen und Wirkung der Kräuter zu erlernen.

Bartholomäustag

Wie der Name verrät, gedenkt die Kirche am 24. August dem heiligen Bartholomäus. Er war einer der zwölf Apostel Jesu. Einer Legende nach soll Bartholomäus in Armenien enthauptet worden sein. Seine Gebeine sollen dann an der Insel Lipari in Italien angespült worden sein. Im 10. Jahrhundert brachte man die Knochenreste des Heiligen in die St.-Bartholomäus-Kirche in Rom, wo sie heute noch aufbewahrt werden.

Dieser Tag dient den Bauern und Winzern als Lostag. Für die Bauern deutet der 24. August das Ende der Getreideernte an. Winzer versuchen über Wetterregeln zum Bartholomäustag, Prognosen für die Weinernte abzugeben. Für die Fischer markiert der Tag das Ende der Schon- und Laichzeit und eröffnet den Fischfang in Binnengewässern. Bis vor einigen Jahren war es Brauch, an der Halbinsel Stralau in Berlin einen Fischzug zu veranstalten, bei dem

das Anfischen mit einem Volksfest gefeiert wurde. In anderen Regionen jedoch finden noch Volksfeste um den Bartholomäustag statt, etwa der Brokser Markt in Niedersachsen oder der Barthelmarkt in Bayern.

Fischer, Fischer, welche Fahne weht heute?

Spieleranzahl: 6–30 Personen
Alter: ab 5 Jahren

Wählt zuerst den Fischer aus: Wer von den Mitspielern die meisten farbigen Kleidungsstücke am Körper trägt, ist der Fischersmann. Er stellt sich auf die eine Seite des Spielfeldes, während sich alle anderen etwa 15 Schritte entfernt auf der anderen Seite des Feldes gruppieren.

Das Spiel beginnt, wenn die Gruppe fragt: „Fischer, Fischer, welche Fahne weht heute?" Der Fischer sucht sich eine Farbe aus und teilt dann beispielsweise allen mit: „Grün!" Die Spieler, die ein grünes Kleidungsstück tragen, können beruhigt langsamen Schrittes auf die gegenüberliegende Seite gehen, denn sie dürfen nicht gefangen werden. Alle anderen müssen versuchen, möglichst schnell auf die andere Spielfeldseite zu laufen, aber ohne dass der Fischersmann sie erwischt. Denn dieser kommt ihnen entgegen und versucht, sie durch Abklatschen zu fangen. Gelingt das dem Angler, so werden die gefangenen Spieler zu seinen Gehilfen, die in der nächsten Runde die verbliebenen Mitspieler mitfangen dürfen. So geht es Runde für Runde, bis ein einziger Spieler übrig bleibt. Er ist der Gewinner und wird in der nächsten Runde der neue Fischer.

Herbst

Die Tage werden kürzer, es wird langsam kühler.

Die Luft ist klar und frisch. Auch wenn es immer wieder warme Tage gibt – es liegt ein Gefühl von Abschied in der Luft. Dabei hat der Herbst noch viel zu bieten: reiche Ernte im Garten und auf dem Balkon, Spiele und Basteln in und mit der Natur, gruselige Kürbisgeister an Halloween und Sankt Martin auf dem Pferd.

Blätterrauschen und bunte Farben

Die Blätter der Bäume färben sich nach und nach bunt – aus der Ferne ein Feuerwerk in Gelb, Rot und Braun! Die Zugvögel versammeln sich und fliegen in großen Schwärmen über die Felder, die letzten Früchte reifen heran und warten darauf, geerntet zu werden … Der Herbst ist eine Jahreszeit zum Innehalten und Krafttanken für den Winter: Was haben wir im Lauf des Jahres mit der Familie erlebt? Was möchten wir noch zusammen bei gutem, warmem Wetter unternehmen? Wie bereiten wir uns auf den Winter vor? Auf einer Wanderung durch die Natur zum Beispiel, an einem See entlang, die Gedanken schweifen lassen. Dabei kommen die besten Ideen meist wie von selbst!

Wann beginnt der Herbst?

Die Astronomen sagen, am 22. oder am 23. September, zum Zeitpunkt der sogenannten Herbst-Tagundnachtgleiche, ist Herbstbeginn. An welchem der beiden Tage der Herbst beginnt, hängt, wie auch beim Frühlingsanfang, davon ab, ob das Jahr ein Schaltjahr oder ein „gewöhnliches" Jahr ist. Am Tag der Tagundnachtgleiche dauern, wie beim astronomischen Frühlingsbeginn, Tag und Nacht jeweils genau zwölf Stunden. Der astronomische Herbst endet mit der Wintersonnenwende am 21. oder 22. Dezember.

Phänologisch, das heißt wenn man die Ereignisse in der Natur zum Maßstab nimmt, beginnt der Herbst, sobald bestimmte Pflanzen blühen, Früchte und Samen reif geworden sind beziehungsweise Pflanzen ihr Wachstum eingestellt haben. Der Frühherbst beginnt, wenn Herbstzeitlose blühen und die Holunderbeeren sowie die Früchte der Rosskastanie reif sind. Sobald die Blätter von den Bäumen und Sträuchern zu Boden gefallen sind und die Pflanzen nicht mehr wachsen, ist der Herbst zu Ende – es wird Winter.

Für die Wetterkundler beginnt der Frühling bereits am 1. September; seit Beginn der Wetteraufzeichnungen vor rund 150 Jahren gilt für sie der 31. August als letzter Sommertag. Zum Herbst zählen nach dieser Einteilung die Monate September, Oktober und November.

Wann beginnt der Herbst wirklich? Schon Ende August ist es oft zu spüren: Die Luft wird klarer, an den Abenden wird es schneller wieder dunkel. Doch so „richtig" beginnt der Herbst mit einem Wetterumschwung, der tatsächlich Ende August beziehungsweise Anfang September stattfindet. Dann nämlich wird es in Skandinavien und den noch weiter nördlich gelegenen Regionen schon recht kühl. Wenn ein Wetterumschwung von Norden her kommt, schlägt das warme Sommerwetter bei uns in Mitteleuropa sehr schnell um – der Herbst ist da!

Mit der Zeitumstellung in den Herbst

Dass Herbst ist und das Jahr allmählich zu Ende geht, haben die meisten schon längst gespürt. Auch wenn die Tage bis in den Spätherbst häufig noch schön warm sind – letzte Gewissheit schafft die Zeitumstellung auf Normalzeit Ende Oktober. Am Tag der Zeitumstellung ist die Nacht eine Stunde länger: Die mitteleuropäische Sommerzeit (MESZ) endet jedes Jahr am letzten Sonntag im Oktober um drei Uhr mitteleuropäischer Sommerzeit. In der Nacht werden die Uhren um drei auf zwei Uhr zurückgestellt.

Wie mit der Familie die „lange Nacht" verbringen? Wie wäre es mit einem gemeinsamen DVD-Abend? Die Umstellung auf Normalzeit ist eine gute Gelegenheit, am nächsten Tag lange auszuschlafen. Wer noch im Rhythmus der

Sommerzeit ist und früh aufsteht, kann seine Familie mit einem leckeren Frühstück überraschen – am besten mit frischen Früchten, leckeren Säften, selbst zubereiteten Marmeladen und Gelees!

Checkliste Herbst – was ist zu tun?

Herbst – das heißt die letzten warmen Tage draußen genießen. Denn jeder weiß: Der nächste Winter kommt bestimmt! Da heißt es, sich rechtzeitig darauf vorzubereiten.

1. Leider, leider: Der Sommer geht zu Ende. Zeit, die warmen Sachen wieder hervorzuholen. Welche Stiefel passen noch? Wer braucht neue Anziehsachen für die Schule und den Sport? Am Herbstanfang ist die Auswahl in den Geschäften noch groß, ebenso bei den Flohmärkten und Basaren!

2. Was haben wir bisher in diesem Jahr zusammen erlebt? Ist noch Zeit für ein längeres gemeinsames Wochenende, zum Beispiel in den Herbstferien? Gibt es etwas im Haus und Garten, was dieses Jahr erledigt werden sollte? Die Abende im Herbst laden dazu ein, sich mit der Familie zusammenzusetzen und Pläne für den Rest des Jahres zu schmieden.

3. Im Herbst kann man in Erinnerungen schwelgen und sich anhand der Fotos und Reiseaufzeichnungen über die Tops und Flops der schönsten Zeit des Jahres austauschen. Am besten ist es, wenn man bei dieser Gelegenheit ein Fotoalbum anlegt.

4. Herbst ist Schmökerzeit. In den Herbstmonaten kommen jede Menge neue Bücher in die Buchhandlungen und Büchereien. Eine Einladung zum Lesen und Schmökern!

5. Herbst ist Schnupfenzeit. Grund genug, den Apothekerschrank zu kontrollieren und neu zu befüllen – Salzspray für die Nase, Erkältungstee, Bäder mit Menthol-, Eukalyptus-, Thymian- oder Fichtennadelöl. Nicht vergessen: Einen Vorrat Papiertaschentücher besorgen!

Wetter im Herbst

Wie der Frühling ist der Herbst eine Jahreszeit des Übergangs: Die Tage werden kürzer, es wird später hell und früher dunkel. Die Sonne steht nicht mehr so hoch am Himmel, und die Sonnenstrahlen sind nun nicht mehr so warm wie im Sommer.

Altweibersommer

In der zweiten Septemberhälfte ist das Wetter oft noch so sommerlich warm, dass man glauben könnte, der Sommer sei noch einmal zurückgekommen. Die Wetterkundler sprechen dann vom „Altweibersommer". Am Morgen ist es bereits sehr kühl; der Tau sammelt sich in feinen Tropfen auf den Spinnweben. Letztere sind der Schlüssel zu dem Begriff „Altweibersommer": Er kommt von „weiben", dem altdeutschen Wort für das Knüpfen von Spinnweben.

Wie ist es möglich, dass es so spät im Jahr noch einmal sehr warm werden kann? Verantwortlich für das gute Wetter ist warme, trockene Luft über Russland beziehungsweise weiten Teilen Asiens: Wenn im Frühherbst das „Russlandhoch" nach Mitteleuropa kommt, wird es warm!

„Indian Summer" – ein Fest der Herbst-farben

Altweibersommer gibt es auch in Amerika – dort nennt man die milden Herbsttage „Indian Summer". Die Luft ist trocken, der Himmel strahlend blau, die Blätter der Laubbäume haben sich bereits verfärbt und leuchten in kräftigen Farben – von intensivem Gelb über Rot bis zu Dunkelbraun. Der „Indian Summer" ist ein Phänomen, das vor allem an der Ostküste Nordamerikas und Kanadas zu bestaunen ist – dort gibt es ausgedehnte Wälder.

Wandern und Bergsteigen

Der Herbst, vor allem die Tage des Altweibersommers, sind ideal zum Wandern! Die bunt gefärbten Blätter sind ein Naturschauspiel, das nur wenige Wochen im Jahr zu sehen ist. Ein weiterer Vorteil: Die Temperaturen sind angenehm, nicht zu kalt und nicht zu warm, und damit ideal. Dazu kommt die klare Luft: Während des Altweibersommers gibt es keinen Nebel und keine Schleierwolken. Die Luft ist trocken und garantiert beste Sicht – Fernglas und Fotoapparat nicht vergessen!

Wer mit Kindern keine langen und steilen Wege erklimmen möchte, sollte versuchen, einen Kompromiss zu schließen. Den „Aufstieg" erledigt die Seilbahn. Zurückgewandert wird jedoch zu Fuß. Je älter und ausdauernder die Kinder werden, umso mehr kann man Wanderungen ausdehnen – von kurzen Tagesausflügen bis hin zu Höhenwanderungen von Hütte zu Hütte. In Deutschland, Österreich und der Schweiz gibt es Wanderrouten in allen Schwierigkeitsgraden – von Küstenwanderungen im Flachland bis hin zu Hochgebirgstouren von Alm zu Alm in den Alpen.

Herbststürme

Schon einmal von Frühlingsstürmen gehört? Wahrscheinlich nicht! Sturmsaison ist der Herbst bis zum Beginn des Winters. Warum eigentlich? Mit dem Wechsel der Jahreszeiten verschieben sich die Grenzen der Luftmassen. Das hat mit den sehr unterschiedlichen Temperaturen in Nord- und Südeuropa zu tun: Wenn am Mittelmeer im Herbst noch milde 20° C herrschen, frieren die Menschen im Norden bereits bei Temperaturen um die 0° C und darunter. Dabei entstehen im Norden kalte Luftmassen – die sogenannte Polarfront. Die Polarfront wandert nach Süden, wo sie auf warme Mittelmeerluft stößt. Dabei kommt es in der Luft zu Turbulenzen: Herbststürme fegen über das Land!

Abgesehen von dem kräftigen Wind regnet oder schneit es bei einem Sturm beziehungsweise Orkan oft kräftig. Es kann passieren, dass in kurzer Zeit enorm hohe Niederschläge fallen, vor allem in den Bergen, an denen sich die Wolken entladen. Dann kann es zu Überschwemmungen und Erdrutschen kommen.

Sturm oder Orkan?

Von einem Sturm spricht man, wenn der Wind am Boden mit mindestens 75 km pro Stunde weht. Orkan nennt man Stürme mit einer Windgeschwindigkeit von 120 km pro Stunde und höher. Einer der heftigsten Stürme beziehungsweise Orkane in den letzten Jahren war der Sturm „Kyrill", der im Januar 2007 über Mitteleuropa wütete und große Schäden anrichtete. Schulen mussten geschlossen werden, teilweise brach die Stromversorgung zusammen, Flüge fielen aus, die Deutsche Bahn stellte ihren Zugverkehr für mehrere Stunden ein, zahlreiche Menschen starben, als sie von Trümmern und umstürzenden Bäumen getroffen wurden. Also ist Vorsicht geboten: Auch wenn draußen bei einem Sturm die Blätter noch so schön wild herumwirbeln – nicht rausgehen! Es kann leicht passieren, dass von den Bäumen Äste abbrechen oder man von herumfliegenden Trümmern getroffen wird!

Herbstlieder

Bunt sind schon die Wälder

1. Bunt sind schon die Wäl - der, gelb die Stop - pel -
fel - der, und der Herbst be - ginnt_____.
Ro - te Blät - ter fal - len, grau - e Ne - bel
wal - len, küh - ler weht_ der Wind_____.

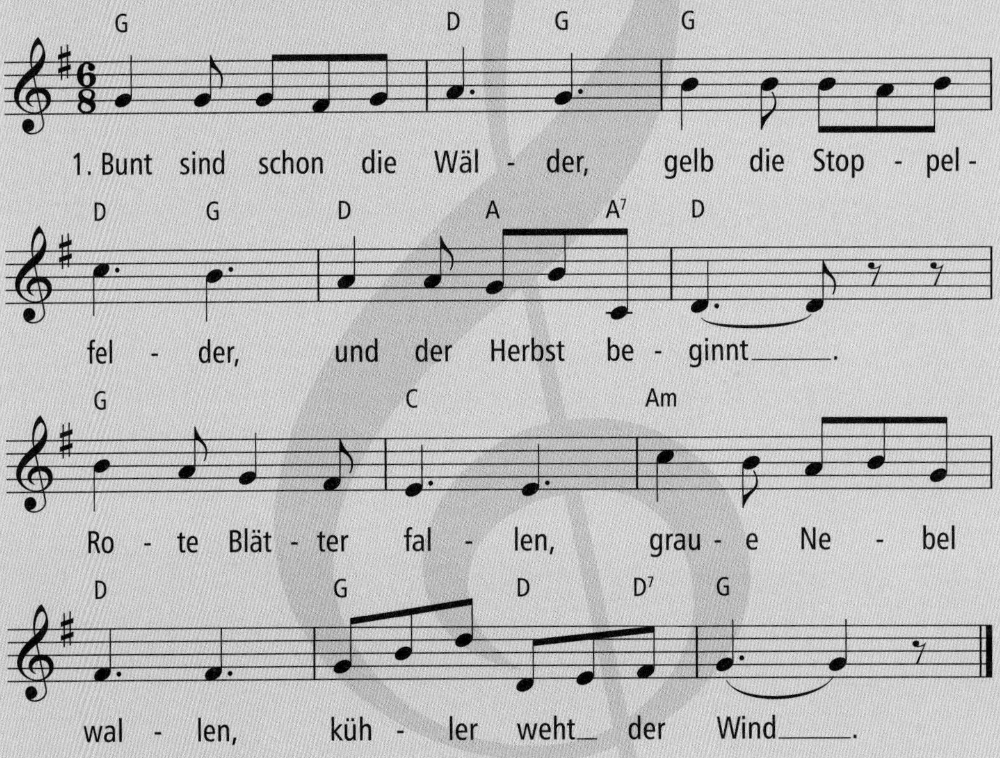

Spannenlanger Hansel

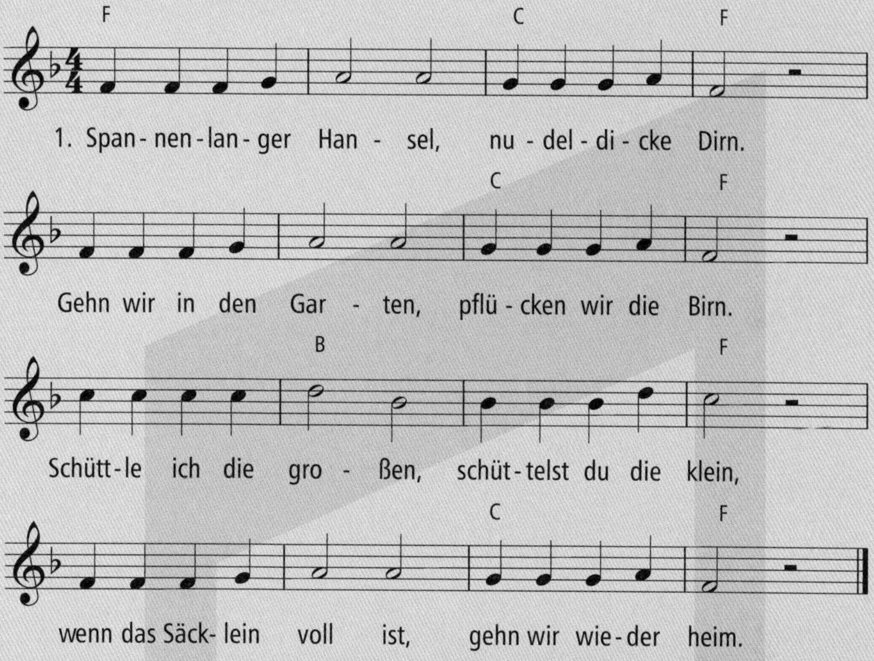
F C F
1. Span - nen - lan - ger Han - sel, nu - del - di - cke Dirn.
C F
Gehn wir in den Gar - ten, pflü - cken wir die Birn.
B F
Schütt - le ich die gro - ßen, schüt - telst du die klein,
C F
wenn das Säck - lein voll ist, gehn wir wie - der heim.

Das Laub fällt von den Bäumen

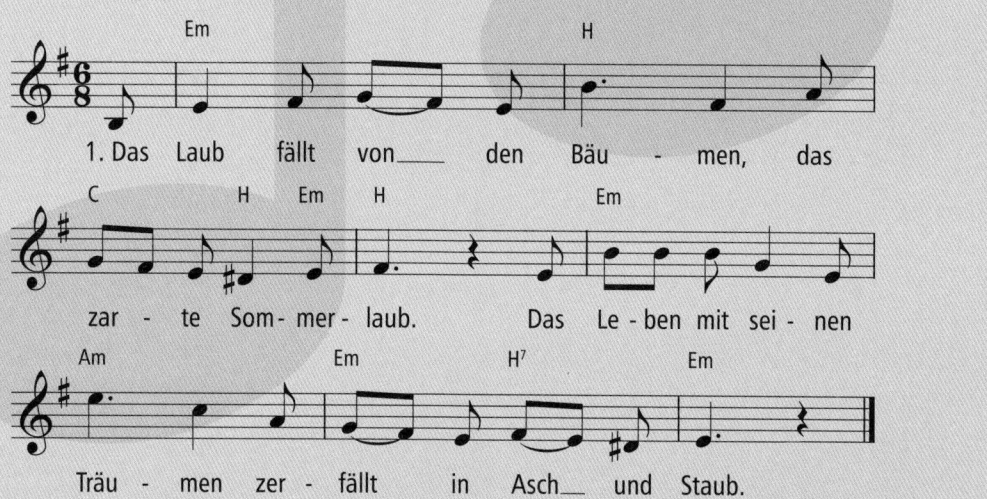

Em H
1. Das Laub fällt von den Bäu - men, das
C H Em H Em
zar - te Som - mer - laub. Das Le - ben mit sei - nen
Am Em H7 Em
Träu - men zer - fällt in Asch und Staub.

Natur im Herbst

Die Pflanzen stellen allmählich das Wachstum bis zum Frühling ein und bereiten sich auf den Winter vor. Doch vorher gilt es, für Nachwuchs zu sorgen: Im Herbst werden die letzten Früchte reif und können geerntet werden; viele Pflanzen samen aus. Die Tiere, die den Winter in Winterruhe oder Winterschlaf verbringen, versuchen, so viel Futter wie möglich zu vertilgen, um mit einem dicken Energiepolster den Winter zu überstehen.

Wanderfalter und Zugvögel

Einige Tiere verlassen Mitteleuropa im Herbst und kommen erst im Frühjahr zurück. Es sind die Wanderfalter und Zugvögel. Sie haben einen zweiten Lebensraum im Süden, wo sie ebenfalls Eier legen. Vögel brüten und ziehen ihre Jungen auf. Wenn es im Süden – wie bei uns im Herbst und Winter – kühler wird, kommen sie wieder zurück.

Wanderfalter

Zahlreiche Schmetterlingsarten verbringen nur das Frühjahr und den Sommer bei uns: Im Herbst schlüpft eine weitere Generation des Admirals, dazu kommen Distelfalter, Postillion und die Goldene Acht. Sie alle ziehen im Herbst in südliche Regionen.

Zugvögel

Schwalben, Nachtigall, Drossel, Rotkehlchen, Storch, Star … Sie alle machen sich, wenn es kalt wird, ebenfalls in Richtung Süden auf den Weg. Manche Vögel fliegen allein, andere Arten in großen Schwärmen. Ein Teil fliegt nach Südeuropa, einige Arten sehr viel weiter, bis nach Südafrika. Insgesamt verlassen mehr als 50 Millionen Zugvögel im Herbst ihre Sommerbrutgebiete in Deutschland. Doch noch sehr viel mehr Vögel überqueren Mitteleuropa. Dabei machen sie in unseren Regionen Rast, zum Beispiel an der Nordsee im Wattenmeer. Da so viele Vögel unterwegs sind, kann man in dieser Jahreszeit die Tiere sehr gut beobachten – und zählen!

„Birdwatch" im Herbst

Ab Ende September organisiert der NABU (Naturschutzbund Deutschland e. V.) in ganz Deutschland „Birdwatch"-Termine. Dabei treffen

sich Vogelfreunde zu Exkursionen beziehungsweise Ausflügen, um Vögel zu beobachten. Familien können sich als Gruppe dabei anmelden – Fernglas für jeden nicht vergessen! Es gibt auch spezielle Termine für Familien; am besten bei der NABU-Stelle vor Ort erkundigen.

Zum Höhepunkt der Zugvogelwanderung findet jedes Jahr an einem Wochenende im Herbst die „European Birdwatch" statt: Dabei werden in ganz Europa Vogelexkursionen veranstaltet, es werden Vögel beobachtet und Zugvögel gezählt. Erkundigen Sie sich rechtzeitig bei Ihrem Regionalverband des Landesbundes für Vogelschutz nach dem Termin!

Igel – ein Symbol für den Herbst

Herbstzeit ist Igelzeit. Kaum ein Tier bekommt im Herbst so viel Aufmerksamkeit wie das heimische Stacheltier, das zu den wichtigsten Nützlingen im Garten zählt: Seine Kugelform, der flinke Watschelgang auf den kurzen Beinen und die Tatsache, dass sein Bestand gefährdet ist, bescheren dem Igel jede Menge Sympathien. Und die braucht er auch, um über den Winter zu kommen: Besonders wichtig für Igel ist ein Unterschlupf, wo sie ungestört ihren Winterschlaf verbringen können. In „ordentlich" aufgeräumten Gärten fühlen sich Igel nicht wohl. Hier finden sie kaum Futter und auch keinen Platz zum Überwintern.

Garten igelfreundlich gestalten

Viele Gärten sind eher klein und bieten nur wenig Raum, wo sich die Natur ungestört entfalten kann. Doch genau solche Ecken und Winkel brauchen Igel. Was tun? Hier ein paar Tipps, wie Familien ihren Garten igelfreundlich gestalten können. Im Herbst, wenn viel Laub und Hecken-

schnitt anfällt und die Vorbereitungen für das nächste Gartenjahr beginnen, ist die richtige Jahreszeit dafür!

- Reisighaufen im Garten anlegen und mit Laub bedecken – ein idealer Unterschlupf für Igel!
- Garten igelsicher machen: Kellerschächte abdecken und Kellertreppen für Igel unpassierbar machen.
- Durchgänge schaffen: Igel brauchen einen größeren Lebensraum als nur einen einzelnen Garten. Damit sie möglichst frei in Gärten umherstreifen können, ist es ideal, wenn man die Zäune zwischen den Gärten entfernt (natürlich nur nach Absprache mit den Nachbarn) oder zumindest einen breiten Durchschlupf für die Tiere schafft.
- Rechen statt Laubbläser oder Laubsauger! Die Geräte sind nicht nur so laut wie etwa ein Presslufthammer. Mit ihrer enormen Blasgeschwindigkeit werden die Kleintiere, von denen sich die Igel ernähren, weggeblasen oder eingesaugt – die Igel finden kein Futter mehr. Außerdem können die Geräte selbst dem Igel gefährlich werden!

Laub-Hindernislauf

Keine Lust mehr, das Laub zusammenzurechen? Abwechslung in die Gartenarbeit bringt ein Laub-Hindernislauf! Das Beste daran: Die Hindernisse sind weich – man kann sich an ihnen nicht verletzen, sondern hinterher sogar noch damit herumtollen!

Spieleranzahl: ab 2 Personen
Alter: ab 6 Jahren
Utensilien: Rechen zum Aufhäufen der Laubhaufen, Schnur oder Sägespäne zum Markieren der Start- und Ziellinie

Ihr recht mehrere Laubhaufen in einem Abstand von mehreren Metern zusammen. Dabei werden immer zwei Laubhaufen nebeneinander angelegt, damit zwei Laufstrecken entstehen.

Ein Spieler markiert die Startlinie. Die Läufer stellen sich nebeneinander auf und rennen auf das Startsignal los. Bei dem Lauf müssen die Laubhaufen umrundet werden – hindurchlaufen ist verboten. Wer als Erster ins Ziel kommt, hat gewonnen! Dann starten die nächsten Läufer. Der langsamste Läufer hat die Aufgabe, einen riesigen

Laubhaufen zu bilden. Wenn er fertig ist, darf jedes Familienmitglied nacheinander in den Haufen hineinspringen!

Herbstpracht bei den Pflanzen

Im Herbst kommen viele Blumen erst richtig „in Fahrt" und entfalten ihre ganze Blütenpracht: Herbstaster, Goldlack, Herbstzeitlose, Herbstanemone, Fetthenne, Silberkerze, Heidekraut, Disteln und Efeu blühen ab September – oft bis zum ersten Frost.

Auch im Herbst gilt: Nur einzelne und wenige Blumen pflücken – immer auch darauf achten, ob die Pflanze geschützt ist. Im Herbst tanken die Insekten das letzte Mal Kraft für den Winter!

 ## Zwiebeln und Knollen der Frühjahrsblüher pflanzen

Wer sich im Herbst über die letzte Blumenpracht des Jahres freut, sollte zugleich an die Blumensaison im kommenden Jahr denken: Die Knollen und Zwiebeln von Winterling, Schneeglöckchen,

Krokus, Buschwindröschen, Tulpen und Narzissen werden im Herbst gesetzt. Am besten, man kauft Zwiebeln und Knollen in einem Gartenmarkt: Hier ist die Auswahl am größten; ferner bieten Fachgeschäfte eine gute Pflanzenqualität. Besonders hübsch sieht es aus, wenn man für die Frühjahrsblüher einen Bereich des Gartens reserviert und nach dem Zufallsprinzip dort verteilt.

Dazu braucht man:
- Zwiebeln und Knollen von Frühjahrsblühern
- Küchentücher und Schnur
- Eimer
- Zwiebelausstecher
- Pflanzerde und Sand

So wird's gemacht:
1. Kleine Zwiebeln und Knollen mischen und zu Päckchen zusammenstellen. Jedes Päckchen in ein Küchentuch wickeln und mit einer Schnur verschließen.
2. Die übrigen Zwiebeln mit den Päckchen in den Eimer geben und vermischen.
3. Nach und nach jeweils eine Handvoll Zwiebeln und Päckchen auf den Rasen werfen – dort, wo die Zwiebeln beziehungsweise Päckchen gelandet sind, werden sie eingepflanzt.
4. Für das Einpflanzen mit dem Zwiebelpflanzer Löcher stechen. Dabei gilt: Das Pflanzloch für eine Zwiebel muss dreimal so tief sein wie die Zwiebel groß ist. Für die kleinen Zwiebeln und Knollen in den Päckchen mehrere Pflanzlöcher nebeneinander stechen.
5. In jedes Pflanzloch etwas Sand geben und dann die Zwiebel oder Knolle darauflegen. Anschließend Pflanzerde und das ausgestochene Rasenstück.
6. Gießen – fertig! Nach der Pflanzaktion den Rasen an dieser Stelle nicht mehr betreten, auch nicht zum Rasenmähen. Eine Einschränkung, die sich lohnt: Im nächsten Frühjahr könnt ihr euch viele Wochen lang über eine bunte Frühlingsblumenwiese freuen!

Die Blätter färben sich bunt

Ob Altweibersommer oder „Indian Summer" – der Herbst ist die Zeit der bunten Blätter. Während manche Baum- und Straucharten gelbe Blätter bekommen, färben sich bei anderen, zum Beispiel der Buche, die Blätter leuchtend rotbraun. Nach einer Weile, spätestens bei einem kräftigen Herbststurm, fallen sie ab. Warum färben sich die Blätter?

Im Herbst entziehen die Bäume und Sträucher den Blättern die grüne Farbe (Chlorophyll) und lagern sie in den Ästen, im Stamm und in den Wurzeln ein. Da das Chlorophyll andere Farbstoffe, die zusätzlich im Blatt enthalten sind, überdeckt, werden diese Farbstoffe nun sichtbar: So färben sich zum Beispiel Birkenblätter gelb. Sobald das Chlorophyll aus den Blättern verschwunden ist, bildet sich zwischen den Blättern und den Zweigen eine Korkschicht. Sie wirkt wie eine Sperre – von nun an bekommen die

Blätter kein Wasser und keine Nährstoffe mehr. Kurz darauf fallen sie ab. Übrigens: Dass sich das Laub der Bäume und Sträucher im Herbst färbt und anschließend abfällt, kommt nur in Regionen vor, in denen es im Winter Frost gibt. In den Tropen, wo das Klima das ganze Jahr über für gleichbleibende Temperaturen sorgt, sind alle Pflanzen das ganze Jahr über belaubt.

Warum werfen Bäume und Sträucher ihre Blätter ab?

Die Blätter haben eine große Oberfläche, auf der viel Wasser verdunstet. Wenn die Bäume ihre Blätter behielten, würde zu viel verdunsten – Wasser, das nicht nachfließen kann, denn der Boden ist im Winter gefroren. Wenn die Bäume und Sträucher ihre Blätter abgeworfen haben, gehen sie in eine Art Winterschlaf. Während dieser Winterruhe bilden sie Knospen. Aus ihnen entstehen im Frühjahr neue Blüten und Blätter.

Warum behalten Nadelbäume im Winter ihre Nadeln?

Nadeln oder Blätter? Abwerfen oder behalten? Das ist nicht die Frage. Worauf es bei den grünen Energieproduzenten der Bäume und Sträucher ankommt, ist nicht die Form, sondern die Oberfläche. Meist sind die Nadeln der Nadelbäume sehr viel robuster und fester als Blätter. Sie haben nicht nur eine feste Oberhaut, sondern zusätzlich eine Wachsschicht, die sie vor dem Austrocknen

schützt. So ist es möglich, dass die Nadeln eines Nadelbaums bis zu zehn Jahre am Baum oder Strauch bleiben. Doch nach und nach fallen auch sie ab und es kommen mit dem Wachstum im Frühjahr neue Nadeln hinzu.

Abfallende Nadeln und bleibende Blätter – auch sie gibt es. Die Lärche, ein Nadelbaum, wirft im Herbst ihre weichen Nadeln ab. Bei den Laubbäumen, Sträuchern und Kletterpflanzen gehören Buchsbaum, Ilex (Stechpalme), Liguster und Efeu zu den immergrünen Pflanzen, die ihre Blätter über den Winter nicht verlieren.

Herbstzeit ist Erntezeit

Im Garten werden nun viele Früchte und Gemüsesorten geerntet: Kartoffeln, Tomaten, Kürbisse und Kirschen aus dem eigenen Anbau kommen nun auf den Speiseplan!

Die tolle Knolle

Keine Chips, kein Kartoffelbrei, keine Pommes, keine Pellkartoffeln, keine Kartoffelsuppe, keine Kartoffelpuffer. Für viele Familien schwer vorzustellen! Auch wenn heute weniger Kartoffeln als noch vor einigen Jahrzehnten gegessen werden, ist die Kartoffel noch immer eines unserer wichtigsten, leckersten und gesündesten Grundnahrungsmittel: Pro Kopf werden in Deutschland rund 67 kg im Jahr gegessen.

Eigentlich ist die Kartoffel relativ neu auf unserem Speiseplan: Kartoffeln stammen aus Südamerika. Dort wurden sie bereits vor 2000 Jahren von den Inkas als Nahrungsmittel kultiviert. Nach Europa kam die Kartoffel, so vermutet man, mit den spanischen Eroberern im Jahr 1536. Erst Mitte des 18. Jahrhunderts wurde die „tolle Knolle" auf Befehl von Preußenkönig Friedrich dem Großen in Deutschland angebaut. Bis die Kartoffel die Mägen der Menschen füllte, dauerte es weitere zehn Jahre: Erst als während des Siebenjährigen Krieges 1756 bis 1763 eine Hungersnot in Preußen ausbrach, wurde die Kartoffel ein Grundnahrungsmittel. Inzwischen ist die Kartoffel in der ganzen Welt angekommen. Heute werden weltweit jedes Jahr ca. 280 Millionen Tonnen geerntet und vermarktet.

Wer zu Hause im Garten Kartoffeln angepflanzt hat, egal ob im Beet oder im Reissack (siehe Seite 29), kann sich freuen – jetzt kommt die Ernte ans Tageslicht! 100 Tage nach dem Pflanzen ist es soweit: Einfach den Reissack umwerfen oder vorsichtig mit der Hand in der Erde buddeln, dann sieht man, ob sich die Mühe gelohnt hat. Die geernteten Kartoffeln möglichst frisch genießen. Besonders lecker sind frische Kartoffeln als Pellkartoffeln oder zusammen mit Maiskolben in Alufolie gegart vom Grill! Grüne Stellen, die dem Tageslicht ausgesetzt waren, sind giftig und müssen entfernt werden.

 ### Kartoffeldruck-T-Shirt

Kartoffeln schmecken lecker, keine Frage, und ganz besonders, wenn sie die Familie selbst angebaut hat. Doch was, wenn alle Kartoffeln aufgegessen sind? Eine bleibende Erinnerung an die Gartensaison ist ein T-Shirt mit Motiven im Kartoffeldruckverfahren! Am schönsten ist es, wenn die Familie T-Shirts für alle Mitglieder gestaltet!

Dazu braucht man:
- mehrere größere Kartoffeln
- Schneidebrett und scharfes Messer
- eventuell Vorlagen für die Gestaltung von Druckmotiven
- Textilfarbe(n)
- weißes T-Shirt aus Baumwolle

So wird's gemacht:
1. Die Kartoffeln waschen und abtrocknen, anschließend mit dem Messer halbieren.
2. Druckstempel anfertigen: Mit einem Stift Formen aufzeichnen – am

besten einfache Formen wählen, zum Beispiel Kreise, Dreiecke, Blüten, Blätter oder Buchstaben.

3. Mit dem Messer Formen und Motive in die Kartoffelhälften schneiden. Dabei wird so geschnitten, dass die Druckform erhaben ist; die Flächen, die nicht mit Farbe in Berührung kommen sollen, werden weggeschnitten. Wichtig: Kinder, die noch nicht sicher mit einem Messer umgehen können, brauchen hierbei unbedingt Hilfe!

4. Die Schnittflächen der Kartoffeln antrocknen lassen. Das dauert einige Minuten.

5. Für den Druck Farbe mit einem Pinsel auf die erhabenen Stellen streichen und vorab einen Probedruck anfertigen. Einen besonderen Effekt erzielt man, wenn man die Farbe einmal aufträgt und mehrmals hintereinander Abdrucke macht. Die Abdrücke werden dann immer blasser. Ferner kann man mit verschiedenen Farben und Formen bunte Bilder gestalten.

Sieglinde, Peru Azul, Blaue Schweden, Bamberger Hörnchen und Shetland Black sind nur einige alte, sehr schmackhafte Sorten, die in den unterschiedlichsten Farben und Formen – in Blau, Rot oder Gelb, kugelrund oder lang gezogen – wachsen. Immer mehr Menschen, die gerne Kartoffeln essen, fragen in den Geschäften nach diesen Sorten – man kann sie auch sehr gut zu Hause anbauen!

Rund um die Kartoffel finden in vielen Orten, vor allem natürlich auf dem Land, Kartoffelfeste statt. Dort gibt es nicht nur Kartoffelspezialitäten. Je nach Veranstalter finden auch Bauernmärkte statt, in Freilichtmuseen kann man beim „Kartoffelklauben", das heißt ernten, mitmachen. Kartoffelfeste sind in jedem Fall ein lohnendes Ausflugsziel für Familien!

Rotes Wunder: Tomaten

Tomaten sollte man nur vollreif ernten. Je länger sie am Strauch hängen, umso besser kann ihr Aroma ausreifen. An einem kühlen Ort aufbewahrt, sind Tomaten lange haltbar.

Tomatenketchup

Nudeln mit Ketchup – diese Kombination ist ein Muss in der Familienküche. Wer den Sommer über Tomaten gepflanzt und viel geerntet hat, kann sie als leckeren Tomatenketchup lange haltbar machen!

Zutaten für zwei große Flaschen à 750 ml:

- 1 kg reife Tomaten
- 250 g rote Paprika
- 100 g Zwiebeln
- 3 EL Olivenöl
- 2 EL Kräutersalz
- 1 EL gehackte Rosmarinnadeln
- 1 EL gehackter Thymian
- 8 EL Honig oder Zucker
- 200 ml Weißweinessig
- 2 EL Speisestärke

So wird's gemacht:

1. Die Tomaten, Paprika und Zwiebeln putzen, waschen und anschließend würfeln.

2. Das Öl in einen großen Topf geben, erhitzen und die Zwiebeln glasig dünsten, anschließend das übrige Gemüse dazugeben und ebenfalls dünsten. Dabei tritt viel Flüssigkeit aus.

3. Das Gemüse aufkochen lassen und mit Kräutersalz, Rosmarin, Thymian und Honig würzen.

4. Die Masse offen 25 bis 30 Minuten kochen lassen, dabei immer wieder umrühren.

5. Nachdem die Masse eingedickt ist, mit einem Pürierstab fein mixen.

6. Die Masse mit Weißweinessig aufkochen.

7. Speisestärke mit etwas kaltem Wasser anrühren, zur Masse geben, noch einmal kurz aufkochen.

8. Zuletzt in Flaschen oder Gläser mit Schraubverschluss geben und sofort fest verschließen. So hält der Ketchup etwa ein Jahr. Nach dem Öffnen der Flasche oder des Glases ist er rund drei Monate frisch.

Lecker und sooo gesund – der Kürbis

Seit mehreren Tausend Jahren werden Kürbissorten gezüchtet. Heute gibt es weltweit rund 800 Arten – und das mit gutem Grund! Der Kürbis ist enorm vielseitig zu verwenden: Neben dem Kürbisfleisch sind die Kerne und das Öl, das aus ihnen gewonnen wird, wertvoll. Kürbiskerne stärken die Abwehrkräfte des Körpers – ideal im Herbst, wenn Husten und Schnupfen drohen. Kürbiskerne kann man nebenbei knabbern oder Suppen und Salate damit verfeinern.

Das Kürbiskernöl passt sehr gut zu Salaten; ein paar Tropfen in der Suppe machen den wärmenden Sattmacher noch aromatischer. Außerdem schmeckt es sogar zu Desserts wie etwa Vanilleeis sehr gut. Kürbiskernöl enthält wichtige Fettsäuren, vor allem Linolsäure, dazu Vitamin E sowie die Vitamine A, B1, B2, B6, C und D und sehr viele Mineralstoffe.

Kürbissuppe

Der Kürbis ist das Herbstgemüse schlechthin: Je nach Sorte kann man ihn zu Suppen, als Salat, Aufstrich oder zu Kompott verarbeiten. Kürbissuppe ist inzwischen ein echter Rezeptklassiker, den man, je nach Geschmack, abwandeln kann.

Zutaten:

- 750 g Hokkaidokürbis
- 500 g mehligkochende Kartoffeln
- 1 Petersilienwurzel
- 2 große Zwiebeln
- 2 EL Olivenöl
- Salz
- Pfeffer aus der Mühle
- je 1 EL Paprikapulver, Kräutersalz, Pfeffer
- 2 l Gemüsebrühe
- 200 g Sahne

So wird's gemacht:

1. Den Kürbis waschen, halbieren und vierteln, dabei die Kerne entfernen und in Stücke schneiden. Die Schale des Hokkaidokürbisses kann mitgegessen werden!

2. Die Kartoffeln ebenfalls waschen, schälen und in etwa gleich große Stücke wie den Kürbis schneiden; Petersilienwurzel waschen, schälen und in Stücke schneiden.

3. Zwiebeln schälen und hacken, Olivenöl in den Topf geben und die Zwiebeln glasig dünsten.

4. Die übrigen Zutaten zugeben und ebenfalls dünsten. Mit Paprikapulver, Kräutersalz und Pfeffer würzen.

5. Mit Gemüsebrühe ablöschen und alles weich kochen lassen. Das dauert im „normalen" Kochtopf etwa 30 Minuten, im Schnellkochtopf zehn Minuten.

6. Die Suppe pürieren, noch einmal abschmecken und anschließend mit einem Kochlöffel die flüssige Sahne einrühren.

Wildfrüchte – Gesundes aus der Natur
Nicht nur im Garten kann geerntet werden. Die Natur lockt mit leckeren und noch dazu sehr gesunden Wildfrüchten. Alles, was man dazu braucht, ist Zeit zum Sammeln und Zubereiten. Und natürlich Wissen rund um die Natur!

Holunderbeerensaft

Holunder ist ein wahrer Wunderbaum (beziehungsweise -strauch). Im Frühjahr kann man aus den Holunderblüten Küchlein backen und Sirup herstellen. Im Herbst sind die Beeren reif – im September ist Zeit für Holunderbeerensaft!

Zutaten:
- 1 kg Holunderbeeren
- 200 ml Wasser
- 250 g Zucker

So wird's gemacht:
1. Die Beeren von den Dolden zupfen und sauber waschen.

2. Die gewaschenen Beeren mit dem Wasser (100 ml auf 500 g Beeren) in einen Topf geben und aufkochen lassen. Deckel auf den Topf setzen und etwa 20 Minuten leise köcheln lassen.

3. Die Masse mit einem Pürierstab fein zerkleinern und abkühlen lassen. Ein Sieb in einen zweiten Topf stellen und ein Tuch hineinlegen.

4. Die Flüssigkeit in das Tuch abseihen und mehrere Stunden abtropfen lassen. Die Masse im Tuch auspressen und den Saft mit einem Messbecher abmessen: Pro 500 ml Saft werden 125 g Zucker zugegeben.

5. Den Zucker in den Saft einrühren und noch einmal zwei bis drei Minuten aufkochen lassen. Anschließend in Gläser oder in Flaschen abfüllen und diese sofort verschließen.

Kornelkirschenkonfitüre

Die Kornelkirsche ist ein Wildstrauch, der in Parks vorkommt. Er ist sehr robust, blüht zeitig im Frühjahr, wobei er Bienen anlockt, und bildet im Herbst leckere gesunde Früchte – drei gute Gründe, warum es sich lohnt, diesen Strauch im Garten zu pflanzen!

Zutaten:
- 1 kg vollreife Kornelkirschen
- Gelierzucker 1 : 1 in der Menge der Fruchtmasse

So wird's gemacht:
1. Vollreife Kornelkirschen waschen und mit einem Kirschkernentsteiner den Kern entfernen.
2. Die Masse noch einmal abwiegen. Ebenso viel Gelierzucker wie die Früchte abwiegen, zugeben. Die Masse aufkochen lassen, mit dem Pürierstab fein zerkleinern und vier Minuten sprudelnd kochen lassen.
3. In Gläser abfüllen und fest verschließen.

Kornelkirschenernte
Kornelkirschen kann man am leichtesten ernten, wenn man unter dem Strauch Decken auslegt und den Strauch kräftig schüttelt. Am besten, man wiederholt das Schütteln mehrmals im Abstand von mehreren Tagen – die Früchte werden nach und nach ab September reif.

Waldspaziergang im Herbst

Die Blätter rascheln im Wind und segeln langsam zu Boden, das Laubdach der Wälder wird wieder lichter, es wird hell im Wald … Bei einem Herbstspaziergang oder einer Wanderung durch einen Laub- oder Mischwald kann man viel erleben.

Sammelt Bucheckern, Haselnüsse, Blaubeeren, Brombeeren, Hagebutten, Eicheln, Kastanien, Pilze, Zapfen … Herbst ist die Zeit der Waldfrüchte und Samen! Aus einigen Materialien kann man Schmuckstücke anfertigen!

Hagebuttenkette basteln

Hagebutten findet man an Rosenbüschen, die sowohl in Gärten als auch an Waldrändern und in Parks wachsen.

Material:
- Hagebutten vom Strauch
- Gartenhandschuhe
- fester Zwirn
- 1 große Nähnadel
- eventuell Kettenverschluss aus dem Bastelladen

So wird's gemacht:
1. Die Hagebutten ernten – am besten dazu Gartenhandschuhe zum Schutz gegen Dornen und Verletzungen anziehen.
2. Nach Lust und Laune Hagebutten sammeln.
3. Etwa 30 cm Faden abschneiden, durch die Nadel ziehen, die Hagebutten in der Mitte quer durchstechen und auffädeln. Dabei kann die gesamte Kette mit Hagebutten gefüllt werden oder nur der Mittelteil.

4. Die aufgefädelten Hagebutten zu einer Kette miteinander verknoten oder einen Schmuckverschluss einarbeiten.
5. Die Hagebuttenkette mehrere Tage lang trocknen lassen – so werden die Hagebutten haltbar.

Hagebutten säen

Zu viele Hagebutten geerntet? Oder gibt es ein paar Exemplare, die nicht „schön" genug für eine Kette sind? Hagebutten kann man auch aussäen: Hagebutten halbieren, in ein Töpfchen mit Blumenerde legen, ein wenig Sand darüber streuen und in einen kühlen, frostfreien Raum stellen. Zwischendurch immer wieder gießen beziehungsweise feucht halten. Im Frühjahr keimen die Samen.

Kastanien-Zielwurf

Wer findet die meisten Kastanien? Wer kann am besten zielen? Kastanien-Zielwurf ist ein spannendes Spiel für mindestens zwei Spieler, das drinnen und draußen Spaß macht!

Spieleranzahl: ab 2 Personen
Alter: ab 5 Jahren

Utensilien: viele Kastanien, farbige Aufkleber (Klebepunkte), 1 Eimer oder Schüssel, Seil oder Sägespäne zum Markieren der Abwurflinie

Jeder Spieler wählt eine bestimmte Anzahl an Kastanien aus – ideal sind große, schwere Exemplare. Die Kastanien werden mit den Klebepunkten markiert. Ein Eimer oder eine Schüssel wird als Ziel aufgestellt. Es wird eine Stelle markiert, von der aus die Spieler auf das Ziel werfen. Wer die meisten Kastanien in den Eimer geworfen hat, hat gewonnen!

Naturmobile anfertigen

Kinder lieben es, Dinge zu sammeln – der Herbst ist die ideale Jahreszeit, um Naturmaterialien zusammenzutragen. Mit etwas Geschick kann die Familie ein Mobile daraus anfertigen und an einer geschützten Stelle, zum Beispiel auf dem Balkon, aufhängen.

Material:
- Zwirn und Schere
- Naturmaterialien: Zapfen, Blätter, Bucheckern, Eicheln, Hagebutten, Kastanien …
- mehrere unterschiedlich lange und dicke Zweige

So wird's gemacht:
1. Mehrere kurze Stücke Zwirn abschneiden und die Naturmaterialien an den Zwirnstückchen befestigen.
2. Den längsten Zweig ausbalancieren und an der Stelle, wo sich die Mitte befindet, ein Stück Zwirn zum Aufhängen befestigen.
3. Den Ast für mit dem Zwirn an einem Türgriff befestigen, sodass er frei hängt.
4. Anschließend die einzelnen Naturmaterialien daran befestigen – dabei immer darauf achten, dass das Gleichgewicht erhalten bleibt!

Bäume und Pilze – eine Lebensgemeinschaft im Wald

Das, was wir als Pilz wahrnehmen, ist nur ein kleiner Teil des eigentlichen Gewächses – es ist der Fruchtkörper. Der weit größere Teil befindet sich unter der Erde, rund um die Wurzeln der Waldbäume. Sie sind mit einem weißlichen Geflecht überzogen – dem Pilz. Warum? Der Pilz befindet sich nicht nur außen an der Wurzel, er dringt in die Zwischenräume der Wurzelzellen vor. Dabei erhält er von dem Baum Kohlenhydrate, das heißt Energie. Der Pilz liefert dem Baum Wasser und Nährstoffe. Zugleich schützen Pilze die Bäu-

me: Sie filtern Schwermetalle, halten Krankheitserreger ab und sorgen dafür, dass der Baum Trockenheit und Frost gut übersteht.

Doch diese Eigenschaft hat für Mensch und Tier einen Nachteil: Giftige Schwermetalle, die der Pilz filtert, reichern sich im Fruchtkörper an, also dem Teil des Pilzes, den wir und auch die Tiere essen! Deshalb sollte man nicht allzu viele Pilze aus dem Wald verzehren.

Pilze sammeln

Raus geht's in den Wald! Ein Waldausflug wird noch spannender, wenn es darum geht, Pilze zu sammeln. Wer in der Familie findet den ersten Pilz? Wer welche Sorten? Wer ist der Sieger, wenn es darum geht, möglichst viele Pilze zu sammeln?

Vor dem Sammeln kommt das Know-how. Jedes Jahr kommt es bei Pilzsammlern zu Vergiftungen – manchmal sogar mit tödlichen Folgen. Deshalb gilt: Bescheid wissen steht an erster

Stelle. Viele Volkshochschulen und Naturschutz-gruppen laden im Sommer und Herbst zu Pilzwanderungen ein. Dabei lernt man, wichtige Pilzsorten und genießbare Pilze zu erkennen, und ob der Pilz reif und frisch ist. Anhand von Form und Farbe, dem Duft und der Festigkeit des Pilzes kann man feststellen, ob es sich lohnt, ihn zu sammeln.

Tipps zum Pilzesammeln

- Nur solche Pilze sammeln, die man sicher bestimmen kann. Wenn man sich unsicher ist, die Pilze stehen lassen!
- Nur so viele Pilze sammeln, wie die Familie in einer Mahlzeit aufessen kann.
- Zu junge und zu alte Pilze, von Maden oder Schnecken angefressene Pilze stehen lassen. Junge Pilze reifen noch heran; alte und angeknabberte Pilze verbreiten Sporen, die für die Vermehrung des Pilzes wichtig sind.
- Pilze vorsichtig herausdrehen oder mit einem kleinen, scharfen Messer dicht über dem Boden abschneiden.
- Pilze mit einem Messer direkt nach dem Abschneiden putzen und in einem luftdurchlässigen Korb oder einem Karton transportieren.
- Zu Hause schnell verarbeiten – nie roh essen!

Risotto mit Steinpilzen

Dieser Risotto schmeckt der ganzen Familie! Er kann nicht nur mit Steinpilzen, sondern auch sehr gut mit Champignons und Pfifferlingen zubereitet werden.

Zutaten:

- 500 g frische Steinpilze
- 1 EL Butter
- Salz und Pfeffer
- 3 kleine Zwiebeln
- 400 g Risottoreis
- 1 EL Olivenöl
- 1 l Gemüsebrühe
- 100 g Sahne
- 120 g frisch geriebener Parmesan

So wird's gemacht:

1. Die Steinpilze putzen, wenn nötig kurz unter fließendem Wasser mit einer Bürste säubern und auf einem Tuch trocknen lassen.
2. Die Pilze in kleine Würfel schneiden. Einen besonders schönen Steinpilz beiseitelegen und in feine Scheibchen schneiden.

3. Die Pilzstückchen mit der Butter in einen Topf geben und andünsten, dabei salzen und pfeffern. Pilze in eine Schüssel geben und beiseitestellen.

4. Die Zwiebeln klein schneiden und zusammen mit dem Reis in Öl andünsten.

5. Nach und nach die Brühe zugeben und die Masse so lange köcheln lassen, bis der Reis die Brühe aufgesogen hat.

6. Zuletzt die Sahne sowie die Steinpilzstückchen zugeben und kurz aufkochen lassen.

7. Währenddessen den Parmesan reiben und unter die Reis-Pilz-Mischung heben.

8. Den Risotto auf die Teller verteilen, währenddessen die Pilzscheibchen in einer kleinen Pfanne kurz anbraten.

9. Die einzelnen Portionen mit den Scheibchen garnieren und servieren.

 ## Familienbaum pflanzen

Der Herbst ist – neben dem Frühjahr – Pflanzzeit: Im Frühherbst haben Bäume und Sträucher noch genügend Zeit, mit ihren Wurzeln im Boden Fuß zu fassen und sich auf den Austrieb im Frühjahr vorzubereiten. Gemeinsam mit der Familie einen Baum auszusuchen und zu pflanzen, ist ein Erlebnis – vor allem, wenn man ihn die nächsten Jahre wachsen und gedeihen sieht! Im kommenden Frühjahr kann man sich über die Apfelblüte freuen, im Herbst über die erste Ernte!

Ein Obstbaum ist ideal als Familienbaum. Doch welche Art und welche Sorte? Vor allem bei Äpfeln gibt es eine große Auswahl an Wuchsformen und Geschmacksrichtungen. Doch auch die Widerstandskraft sollte berücksichtigt werden: Einige Sorten gedeihen auch auf weniger bevorzugten Lagen und sind gut frostverträglich. Am besten, man fragt in einer Gärtnerei, die auf Obstbäume spezialisiert ist, nach geeigneten Sorten.

Dazu braucht man:
- Hacke oder Spaten und Schaufel
- Komposterde
- Baum aus einer Gärtnerei oder aus dem Gartencenter
- Pflanzstab
- Hammer
- Sisalschnur
- Gießkanne mit Wasser

So wird's gemacht:
1. Mit der Hacke oder dem Spaten ein Pflanzloch graben und den Boden des Lochs mit reifem Kompost bedecken.

2. Den Baum aus dem Behälter nehmen und in das Pflanzloch stellen. Weiter Kompost aufschütten und einen Gießrand bilden.

3. Den Pflanzstab etwa 20 bis 30 cm neben dem Baum in den Boden schlagen.

4. Den Baum mit der Sisalschnur mit dem Pflanzstab verbinden und anschließend kräftig gießen.

Ballerina-Bäumchen

Wer keinen Platz für einen großen Baum hat, kann alternativ ein Ballerina-Bäumchen, das nur ganz kurze Seitentriebe bildet, oder ein Beeren-Hochstämmchen pflanzen. Für alle Bäume oder Sträucher gilt: Nach dem Einpflanzen bis zum ersten Frost kräftig gießen und den Boden mit dem abgefallenen Laub mulchen.

Frostschutz für junge Obstbäume

Wer im Herbst einen Baum pflanzt, sollte ihn gegen Frostschäden schützen. Vor allem die Rinde ist in Gefahr.

Wann und warum sind gerade junge Bäume gefährdet? Wenn die Stämme junger Bäume bei frostigen Temperaturen von der Morgensonne erwärmt werden, dehnt sich das Rindengewebe

auf der Ostseite, also dort, wohin die Sonnenstrahlen treffen, aus. Auf der Seite, die nicht von der Sonne beschienen und erwärmt wird, verändert sich die Rinde nicht. Die Spannungen, die dabei entstehen, können so stark werden, dass die Rinde reißt.

Malern oder umwickeln – es gibt zwei Methoden, mit denen man Bäume sicher über den Winter bringt. Bei beiden können Kinder sehr gut mithelfen!

 ## Weißanstrich

Eine einfache Lösung ist ein Weißanstrich mit einer speziellen Paste. Das Weiß reflektiert das Sonnenlicht. So kann sich der Stamm nicht erwärmen und es entstehen keine Spannungen.

Dazu braucht man:
- Weißanstrich-Paste gegen Frostschäden aus dem Gartenfachmarkt
- Stab zum Umrühren
- dicker Pinsel

So wird's gemacht:
1. Die Paste nach Bedarf mit etwas Wasser verdünnen, bis sie streichfähig ist.
2. Mit dem Pinsel auf den Stamm und die dickeren Äste auftragen.
3. Trocknen lassen und wiederholen, falls der Anstrich durch Regen abgewaschen wird.

 ## Umwickeln

Wer eine preiswerte wiederverwendbare Lösung sucht, kann den Stamm umwickeln. So trifft das Sonnenlicht auf die Hülle und nicht auf den Stamm. Seine Temperatur bleibt auf allen Seiten gleich – die Gefahr für Risse in der Rinde ist gebannt.

Dazu braucht man:

- Schilfrohrmatten oder Jutegewebe (Säcke)
- Schnur zum Festbinden
- Schere

So wird's gemacht:

1. Die Schilfrohrmatten oder das Jutegewebe um den Stamm wickeln.

2. Oben, in der Mitte und unten am Fuß des Baumes mit einer Schnur umwickeln und verknoten. Sobald die Frostperiode vorbei ist, kann man den Frostschutz wieder abnehmen.

 ## Hügelbeet anlegen

Im Herbst werden Hecken zum letzten Mal geschnitten, alte, ausgediente Sträucher werden entfernt, der Kompost wird noch einmal umgesetzt, wobei halb verrottete Zweige und Äste zum Vorschein kommen … Im Herbst fallen jede Menge Gartenabfälle an. Doch was heißt „Abfälle"? Es ist organisches Material, das sehr gut weiterverwertet werden kann. Die einfachste, platzsparendste und ertragsreichste Lösung ist ein Hügelbeet.

Hügelbeete kann man im Herbst und Frühjahr aufschichten. Ideal ist es, wenn man das Beet im Herbst anlegt – dann hat es sich bis zum Frühjahr „gesetzt", es ist stabil und kann spätestens nach den Eisheiligen Mitte Mai bepflanzt werden.

Dazu braucht man:

- Spaten, Schaufel
- Äste, Zweige, halb verrottetes Material vom Komposthaufen
- Laub
- Gartenerde
- reifer Kompost
- Netz

So wird's gemacht:

1. Abmessungen des Hügelbeetes markieren: Ein Hügelbeet braucht Platz. Ideal ist eine Breite von 1,5 m bis knapp 1,8 m. Wie lang das Hügelbeet ist, ist jedem Gärtner selbst überlassen.

2. Mit dem Spaten 20 cm tief den Boden unter dem geplanten Hügelbeet ausheben sowie die Rasensoden (ausgestochene Rasenstücke) abtragen und beiseitelegen.

3. In die Mulde eine etwa 20 cm dicke Schicht aus Zweigen und Ästen einfüllen und feststampfen – hier können Kinder sehr gut mithelfen!

4. Anschließend die Rasensoden mit den Wurzeln nach oben aufbringen und fest andrücken – eine gute Aufgabe für Kinder in Gummistiefeln!

5. Es folgt eine Schicht feuchtes leicht verrottetes Laub und Gartenabfälle.

6. Als letzte Schicht kommt Gartenerde, vermischt mit Feinkompost; die Mischung 25 cm dick auftragen.

7. Noch einmal Laub! Jetzt sind wieder die Kinder an der Reihe: Damit der sorgfältig aufgeschüttete Hügel nicht von Wind, Regen und Schnee abgetragen wird, sollte man ihn mit einer weiteren Laubschicht abdecken. In besonders windigen Gegenden zusätzlich ein Netz darüber geben, sonst sind die Blätter nach dem nächsten Sturm auf und davon!

Johannis- und Stachelbeeren mit Stecklingen vermehren

Waren die Beeren lecker? Familien, die gerne mehr Früchte von ihren Gartensorten ernten möchten, können alle Sorten ihrer Johannis- und Stachelbeeren sehr leicht vermehren. Ideal ist

der Frühherbst – dann haben die Pflanzen noch genügend Zeit, Wurzeln zu bilden. Bereits im nächsten Frühjahr kann man sich über Blüten und später über erste Früchte freuen!

Wem die Früchte von Nachbars Garten besonders gut geschmeckt haben, der kann seinen Nachbarn um einen Steckling bitten – ideal ist natürlich ein Tauschgeschäft: Gibst du mir einen Steckling aus deinem Garten, dann bekommst du einen Zweig aus meinem Garten!

Das braucht man:
- Bastelmesser
- leere Getränkekartons (TetraPak)
- Handbohrer
- 1 Handvoll Kieselsteinchen
- Topferde
- Gartenschere
- Zweige von Johannis- oder Stachelbeersträuchern
- kleine Schaufel
- Gießkanne

So wird's gemacht:
1. Die Pflanzbehälter vorbereiten: Mit dem Bastelmesser das obere Drittel der Getränkekartons abschneiden.
2. In den Boden des Kartons mit dem Handbohrer mehrere kleine Abzugslöcher bohren und Kieselsteinchen als Dränage einfüllen: Das bedeutet, dass das Wasser zwischen den Steinchen hindurch gut abfließen und sich nicht stauen kann.
3. Topferde bis zum Rand in die Kartons füllen.
4. Mit der Gartenschere etwa 30 cm lange Zweige von den Büschen abschneiden. Die Spitze kappen.
5. Die unteren Blätter entfernen und die Zweige senkrecht bis so tief wie möglich in die Pflanzbehälter stecken.
6. An einen hellen, aber sonnengeschützten Platz stellen und feucht halten.

Besondere Tage im Herbst

Im Herbst gibt es ebenfalls einige Tage, die uns auf wichtige Dinge wie den Tierschutz oder die globale Ernährungssituation hinweisen und zum Nachdenken und entsprechenden Handeln anregen wollen.

Welttierschutztag

Tiere sind keine Dinge, sie sind Mitgeschöpfe – das ist der Grundgedanke des Welttierschutztages, der jedes Jahr am 4. Oktober, dem Tag des Heiligen Franz von Assisi (1181 bis 1226), gefeiert wird. Der Tierschutz gilt, so regelt es das deutsche Tierschutzgesetz von 1972, für Nutztiere ebenso wie für Haus- und Wildtiere. Tier-

schützer machen am Welttierschutztag auf die Rechte der Tiere aufmerksam – und auf Verstöße dagegen.

Was bedeutet Tierschutz konkret? Wer Haustiere hat, ist verpflichtet, die Tiere artgerecht zu halten. Nutztiere wie Kühe, Hühner, Schweine und Schafe brauchen gesundes Futter, saubere Ställe und genügend Platz. Wenn sie getötet werden, dann sollte es ohne Stress und schmerzfrei geschehen. Wildtiere können nur überleben, wenn man ihren Lebensraum so wenig wie möglich einschränkt.

Franz von Assisi

Franz von Assisi (1181 bis 1226) war ein italienischer Mönch, der viele Jahre zurückgezogen in Bescheidenheit lebte und Missionsreisen unternahm. Immer wieder setzte er sich, so sagt es die Legende, für ein Miteinander aller Geschöpfe ein. Im „Sonnengesang", einem Gebet, das er am Ende seines Lebens verfasste, preist er Gott für die Schöpfung der Erde und des Kosmos. Franz von Assisi ist der Gründer des Ordens der Franziskaner.

Welternährungstag

Dass der Welternährungstag im Herbst, also mitten in der Erntezeit begangen wird, ist eigentlich Zufall. Er findet seit 1979 jedes Jahr am 16. Oktober statt, dem Tag der Gründung der FAO, der Ernährungsorganisation der Vereinten Nationen (Food and Agriculture Organization) im Jahr 1945. Mit dem Welternährungstag machen

Jahr am 9. November gefeiert wird, möchte man an die Erfinder der Vergangenheit erinnern und die Erfinder von heute in den Mittelpunkt des Interesses stellen.

Forschen und erfinden beim Wettbewerb „Jugend forscht"

Forschen und erfinden gehören zusammen. Erfinder entwickeln nicht nur Neuheiten; oft werden Technologien weiterentwickelt und verbessert. Das Wichtigste, das man braucht, um Erfinder zu sein, sind Neugier und Interesse an naturwissenschaftlichen Zusammenhängen.

In Deutschland gibt es für Jugendliche und junge Erwachsene bis 21 Jahren den Wettbewerb „Jugend forscht"; Kinder und Jugendliche bis 14 Jahren können in der Sparte „Schüler experimentieren" ebenfalls teilnehmen.

Viele Schulen bieten Erfinderwerkstätten an und beteiligen sich an dem Wettbewerb „Jugend forscht". Der Tag der Erfinder ist die Gelegenheit für Eltern, ein solches Angebot an der eigenen Schule für die Nachmittagsbetreuung vorzuschlagen!

die Vereinten Nationen auf die Lebensmittelversorgung weltweit aufmerksam: Während es bei uns und in Nordamerika Lebensmittel zu günstigen Preisen im Überfluss gibt, leiden viele Menschen in Afrika und Südamerika Hunger. Wie ist das zu erklären? In diesen Ländern können sich viele Menschen nicht ausreichend Essen leisten, es ist zu teuer. Warum? Auf immer mehr Feldern werden „Energiepflanzen" angebaut, die als Ersatz für fossile Brennstoffe wie Kohle, Erdöl und Erdgas dienen. Dazu kommt, dass in den reichen Ländern viel Fleisch gegessen wird – das Futter für die Tiere stammt aus den armen Ländern. Dadurch gehen dort Felder für Lebensmittel verloren, Lebensmittel werden knapp und deshalb teuer.

Tag der Erfinder

Die Geschichte der Erfindungen ist lang – sie reicht bis weit in die Antike zurück: Viele Erfindungen, zum Beispiel Messinstrumente für astronomische Berechnungen und der Flaschenzug, fallen in die Zeit der alten Ägypter und alten Griechen. Mit dem Tag der Erfinder, der jedes

Weltkindertag in Deutschland

Wie geht es den Kindern in Deutschland? Wo brauchen sie mehr Aufmerksamkeit und Unterstützung? Wo werden die Rechte der Kinder verletzt? Was kann man dagegen unternehmen? Fragen wie diese stehen im Mittelpunkt des Weltkindertags, der in Deutschland von UNICEF Deutschland und dem Deutschen Kinderhilfswerk veranstaltet wird. Viele Städte und Gemeinden laden an diesem Tag zu Kinderfesten ein. Doch es geht nicht nur um die Kinder bei uns: Die Veranstalter informieren über die Lebensverhältnisse von Kindern in der ganzen Welt und zeigen, wo Hilfe am meisten gebraucht wird.

Der Weltkindertag geht auf eine Initiative der UNICEF im Jahr 1954 zurück, der Kinderorganisation der Vereinten Nationen. Sie feiert jedes Jahr den 20. November als Universal Children's Day.

Welttoilettentag

Kein sauberes Trinkwasser verfügbar? In vielen Regionen der Erde liegt es vor allem auch daran, dass es keine oder nicht genügend sanitäre Anlagen – sprich: Toiletten – gibt. Aktuell, so die Welttoilettenorganisation, leben rund 40 % der Menschen ohne sanitäre Anlagen. Und es werden täglich mehr! Keine Toiletten zu haben, bedeutet, dass die Menschen verkeimtes Wasser trinken. Sie infizieren sich immer wieder und werden krank. Die Kinder können nicht zur Schule gehen, die Erwachsenen nicht arbeiten. Klar,

dass diese Menschen ihr Leben lang benachteiligt sind – Armut, Hunger und Krankheit sind die Folgen.

Um diese Probleme zu lösen, rief im Jahr 2000 Jack Sim, ein erfolgreicher Geschäftsmann aus Singapur, die Welttoilettenorganisation ins Leben. Die Organisation setzt sich mit zahlreichen Aktionen – darunter dem Welttoilettentag – für eine ausreichende Versorgung der Menschen mit sanitären Einrichtungen ein, und zwar weltweit. Inzwischen arbeitet die Organisation mit Partnerorganisationen in 50 Staaten zusammen.

Herbstgedichte

Herr von Ribbeck auf Ribbeck im Havelland
Theodor Fontane

Herr von Ribbeck auf Ribbeck im Havelland,
Ein Birnbaum in seinem Garten stand,
Und kam die goldene Herbsteszeit,
Und die Birnen leuchteten weit und breit,
Da stopfte, wenn's Mittag vom Thurme scholl,
Der von Ribbeck sich beide Taschen voll,
Und kam in Pantinen ein Junge daher,
So rief er: „Junge, wist' ne Beer?"
Und kam ein Mädel, so rief er: „Lütt Dirn,
Kumm man röwer, ick hebb' ne Birn."[

So ging es viel Jahre, bis lobesam[
Der von Ribbeck auf Ribbeck zu sterben kam.
Er fühlte sein Ende. 's war Herbsteszeit,
Wieder lachten die Birnen weit und breit,
Da sagte von Ribbeck: „Ich scheide nun ab.
Legt mir eine Birne mit in's Grab."
Und drei Tage drauf, aus dem Doppeldachhaus
Trugen von Ribbeck sie hinaus,
Alle Bauern und Büdner, mit Feiergesicht
Sangen „Jesus meine Zuversicht"
Und die Kinder klagten, das Herze schwer,
„He is dod nu. Wer giwt uns nu 'ne Beer?"

So klagten die Kinder. Das war nicht recht,
Ach, sie kannten den alten Ribbeck schlecht,
Der neue freilich, der knausert und spart,
Hält Park und Birnbaum strenge verwahrt,
Aber der altevorahnend schon
Und voll Mißtraun gegen den eigenen Sohn,
Der wußte genau, was damals er that,
Als um eine Birn' in's Grab er bat,Und im dritten
Jahr, aus dem stillen Haus
Ein Birnbaumsprößling sproßt heraus.

Und die Jahre gehen wohl auf und ab,
Längst wölbt sich ein Birnbaum über dem Grab,
Und in der goldenen Herbsteszeit
Leuchtet's wieder weit und breit.
Und kommt ein Jung' über'n Kirchhof her,
So flüstert's im Baume: „wiste ne Beer?"
Und kommt ein Mädel, so flüstert's: „Lütt Dirn,
Kumm man röwer, ick gew' Di 'ne Birn."

So spendet Segen noch immer die Hand
Des von Ribbeck auf Ribbeck im Havelland.

Kartoffellied
Matthias Claudius

Pasteten hin, Pasteten her,

Was kümmern uns Pasteten?

Die Kumme hier ist auch nicht leer,

Und schmeckt so gut, als bonne chère

Von Fröschen und von Kröten.

Und viel Pastet und Leckerbrot

Verdirbt nur Blut und Magen.

Die Köche kochen lauter Not,

Sie kochen uns viel eher tot;

Ihr Herren laßt euch sagen!

Schön rötlich die Kartoffeln sind

Und weiß wie Alabaster!

Sie däu'n sich lieblich und geschwind

Und sind für Mann und Frau und Kind

Ein rechtes Magenpflaster.

Kinderfest im Herbst

August Heinrich Hoffmann von Fallersleben

Doch ehe der Herbst uns ganz verlässt,
So bringt er uns noch ein Kinderfest:
Sobald es Abend, zieh'n wir aus
Und wandern singend von Haus zu Haus,

Und bitten dem heiligen Martin zu Ehren
Uns kleinen Kindern was zu bescheren.
Da reicht man uns Äpfel und Nüsse dar,
Zuweilen auch Honigkuchen sogar.

Wir sprechen unsern Dank dafür aus
Und wandern dann in ein anderes Haus.
Nun lasst uns heute singen auch
Wie's ist am Martinstag der Brauch!

Einkehr
Ludwig Uhland

Bei einem Wirte wundermild,
Da war ich jüngst zu Gaste.
Ein Goldner Apfel war sein Schild
An einem langen Aste.

Es war der gute Apfelbaum,
Bei dem ich eingekehret.
Mit süßer Kost und frischem Schaum
Hat er mich wohl genähret.

Es kamen in sein grünes Haus
Viel leichtbeschwingte Gäste.
Sie sprangen frei und hielten Schmaus
Und sangen auf das Beste.

Ich fand ein Bett zu süßer Ruh
Auf weichen, grünen Matten.
Der Wirt, er deckte selbst mich zu
Mit seinem kühlen Schatten.

Nun fragt ich nach der Schuldigkeit,
Da schüttelt er den Wipfel.
Gesegnet sei er alle zeit
Von der Wurzel bis zum Gipfel!

Regenmantel und Pfefferminztee

Der Herbst ist die Zeit, um noch einmal die Wärme der Sonne zu genießen und Kräfte für den Winter zu sammeln. Doch Vorsicht ist geboten: Wenn die Tage kürzer werden, wird es kalt – Erkältungen drohen. Morgens zieht der Nebel auf, die Bäume werden erst bunt, dann kahl, und der kalte Wind fegt um die Häuser.

Den Herbst genießen

Noch einmal raus an die frische Luft, die warmen Tage des Altweibersommers spüren, den Duft und die Farben des Herbstes in sich aufnehmen …

- **Sehen:** Welche Farben hat das Laub der Bäume? Wo bilden sich die ersten Früchte, wann sind sie reif?
- **Hören:** Die Blätter rascheln an den Bäumen und fallen lautlos zu Boden, der Regen peitscht beim Sturm an die Fenster, der Wind heult, die Krähen rufen … Der Herbst ist eine Jahreszeit mit vielen Geräuschen!
- **Tasten:** Ist die Frucht weich oder noch hart? Wie fühlt sich eine frische Kastanie an, die noch von der schützenden Wachsschicht umgeben ist? Wie eine Eichel? In einen Blätterhaufen springen, die Blätter in die Hand nehmen, in die Luft werfen – das macht nicht nur Kindern Spaß!
- **Schmecken:** Süß oder sauer – wie schmeckt der Herbst?

Kräfte sammeln für den Winter

Bewegung in der Natur ist das beste Rezept gegen „Herbstbeschwerden" wie Erkältung, Müdigkeit und schlechte Stimmung. Das könnt ihr machen:

- Mit einem Hund spazieren gehen: Viele Leute suchen Hundesitter, die ihren Hund regelmäßig ausführen. Ermuntern Sie Ihre Kinder, einen solchen Job anzunehmen – nach gründlicher Einweisung natürlich.
- Drachen steigen lassen!
- Blätter sammeln für ein Blätteralbum. Wie Blüten kann man auch Blätter sehr gut pressen und so haltbar machen. Aus den Blättern in den verschiedenen Farben und Formen kann man auch bunte Collagen anfertigen – ein schöner Wandschmuck, nicht nur im Herbst!
- Auf Fotosafari in den Wald gehen.
- Im Wald und im Park Wildfrüchte sammeln.

Richtig angezogen für den Herbst

Die Kleidung muss zum Wetter passen! Auch wenn es im Herbst im Wald oft sehr sonnig und warm ist – die Temperaturen können, wenn eine Wolke aufzieht, in Sekundenschnelle stark absinken. Nur wer sich von Kopf bis Fuß richtig anzieht, kommt gut durch Herbst und Winter!

Warme, wasserdichte, feste Schuhe mit Profil: Nasses Laub ist oft glitschig – gute Schuhe beugen dem Ausrutschen vor.

Wind- und wasserdichte Wetterjacken: Sie halten warm und trocken – und das stundenlang, wenn man sich genügend bewegt. Einige Fabrikate lassen zusätzlich Körperfeuchtigkeit nach außen entweichen.

Wärmende Oberteile: Wer mehrere Schichten Kleidung – Unterhemd, T-Shirt, Pullover – übereinander anzieht, hat es besonders warm. Die eigentliche Wärme befindet sich in Luftschichten zwischen den Kleidungsstücken. Besonders warm und kuschelig ist Fleece – hier ist ein Netz mit einem flauschigen Gewebe verbunden.

Schal, Mütze oder Stirnband: Am Kopf verlieren wir besonders viel Wärme. Wer keine Hals- und Ohrenschmerzen riskieren will, greift zu Schal, Mütze oder Stirnband!

Immunsystem stärken und Erkrankungen vermeiden

Vorbeugen ist besser als heilen, heißt es im Volksmund zu Recht. Die Natur bietet jede Menge Mittel, die uns helfen, gesund zu bleiben – auch in der kühlen und dunklen Jahreszeit.

Viele Obst- und Gemüsesorten, die im Herbst geerntet werden, sind wahre Vitaminspritzen, zum Beispiel Kürbis, Holunder und Kornelkirsche. Dazu kann man selbst Tees herstellen, wie etwa den Pfefferminztee.

Mehrmals in der Woche Ausdauersport wie Laufen und Radfahren, genügend Schlaf, Saunagänge und Nasenspülungen helfen ebenfalls, Erkältungen vorzubeugen. Ferner sollte man auf eine ausreichende Luftfeuchtigkeit in den Räumen achten: Regelmäßiges Lüften sorgt für einen Luftaustausch und „entsorgt" zugleich Schadstoffe aus der Wohnung.

Doch Schnupfen- und Erkältungsviren lauern überall. Vor allem Kinder, die in der Krippe, im Kindergarten und der Schule ständig mit

Grippeschutzimpfung

Jeden Herbst rufen die Krankenkassen und Ärzte zur Grippeschutzimpfung auf. Und das mit gutem Grund: Allein in Deutschland sterben jedes Jahr zwischen 5000 und 30.000 Menschen an Influenza, das heißt der „echten" Grippe. Sprechen Sie bereits im September mit Ihrem Arzt. Bis die Schutzwirkung eintritt, dauert es bis zu zwei Wochen. Die Grippeschutzimpfung wirkt nur gegen die echte Grippe, nicht gegen den grippalen Infekt oder Schnupfen.

Dem Herbstblues ein Schnippchen schlagen

Draußen wird es immer düsterer und kälter ... Vielen Menschen schlägt das schlechte Wetter aufs Gemüt. Doch sie sind damit nicht allein: Herbstblues nennt man dieses Stimmungstief. Man ist lustlos, hat Heißhunger auf Süßes und ist ständig müde. Was hilft? Es ist eigentlich ganz leicht: Bewegung an der frischen Luft und Sport fördern die Ausschüttung des „Glückshormons" Serotonin. Wer zusätzlich etwas tun möchte, kann beim Arzt eine Lichttherapie mit speziellen Lampen machen: Das Licht veranlasst den Körper, ebenfalls mehr Serotonin auszuschütten – wir fühlen uns wieder besser.

anderen zusammen sind, sind gefährdet. Mit ein paar Tricks kann man versuchen, der Ansteckungsgefahr aus dem Weg zu gehen. Hier einige Tipps:

- Erkälteten Personen aus dem Weg gehen: Kein Händeschütteln, keine Umarmung. Wenn im Kindergarten oder der Krippe gerade eine Erkältungswelle grassiert, ist es ratsam, das Kind zu Hause zu lassen – vorausgesetzt, Oma und Opa stehen für die Betreuung bereit.
- Viren und Bakterien werden über die Schleimhäute übertragen: Deshalb das Gesicht so wenig wie möglich berühren, die Finger nicht in den Mund stecken!
- Hände waschen und Stellen sauber halten, die immer wieder berührt werden, zum Beispiel Türgriffe und Handtücher.
- Wen es bereits erwischt hat, der sollte versuchen, seine Familie vor einer Ansteckung zu schützen: Wegwerf-Taschentücher nach Gebrauch in einem gut schließenden Mülleimer entsorgen. So können sich die Keime nicht weiter in der Luft ausbreiten.
Nicht in die Hand, sondern in den Ärmel husten.

Die Sonne fehlt

Im Frühjahr und Sommer sorgt das Sonnenlicht für gute Stimmung – es veranlasst das Gehirn, das Hormon Serotonin auszuschütten, ein „Glückshormon". Im Herbst und Winter, wenn die Sonnenscheindauer zurückgeht, produziert der Körper mehr von dem „Schlafhormon" Melatonin. Und zwar nicht nur abends, wenn es Zeit ist, ins Bett zu gehen, sondern auch tagsüber, wenn die Sonne kaum mehr zum Vorschein kommt.

Feste im Herbst

Mit der Laterne durch die Straßen ziehen, sich als Monster verkleiden, Lebkuchenherzen auf der Kirmes … So feiern wir den Herbst! Es ist aber auch eine Zeit der Stille und des Nachdenkens: Wir gedenken der Toten und ehren sie an Tagen wie Allerheiligen.

Erntedankfest

Erntedank ist eines der ältesten Feste überhaupt: Früher, als es noch keine Industrie und keine Fabriken gab, lebten die Menschen auf dem Land. Fast jeder bewirtschaftete Felder oder hatte ein paar Tiere im Stall – man versorgte sich mit dem, was die Natur in der Region hergab. Schon lange vor unserer Zeitrechnung feierte man Erntedank

mit Opferfesten, in Mittel- und Nordeuropa zur Herbst-Tagundnachtgleiche am 23. September.

Sankt Michael und das Erntedankfest

Seit 1773 wird das Erntedankfest in der evangelischen Kirche am Sonntag nach Michaelis gefeiert, also in der Regel am ersten Sonntag im Oktober. Warum? Der Heilige Michael, der seinen Gedenktag am 29. September hat und meist im Kampf mit einem Drachen dargestellt wird, ist der Engel, der Adam und Eva aus dem Paradies vertrieben hat. Seitdem bewacht er den Baum, von dem Adam und Eva gegessen haben. Der Baum wird auch „Lebensbaum" genannt. In der katholischen Kirche ist das Erntedankfest ebenfalls Tradition; es hat aber keinen festen Platz im kirchlichen Festtagskalender. Dennoch ist in vielen katholischen Gemeinden der Gottesdienst am ersten Oktoberwochenende dem Erntedank gewidmet: Dabei ist der Altar mit Früchten des Herbstes geschmückt.

Drachen basteln

Wind am Michaelstag? Dann nichts wie raus auf einen Hügel und den Drachen steigen lassen! Wer keinen Drachen hat, kann sich ein Exemplar in wenigen Minuten selbst zusammenbauen.

Das braucht man:
- 1 große Plastiktüte
- 2 Rundstäbe (etwa 40 cm lang)
- Gewebeklebeband und Flüssigkleber
- Drachenschnur

So wird's gemacht:
1. Die Tüte flach auf den Tisch legen. Unten und oben aufschneiden. Auf einer Seite in der Mitte auseinander-

schneiden und aufklappen. Man erhält so eine Plastikbahn mit zwei Falzen links und rechts.

2. Die Falze mit den Stäben verstärken: In die Falze Flüssigkleber geben und darauf je einen Stab legen. Den Stab mit dem breiten Gewebeklebeband zusätzlich überkleben.

3. Ober- und unterhalb der Stäbe überstehende Plastikfolie abschneiden, sodass eine gerade Linie entsteht.

4. Den Drachen in der Mitte zusammenfalten, sodass die Folie, die links und rechts von den Stäben übersteht, übereinanderliegt. Das entstandene Viereck zu einem Dreieck zuschneiden – am besten mit der Schere flach auf dem Tisch schneiden.

5. Von der Drachenschnur ein 2 m langes Stück abschneiden und an beide Enden eine Schlaufe knoten. Die Schlaufen mit dem Klebeband an den Ecken der Seitenteile des Drachens festkleben.

6. Den Drachen mit der Schnur hochheben und ausbalancieren. In der Mitte eine weitere Schlaufe machen und mit der Drachenschnur verknoten.

Familien-Drachenfest
Drachen steigen lassen entwickelt sich zu einem Sport mit Wettkampfcharakter. Familien, denen es auf den gemeinsamen Spaß ankommt, können sich bei Familien-Drachenfesten treffen, Drachen basteln und steigen lassen.

Viel Arbeit im Herbst- und Holzmonat September

Der Name September stammt von dem lateinischen Wort für die Zahl sieben *(septem)* und bezeichnet den siebten Monat des Jahres. Dabei geht man von dem altrömischen Kalender aus, bei dem das neue Jahr mit dem 1. März beginnt. Obwohl der Begriff ein Fremdwort war, hieß bereits im Mittelalter auch bei uns der Monat September. Bis etwa ins Jahr 1000 nannte man ihn im Althochdeutschen Herbstmonat oder Holzmonat *(witumanot)*. Wieso Holzmonat? Der Herbst ist beides, Ernte- und Aussaatzeit: Erst werden die Früchte des Jahres eingesammelt, dann die Felder für die Wintersaat bestellt. Darüber hinaus mussten früher im September jede Menge Bäume gefällt und Holz gehackt werden: Holz war die einzige Energiequelle, die Wärme und Licht im dunklen und kalten Winter spendete. Kein Wunder also, dass die Menschen nach getaner Arbeit gerne und kräftig feierten!

Bräuche rund um Erntedank

Je nach Region haben sich rund um das Erntedankfest verschiedene Bräuche entwickelt.

Almabtrieb/Viehscheid
In den Alpen und den höheren Mittelgebirgen wie dem Schwarzwald und dem Bayerischen Wald wird das Vieh von den Sommerwiesen auf

Erntedankumzug

In den evangelisch geprägten Regionen Deutschlands finden in vielen Orten Erntedankumzüge statt: Dabei werden Traktoren und Anhänger mit Zweigen, Blumen und Girlanden geschmückt und es wird kräftig gefeiert! An den Erntedankumzügen nehmen Vereine und Gruppen des jeweiligen Ortes und aus der Umgebung teil.

 ## Erntepuppe aus Stroh basteln

In vielen Gegenden ist es Brauch, aus Strohhalmen eine Puppe zu basteln. Gestaltet für jedes Familienmitglied eine eigene Strohpuppe. Damit tut ihr zugleich der Natur etwas Gutes: An einem geschützten Platz aufgestellt, können Florfliegen darin überwintern!

den Almen beim Almabtrieb beziehungsweise der Viehscheid zurück in die Dörfer getrieben, wo sie den Herbst und den Winter verbringen. Wie ist es den Tieren auf den Bergen ergangen? Wenn der Bergsommer für die Tiere – Schafe, Ziegen, Kühe – ohne tödlichen Unfall verlaufen ist, schmückt sie der Senn für den Abtrieb mit Blumen und Bändern. Die Leitkuh, die mit einer Krone aus Zweigen, Blumen und Gräsern geschmückt ist, führt die Rinderherde an. Die Krone enthält ein Kreuz, einen Spiegel und Glocken, die böse Geister abwehren sollen.

Das braucht man:
- Stroh
- Schnur
- Schere
- Heu
- Stab

Zum Verzieren:
- Blumendraht
- haltbare oder getrocknete Blumen, zum Beispiel Lampionblumen, Strohblumen
- kleine Zierkürbisse
- Hagebutten
- Bucheckern, Eicheln
- bunte Herbstblätter

Familienausflugsziel Almabtrieb
Viele Gegenden, in denen im Herbst ein Almabtrieb stattfindet, sind attraktive Ausflugs- und Urlaubsziele. Am besten, man informiert sich einige Monate im Voraus, wo im Herbst ein Almabtrieb stattfindet und wo man als Familie gut und günstig übernachten kann – vielleicht sogar auf einem Bauernhof!

So wird's gemacht:
1. Ein Bastler fasst das Stroh zu einem Bündel zusammen. Der andere Bastler bindet es oben mit der Schnur zusammen.

2. Die Halme, die am kürzeren Ende weit überstehen, etwas einkürzen.

3. Das Heu zu einer Kugel formen – es bildet den Kopf.

4. Das Bündel auseinandernehmen, den Heukopf unterhalb des Knotenpunktes hineinschieben und rund um die Heukugel verteilen, sodass das Heu nicht mehr sichtbar ist.

5. Die Halme des Strohbündels am unteren Kopfende wieder zusammenfassen und wieder festbinden.

6. Für die Arme zwei dünnere Strohbündel auf der Vorder- und auf der Rückseite quer unterhalb des Kopfes legen. Links und rechts dicht neben dem Körper abbinden.

7. Von unten auf einen Stab setzen – jetzt ist die Strohpuppenfrau fertig. Wer mag, kann die längeren Strohbüschel, die bei der Frau den Rock oder das Kleid bilden, in zwei Teile, das heißt Hosenbeine unterteilen und unten festbinden. Dann bekommt man einen echten Strohmann!

8. Zum Schluss könnt ihr eure Strohpuppe mit Herbstfrüchten und -blättern verzieren.

Thanksgiving – Erntedankfest auf Amerikanisch

Truthahn, Kürbis und ein Wiedersehen mit der ganzen Familie – das ist typisch für die amerikanische Variante des Erntedankfestes. Es wird in den USA am vierten Donnerstag im November

gefeiert. Das Fest ist stark von der amerikanischen Geschichte geprägt. Seine Wurzeln reichen in die Zeit der Pilgerväter zurück: Nach dem ersten Winter in der Neuen Welt war fast die Hälfte der Siedler gestorben. Im Frühjahr baten sie die benachbarten Indianerstämme, ihnen zu zeigen, wie man welche Pflanzen anbaut. So konnten die Neubürger bereits im zweiten Jahr eine reiche Ernte feiern. Zu ihrem Erntedankfest luden sie den Häuptling des Nachbarstammes ein. Die Einwanderer staunten, als er mit 90 Begleitern eintraf, um zugleich das Herbstfest seines Stammes zu feiern – den Grünen Maistanz. Proviant hatten sie genug dabei. So kam es, dass beim ersten Thanksgiving Siedler und Indianer mehrere Tage lang gemeinsam aßen und feierten. So die Legende, die man sich in den USA gerne zu Thanksgiving erzählt.

Oktoberfest

Das Oktoberfest in München wird jedes Jahr etwa zwei Wochen lang, von Mitte September bis Anfang Oktober, gefeiert. Der Termin wird so gelegt, dass das letzte Festwochenende im Oktober stattfindet. Das Oktoberfest ist das größte Volksfest der Welt und als solches eines der wichtigsten Markenzeichen der bayerischen Landeshauptstadt.

Wieso feiert man das Oktoberfest?

Das Oktoberfest geht zurück auf die Hochzeit des bayerischen Kronprinzen Ludwig (1786 bis 1868) und Prinzessin Therese von Sachsen-Hild-burghausen (1792 bis 1854) am 12. Oktober 1810. Zu den Hochzeitsfeierlichkeiten gehörte ein Pferderennen. Da das Rennen ein großer Erfolg war, beschloss der Königshof, es im nächsten Jahr zur selben Zeit am selben Ort wieder zu veranstalten. So entwickelte sich mit der Zeit ein Volksfest mit Fahrgeschäften, Bierzelten und vielen weiteren Attraktionen.

Typisch Wiesn – das gibt es (fast) nur auf dem Oktoberfest in München

- Den Auftakt zum Oktoberfest macht ein großer Trachten- und Schützenzug mit dem Münchner Kindl an der Spitze. Er führt vom Maximilianeum zur Theresienwiese.
- Los geht's, wenn der Münchner Bürgermeister das erste Fass angezapft hat: Dann heißt es „O'zapft is!" („Es ist angezapft!").
- Das Bier wird auf der Wiesn – so heißt das Oktoberfest im Volksmund – nur als Mass, das heißt in 1-l-Krügen ausgeschenkt. Typische Wiesn-Spezialitäten sind das Hendl (Brathähnchen), Bratwürste, gegrillte Ochsen und Steckerlfisch.
- Viele Wiesnbesucher kommen in Tracht, das heißt in traditioneller Kleidung auf die Wiesn: Dirndl für Mädchen und Frauen sowie Lederhosen für Jungen und Männer. Wer von weither anreist, kann sich in München vor dem Wiesnbesuch noch passend einkleiden – zur Wiesnzeit ist das Angebot an Trachtenkleidung besonders groß!

Familien auf der Wiesn

Auch wenn es abends und nachts hoch hergeht auf dem Oktoberfest – die Wiesn ist ein Ausflugsziel für Familien, und zwar nicht nur aus München und der Region. An zwei Tagen während des Oktoberfestes ist Familientag mit ermäßigten Preisen bei Fahrgeschäften, Imbissständen und Eintrittsgebühren. Ferner gibt es einen eigenen Bereich, das „Familienplatzl", wo Familien mit kleinen Kindern gemütlich feiern können. Nicht zu vergessen die Kasperltheater, der Flohzirkus, die Rutschbahn und die kleinen Karussells, die oft schon viele Jahrzehnte auf der Wiesn ihren festen Platz haben.

Oktoberfest weltweit

Das Oktoberfest wird nicht nur in München gefeiert. In vielen Städten auf der ganzen Welt ist es eine Attraktion, die mit der bayerischen

(Brau-)Kultur und dem Bier verbunden ist: In Brasilien feiert man Oktoberfest in Blumenau, einer brasilianischen Großstadt, die von deutschen Einwanderern gegründet wurde. In China gibt es das Qingdao Beer Festival – auch dieses Oktoberfest hat deutsche Wurzeln. Ausgeschenkt wird Bier von der bekannten Brauerei Tsingtao, die 1903 von deutschen Siedlern gegründet wurde. In Kanada feiert man das Kitchener-Waterloo-Oktoberfest unter dem Motto „Gemütlichkeit": Es gibt Festhallen, in denen Bier ausgeschenkt wird, man spielt bayerische „Oompah"-Musik und führt bayerische Tänze auf. Onkel Hans, ein rundbauchiger Mann in Lederhosen, mit einem Trachtenhut auf dem Kopf, einer Mass Bier in der einen und einer Bratwurst in der anderen Hand, ist das Maskottchen des Festivals, das ebenfalls auf deutsche Einwanderer zurückgeht.

Dritter Sonntag im Oktober: Kirchweih

Jahrmarkt, Kirmes, Kerwe, Kilbe oder Kirta, ob evangelisch oder katholisch – Kirchweih wird unter verschiedenen Namen im ganzen deutschen Sprachraum gefeiert. Eine Besonderheit gibt es

in katholischen Gemeinden: Kirchen, die einem Heiligen geweiht sind, feiern – unabhängig vom Kirchweihfest – am Tag „ihres" oder „ihrer" Heiligen zusätzlich ein Patronatsfest. Kirchweih ist überall ein fröhliches Volksfest mit Karussells, Schießbuden, Biergärten, Markt und vielem mehr.

Kirchweih früher – feiern (fast) ohne Ende

Dass eine Kirche einem Heiligen geweiht wird, ist eine sehr lange Tradition: Erst durch die Weihe wird das Kirchengebäude zum Haus Gottes. Noch bis vor rund 150 Jahren feierte man Kirchweih am Datum der Weihe oder am Tag des jeweiligen Heiligen. Und davon gibt es eine Menge! Da jeder Ort eine eigene Kirche hat, die einem Heiligen geweiht ist, besuchten die Leute auch sehr gern die Kirchweihfeste der Nachbarorte. Und so nahm das Feiern mit der Zeit überhand. Schließlich wurde für die Kirchweih ein eigener, für alle verbindlicher Festtag festgelegt!

Reformationstag

Der Reformationstag findet am 31. Oktober statt und ist ein wichtiger Feiertag der evangelisch-lutherischen Kirchen. Er erinnert an die Ursprünge der Reformation. Um auf Missstände in der Kirche aufmerksam zu machen, schlug der damalige Augustinermönch Martin Luther (1483 bis 1546) am 31. Oktober 1517 ein Plakat mit 95 Thesen an die Tür der Schlosskirche zu Wittenberg. Luthers Thesenanschlag gilt als Geburtsstunde der Reformation und damit der evangelisch-lutherischen Kirche. Der Reformationstag, den die evangelische Kirche jährlich am 31. Oktober feiert, erinnert daran. In Brandenburg, Mecklenburg-Vorpommern, Sachsen, Sachsen-Anhalt und Thüringen ist der Reformationstag ein gesetzlicher Feiertag. In Österreich, das sehr stark katholisch geprägt ist, haben evangelische Schüler am 31. Oktober schulfrei. Eine Ausnahme ist die Schweiz: Hier feiern die reformierten Kirchen den Reformationstag am ersten Sonntag im November.

Wer war Martin Luther?
Martin Luther war der Sohn eines wohlhabenden Bauern, der von seinem Vater auf gute Schulen und später auf die Universität geschickt wurde, damit er Jurist wird. Als der junge Martin in ein Unwetter geriet, bei dem ihn ein Blitzschlag nur knapp verfehlte, versprach er Gott, sein Leben zu ändern. Er wurde Augustinermönch, Priester und Theologe an der Universität. Er las die Bibel sehr genau. Dabei erkannte er, dass der Mensch nicht durch seine Werke Gott um Vergebung bitten muss. Allein mit Gottes Gnade, so Luthers Auffassung, kann jeder Vergebung bekommen. Das passte nicht in die damalige Politik der Kirche: Gegen Geld versprach die Kirche eine Vergebung der Sünden. Der sogenannte Ablasshandel veranlasste Luther, seine 95 Thesen zu verfassen. Die Kirche war damit nicht einverstanden und verhängte 1521

den Bann über ihn. Nach einigem Hin und Her kam es zum Bruch. Luther heiratete Katharina von Bora, eine Nonne, die aus einem Kloster geflohen war, und bekam mit ihr viele Kinder.

Um den Menschen Gottes Wort in ihrer Sprache verständlich zu machen und nahezubringen, übersetzte Martin Luther die Bibel ins Deutsche. Damit schuf er ein wichtiges Werk – nicht nur für die evangelischen Christen. Die Lutherbibel hat die Entwicklung unserer modernen deutschen Sprache stark geprägt.

Bis zu seinem Tod am 18. Februar 1546 wirkte Luther als Prediger und Vermittler der Reformation und des christlichen Glaubens. Obwohl er sich immer für eine Erneuerung – das bedeutet der lateinische Begriff „Reformation" eigentlich – der Kirche eingesetzt hatte, konnte er die Spaltung der Kirche in zwei Konfessionen nicht verhindern.

Heute arbeiten die beiden Konfessionen, also die evangelische und katholische Kirche, in der Ökumene zusammen. Obwohl das Verhältnis zwischen der evangelischen und katholischen Kirche heute entspannt ist, gibt es noch immer klare Unterschiede zwischen den beiden Konfessionen.

Halloween

Auf den 31. Oktober fällt Halloween. Reformationstag und Halloween haben – vom Datum abgesehen – nichts miteinander zu tun. Gruselige Masken, Kürbislaternen vor den Türen, Kinder, die als Hexen oder Monster verkleidet von Haus zu Haus ziehen und um Süßigkeiten anhalten – Halloween, so wie wir es heute feiern, ist ein US-amerikanisches Fest. Dabei stammt Halloween eigentlich – wie viele amerikanische Traditionen – aus Europa. Bei uns, in seiner Heimat, ist es erst seit Anfang der 1990er-Jahre populär.

Kürbislaterne schnitzen

Ohne Kürbislaterne kein Halloween! Aus einem Jack-O'-Lantern-Kürbis ist sie in wenigen Arbeitsschritten ganz leicht zu gestalten.

Dazu braucht man:
- 1 Jack-O'-Lantern-Kürbis
- kleines Küchenmesser
- Esslöffel
- Filzstift
- Teelicht

So wird's gemacht:

1. Mit dem Küchenmesser vorsichtig eine Öffnung oben in den Kürbis schneiden. Damit der abgeschnittene obere Teil später als Deckel verwendet werden kann, sollten die Schnittkanten schräg von außen nach innen verlaufen. Bei der Größe der Öffnung darauf achten, dass man mit der Hand in den Kürbis fassen kann.

2. Mit dem Löffel das Innere – Gewebe und Samen – aus dem Kürbis entfernen.

3. Mit dem Stift ein Gesicht auf den Kürbis vorzeichnen: Augen, Nase und ein breites Grinsen – dabei stehen ein paar Zähne oben und unten hervor.

4. Vorsichtig mit dem Küchenmesser die Linien nachschneiden und die einzelnen Teile nach und nach entfernen.

5. Zum Schluss das Teelicht in den Kürbis setzen, mit einem langen Zündholz anzünden.

6. Den leuchtenden Kürbis am Abend vor die Tür oder auf den Balkon stellen.

Was wird an Halloween gefeiert?

An Halloween geht's hoch her. Doch was wird eigentlich gefeiert? Der Brauch kam im 19. Jahrhundert mit irischen Siedlern in die USA. Lange nahm man an, dass Halloween seine Wurzeln in einem alten keltischen Fest hat, doch das ist nicht richtig. Halloween ist, wie es die Herkunft des englischen Namens „all hallow souls" oder „all hallow eve", andeutet, der Begriff für den Vorabend zu Allerheiligen, das am 1. November gefeiert wird.

Der Name Halloween stammt aus dem 16. Jahrhundert. Die heutigen Halloweenbräuche sind sehr viel jünger: Erst seit gut 100 Jahren glaubt man, dass an Halloween Geister, Hexen und Feen aktiv sind. In dieser Nacht ist es, so der Volksglaube, möglich, mit den Toten in Kontakt zu kommen. Um die Geister abzuschrecken, begann man in Irland, sich in der Nacht gruselig anzuziehen und Masken aufzusetzen. Es wurden Feste mit einem großen Lagerfeuer gefeiert. Der Brauch, dass Kinder mit dem Spruch „Trick or treat" von Haus zu Haus ziehen, stammt ursprünglich aus den USA.

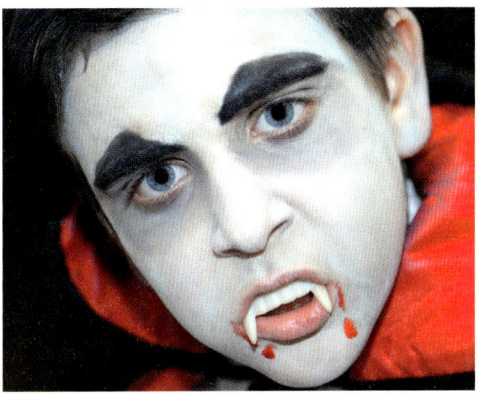

Das winzige Gespenst

In einem alten Haus wohnte einst ein winziges Gespenst. Als Versteck hatte es sich eine Teekanne ausgesucht. Das Gespenst war nicht größer als ein Stück Zucker. Aber es war mutig: Jede Nacht schlüpfte es aus seiner Kanne, schwebte von einem Ende des Dachbodens zum anderen, heulte „Huuhuuuuu!" und warf kleine Gegenstände um. Es wollte so gruselig sein, dass die Leute sich fürchteten. Leider war es viel zu klein, um Menschen Angst einzujagen.

Schon lange träumte das winzige Gespenst von einem großen Spuk, am liebsten zusammen mit anderen Gespenstern. Mutig wie es war, stieß es eines Nachts die Dachluke auf und rief nach draußen: „Huhu!"

Da zischte es neben ihm. Auf einmal wirbelte etwas über den Dachboden, und das winzige Gespenst musste nach Luft schnappen.

„Ein Riesengespenst!", rief es.

Wie der Blitz flüchtete das winzige Gespenst zu seiner Teekanne. Doch da polterte und krachte es – in seiner Hast hatte das Gespenst die Teekanne zu Boden gerissen, und sie war zerbrochen!

„Ein Einbrecher!" – „Ein Gespenst!", riefen der Mann und die Frau, die das Haus bewohnten, und stürmten nach oben auf den Dachboden. Sie schauten sich um und entdeckten das offene Dachfenster.

„War nur ein Luftzug!", sagte der Mann. Sie schlossen das Fenster und gingen wieder nach unten.

„Ach, nur der Luftzug", sagte das winzige Gespenst zu sich selbst. Einerseits war es erleichtert, andererseits aber auch enttäuscht: Wenn es ein echtes Riesengespenst gewesen wäre, hätten sie bestimmt gemeinsam spuken können!

Das Gespenst war auf einmal sehr traurig. Seine Gespensterwohnung, die Teekanne, war ja auch nicht mehr da.

Da lugte eine Maus aus ihrem Loch hervor und winkte ihm zu.

Sie sagte: „Ich habe eine Idee. Ob Luftzug oder Riesengespenst – die Leute haben sich auf jeden Fall ordentlich erschrocken! Man kann Menschen auch erschrecken, wenn man ganz klein ist. Glaube mir, ich weiß, wovon ich spreche! – Übrigens, wenn du willst, kannst du zu mir in mein Mauseloch ziehen!"

Dankbar schlüpfte das winzige Gespenst zu ihr in das kleine Mauseloch. Seitdem wohnten die beiden zusammen, heckten Streiche aus, und hin und wieder spukte es sogar ein wenig in dem alten Haus.

Grusel, Angst, Maskierungen

Halloween ist ein Fest voller Spannung und Aufregung – die sich in Angst entladen kann. Vor allem kleinere Kinder können sich vor Masken erschrecken. Am besten, man spricht mit den Kindern: Gespenster gibt es nicht, Untote auch nicht. Angst ist kein schönes Gefühl. Doch man kann damit umgehen. Am einfachsten ist es, wenn man die Tricks durchschaut, die Angst einflößen.

Sicherheitstipps für Halloween-Umzüge

Die Freude auf Süßigkeiten, die man an den Türen der Nachbarn bekommen kann, ist groß. Viele wollen deshalb Halloween zusammen mit der Gruppe auf der Straße feiern. Halloween kann aber auch gefährlich werden. Vor allem, wenn Kinder in der Dämmerung ohne Erwachsene unterwegs sind. Hier einige Tipps, die Kinder und ihre Eltern berücksichtigen sollten:

- Für den Halloween-Umzug eine Route vereinbaren.
- Kleinere Kinder sollten am besten in einer Gruppe mit einem Erwachsenen oder einem älteren Kind losziehen.
- Helle Kostüme sind im Verkehr leichter sichtbar als dunkle Verkleidungen.
- Handy aufladen, Taschenlampe aufladen und beides einstecken.
- Mit den Kindern Verhaltensregeln vereinbaren: Nie fremde Häuser betreten, nur auf Gehwegen gehen, keine unverpackten Lebensmittel essen.

Halloween-Gruselkostüm basteln

Halloween-Masken gibt es fertig zu kaufen. Einige sehen furchterregend aus und können vor allem kleinere Kinder in große Angst versetzen.

Viel besser ist es, wenn man die Verkleidung zusammen mit den Kindern gestaltet.

Material:

Für den Umhang:
- altes weißes Betttuch
- Schere
- Textilstifte

Für die Maske:
- Pappteller
- Bastelmesser
- Hosengummi
- Klebstoff
- schwarzes Kartonpapier

So wird's gemacht:

1. Von dem Betttuch die Gummieinfassung abschneiden.

2. Über den Kopf stülpen und ein Loch für den Kopf und links und rechts Löcher für die Arme hineinschneiden.

3. Das Betttuch mit den Textilstiften verzieren: Mit einer Schablone Fledermäuse, Totenköpfe, Kürbisse und andere gruselige Motive auf den Stoff zeichnen.

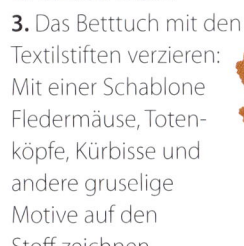

4. Den Pappteller vors Gesicht halten und die Augen mit einem Stift markieren. Anschließend mit einem Bastelmesser Löcher an die Stellen, wo die Augen sind, in den Pappteller schneiden.
5. Links und rechts von den Augen Löcher in den Pappteller schneiden, den Hosengummi in der richtigen Länge durchziehen und festknoten.
6. Die Augen vom Pappteller auf den Karton übertragen und ebenfalls ausschneiden.
7. Den Karton auf den Pappteller kleben und nach Geschmack gestalten, zum Beispiel als Geistermaske, als Kürbismaske, als Dracula mit überstehenden Vampirzähnen … Zuerst den Umhang überziehen, dann die Maske aufsetzen. Taschenlampe, Handy und Beutel für die Süßigkeiten nicht vergessen – schon kann's losgehen!

Halloween-Party zu Hause
Für Familien mit kleineren Kindern bietet es sich an, Halloween zu Hause zu feiern. Auch nach einem Umzug ist eine Party genau das Richtige: Bei Kürbissuppe und anderen mehr oder weniger gruseligen Leckereien kann die Familie mit Freunden in die Nacht hineinfeiern!

Spinnennetz-Pizza

Zum Auftakt gibt's stilecht eine **Kürbissuppe** (siehe Seite 141)!

Als Hauptgericht oder Häppchen zur Suppe folgt eine Runde Spinnennetz-Pizza!

Zutaten:
• 500 g Weizenmehl
• 100 g Hartweizengrieß
• 1 Würfel Hefe (42 g)
• 1 EL Zucker
• 1 EL Kräutersalz
• 2 EL Speiseöl
• 300 ml Tomatensoße aus der Dose oder dem Glas
• 200 g Gouda in Scheiben
• Belag nach Belieben, zum Beispiel Schinken, Salami, Sardellen, Champignons …
• 200 g Pizzakäse

So wird's gemacht:
1. Das Mehl mit dem Hartweizengrieß in eine Rührschüssel geben. Eine Mulde bilden und die Hefe hineinbröseln. Zucker und Salz darauf geben, dazu etwa 200 ml lauwarmes Wasser und das Öl. Mit ein wenig Mehl vom Rand der Schüssel bestäuben.
2. Den Teig an einem warmen Ort 15 Minuten gehen lassen, bis sich deutliche Blasen gebildet haben. Mit einem Rührgerät verkneten und dabei noch einmal 200 ml lauwarmes Wasser nach und nach zugeben. Zuletzt den Teig mit der Hand kneten.
3. Den Teig zu einer Kugel formen, mit Mehl bestäuben und noch einmal etwa 30 Minuten gehen lassen, bis er sich deutlich vergrößert hat.
4. Währenddessen die Goudascheiben in schmale Streifen schneiden.
5. Den Teig noch einmal durchkneten und zu zwei gleich großen Kugeln formen. Die Teigkugeln

nacheinander auf dem Pizzablech ausrollen beziehungsweise flach drücken.

6. Die Tomatensoße auf den Teigplatten dünn verteilen. Den Belag sparsam verteilen. Anschließend geriebenen Pizzakäse ganz dünn darauf verteilen.

7. Die Pizza mit den Spinnennetzen garnieren – es passen mehrere Spinnennetze auf ein Blech! Dazu die schmalen Käsestreifen von einem Mittelpunkt aus sternförmig anordnen – hier sollte der Abstand zwischen den Spinnenfäden unterschiedlich groß sein. Die Zwischenräume zwischen den „Fäden", die nach außen verlaufen, mit Käsestreifen im Spinnennetzmuster auslegen.

8. Die Pizza bei 200° C (Umluft) etwa 15 Minuten backen – immer wieder kontrollieren, damit der Käse nicht braun wird!

9. Am besten auf dem Blech präsentieren und anschließend in Stücke schneiden!

 ## Gruselkiste

Was ist da wohl drin? Wie fühlt es sich an? Jeder, der in die Gruselkiste fasst, kann sich auf etwas gefasst machen …

Spieleranzahl: ab 4 Personen + 1 Spielleiter
Alter: ab 6 Jahren

Utensilien: Schuhkarton, Schere, dunkles Tuch, Stift und Papier, „gruseliger" Inhalt: Würmer, Schleim und Spinnen aus dem Scherzartikelladen, kalter Sand (vorher in den Kühlschrank legen), Popcorn, Nussschalen, Muscheln, Watte …

In den Schuhkarton an der schmalen Seite eine Öffnung schneiden, durch die eine Hand passt. Den Schuhkarton mit den Grusel-Tastgegenständen befüllen und mit dem Tuch abdecken. Der Karton geht reihum, jeder darf hineinfassen, aber nichts dazu sagen.

Nach der ersten Runde fragt der Spielleiter die Spieler, was in der Kiste ist, und notiert die Antworten. Wer nach allen Runden die meisten richtigen Antworten gegeben hat, ist Gruselkistenkönig!

 ## Eiskalte Leichenhände in klumpiger Blutsoße

Klingt das grausam … Aber es schmeckt! Für die Zubereitung muss man mindestens zu zweit sein – also rechtzeitig einen Mitstreiter in das Gruselmenü einweihen.

Zutaten:
- Grießpudding (Fertigpackung zum Anrühren)
- Milch (Menge je nach Packungsangabe)
- Einweghandschuhe
- Haushaltsgummi
- Schere
- 500 g Rote Grütze

So wird's gemacht:
1. Den Grießpudding mit der Milch nach Packungsanleitung zubereiten.
2. Die Einweghandschuhe innen und außen ausspülen.

3. Die noch warme Masse mit einem Löffel in die Einweghandschuhe füllen. Dabei darauf achten, dass die Masse gleichmäßig auf die Finger verteilt wird.
4. Nach dem Einfüllen den Handschuh mit dem Haushaltsgummi verschließen.
5. Den gefüllten Handschuh auskühlen lassen und anschließend in den Gefrierschrank legen.
6. Nach einigen Stunden die Leichenhände aus dem Gefrierschrank nehmen und mit einer Schere die Einweghandschuhe vorsichtig ablösen.
7. Die Hände auf die Teller legen und mit Roter Grütze garnieren. Ganz Hartgesottene garnieren die leckeren Leichenhände mit Spinnen und Würmern aus dem Scherzartikelladen!

Gebiss mit faulen Zähnen

Noch nie im Leben faule Zähne verspeist? Das lange Warten hat nun ein Ende – hier ist die Gelegenheit dazu!

Zutaten:
- mehrere feste Äpfel, am besten in verschiedenen Farben (Rot, Gelb, Grün)
- Saft von 1 Zitrone
- 1 Päckchen Mandelstifte
- Bitterschokolade (Kuvertüre) nach Belieben

So wird's gemacht:
1. Die Äpfel waschen und vierteln, das Kernhaus entfernen. In die Seite, wo sich die Schale befindet, eine große keilförmige Kerbe schneiden. Es entsteht eine Öffnung – das ist ein Mund mit zahnlosem Ober- und Unterkiefer.
2. Den noch zahnlosen „Apfelmund" mit Zitronensaft beträufeln und kühl stellen.
3. Einen Teil der Mandelstifte in eine (beschichtete) Pfanne geben und bei niedriger Temperatur rösten. Die Mandeln dabei leicht braun werden lassen.

4. Die noch warmen Mandeln zu den übrigen Mandeln geben und abkühlen lassen.
5. Zuletzt in die Ober- und Unterkiefer der „Apfelmünder" die Mandelstifte als Zähne stecken. Dabei immer wieder geröstete „faule" Zähne hineinstecken. Wer mag, kann die Mandelstift-Zähne mit Karies „verschönern" – einfach etwas Bitterschokolade aufpinseln!
6. Auf einen Teller legen, mit Folie luftdicht verpacken und bis zum Servieren im Kühlschrank aufbewahren.

Grüne Zauberbowle

Hier waren Hexen und Zauberer am Werk – dieser Durstlöscher ist unübertroffen! Litschis sorgen in diesem Rezept für das Gruselgefühl – sie sehen ein wenig aus wie Augäpfel.

Zutaten:
- 3 Beutel Apfeltee
- ¼ Wassermelone
- 3 Kiwis
- mehrere Litschis aus der Dose
- 500 ml Waldmeistersirup
- 100 ml Holunderblütensirup
- 2 l Mineralwasser (sprudelnd)

So wird's gemacht:

1. Die Teebeutel des Apfeltees mit ½ l kochendem Wasser überbrühen und ziehen lassen, bis der Tee abgekühlt ist. Den Tee kalt stellen.
2. Aus der Wassermelone mit einem Kugelausstecher, aus den Kiwis mit einem Teelöffel kleine Kugeln formen. Die Litschis aus der Dose nehmen.
3. Zum Servieren den Apfeltee und die Früchte in ein Bowlegefäß geben, Waldmeistersirup, Holunderblütensirup und 2 l Mineralwasser dazugeben.

 Mumifizieren

Ist jemand vor Angst bereits leichenblass? Dann ist es Zeit zum Mumifizieren! Ein lustiges Partyspiel für Paare – nicht nur an Halloween!

Spieleranzahl: ab 2 Personen + 1 Spielleiter
Alter: ab 6 Jahren
Utensilien: mehrere Rollen Küchen- oder Toilettenpapier

Die Spieler bilden Paare. Es treten immer zwei Paare gegeneinander an. Ein Spieler ist die Leiche, der andere der Mumifizierer. Die „Leiche"

stellt sich gerade hin, die Arme dicht am Körper. Der Mumifizierer gibt der Leiche das Ende der Küchenrolle; die Leiche muss sie während des Spiels festhalten. Auf Kommando des Spielleiters wickeln nun die Mumifizierer ihre Leiche ein. Wer als Erster damit fertig ist, hat gewonnen!

Was tun mit den „Leichentüchern"?
Nicht wegwerfen, auch nicht ins Altpapier. Man kann sie noch gut verwenden. Zwar nicht mehr in der Küche, aber außerhalb, zum Bespiel zum Schuheputzen oder zum Reinigen von Haustierkäfigen.

Tanz der Gruselmonster

Erst werden die Monster gebastelt, dann lässt man sie tanzen – das ist ein Spaß, bei der die Angst mindestens so schnell verfliegt wie sie gekommen ist!

Dazu braucht man:
- pro Gruselmonster 1 braune Tüte und 1 Butterbrotpapiertüte
- Stift
- Bastelmesser
- Taschenlampe

So wird's gemacht:
1. Jeder Spieler zeichnet Gruselfiguren auf die braune Tüte. Die Gruselfiguren werden mit dem Bastelmesser ausgeschnitten.
2. Die Taschenlampe in die Butterbrotpapiertüte stecken und darüber die braune Tüte – jetzt ist die Gruselmonstertüte fertig!
3. Den Raum verdunkeln beziehungsweise die Lampe auf Dämmerlicht zurückdrehen. Langsame Musik spielen.
4. Die Spieler schalten die Taschenlampen ein, bewegen die Arme langsam zum Rhythmus der Musik und lassen so ihre Gruselmonster tanzen.

Allerheiligen und Allerseelen

Allerheiligen wird am 1. November gefeiert. Es ist, wie der Name sagt, der Tag, an dem man aller Heiligen gedenkt. Diesen Gedenktag gibt es bereits seit über 1000 Jahren. Am Tag nach Allerheiligen, am 2. November, ist Allerseelen. Dieser Tag, der nur in katholischen Gemeinden gefeiert wird, ist den Verstorbenen gewidmet, die im Fegefeuer auf Erlösung warten.

Zu Allerseelen gehört der Gräberumgang, bei dem eine Blaskapelle feierliche Musik spielt. Die Gräber sind festlich geschmückt, es sind überall Lichter entzündet und die Gläubigen beten für ihre verstorbenen Verwandten an den Gräbern. In vielen Gemeinden findet der Gräberumgang am Nachmittag von Allerheiligen statt.

Trauertage in der Familie
Nach einem wilden Halloween-Fest ist es oft nicht leicht, sich auf Allerheiligen einzustimmen.

Doch auch Abschied und Tod sind ein Teil des Lebens. Mit Kindern die Gräber der Groß- und Urgroßeltern zu besuchen, kann auch beruhigend sein: So wissen sie, dass auch nach dem Tod niemand vergessen wird.

Mit Kindern über Abschied, Tod und Trauer sprechen
Auch wenn viele Kinder lange Jahre mit ihren Großeltern verbringen können, kommt eines Tages die Zeit des Abschieds. Manchmal beginnt es damit, dass die Großeltern an Demenz leiden. Sie verabschieden sich langsam aus dem Leben, erkennen die eigenen Verwandten nicht mehr, werden immer verwirrter und schließlich pflegebedürftig … Doch es gibt auch Krankheiten und Todesfälle, die den Alltag einer Familie von einem Tag auf den anderen völlig verändern.

Warum hat jedes Leben ein Ende? Das ist eine Frage, die viele, nicht nur Kinder, beschäftigt. Die Antwort ist relativ einfach: Nur der Tod kann Platz für neues Leben schaffen. Wenn es keinen Tod gäbe, wäre die Erde in kürzester Zeit völlig übervölkert – und niemand hätte mehr Platz zum Leben.

Dennoch tut das Abschiednehmen weh. An Festtagen, die ein Ritual vorgeben, fällt es vielen Menschen leichter, ihren Gefühlen freien Lauf zu lassen. Dazu gehören Tränen – auch Erwachsene dürfen weinen. Kinder spüren dann, dass Trauer kein Zeichen von Schwäche oder Angst ist. Trauer ist ein Zeichen des Abschieds. Doch eines ist klar: Jeder Abschied birgt auch Hoffnung auf etwas Neues!

Sankt-Martins-Fest

Auf Sankt Martin am 11. November freuen sich alle Kinder! Wochenlang wird gebastelt: Es sind die Laternen für den Martinsumzug. Und auch sonst tut sich viel: Lieder werden gesungen und man backt … Keine Frage – das Sankt-Martins-Fest gehört zu den Höhepunkten im Kindergartenjahr. Woher kommen diese Bräuche?

Legende um Sankt Martin

Am Martinstag erinnern die Christen an das Leben des Heiligen Martin (316 bis 397). Martin war ein römischer Soldat und Offizier. Schon immer, heißt es, war er ein hilfsbereiter Mann: Eines Tages traf er einen Bettler, der hungerte und fror. Sankt Martin nahm sein Schwert, teilte seinen weiten Umhang und schenkte die Hälfte dem Bettler. Als er in der Nacht darauf träumte, erschien ihm der Bettler im Traum als Jesus Christus! Danach ließ sich Martin taufen und ging nach Frankreich, um Priester zu werden. Da er sehr hilfsbereit war, wollten die Christen dort, dass er Bischof wird. Doch er fühlte sich nicht

würdig genug und versteckte sich in einem Gänsestall. Die Gänse schnatterten laut und verrieten Martin. Zur Strafe ließ er sie braten. Schließlich wurde Martin doch Bischof von Tours und vollbrachte viele Wunder. Kurz nach seinem Tod wurde er vom Papst heiliggesprochen. Sankt Martin ist Schutzpatron für viele Berufe. Und natürlich beschützt er die Bettler und die Soldaten – und die Haustiere.

Martinstag als Ende des Bauernjahres

Eine schöne Geschichte! Doch warum wird dieser Heilige bei uns so groß gefeiert? Der Martinstag – der heilige Martin wurde am 11. November 397 begraben – markiert traditionell das Ende des Wirtschaftsjahres für die Bauern: Die Bauern hatten ihre Ernte eingebracht und ihre Überschüsse verkauft, Knechte und Mägde ihren Lohn erhalten.

Lieder zu Sankt Martin

Laterne, Laterne

La - ter - ne, La - ter - ne, Son - ne Mond und Ster - ne. Bren - ne auf, mein Licht, bren - ne auf, mein Licht, a - ber nur mei - ne lie - be La - ter - ne nicht! ter - ne nicht ___!

Ich geh mit meiner Laterne

Ich geh mit mei - ner La - ter - ne und
Dort o - ben leuch - ten die Ster - ne, hier
mei - ne La - ter - ne mit mir. Mein Licht geht aus, wir
un - ten, da leu - ch - ten wir.
gehn nach Haus, ra - bim - mel, ra - bam - mel, ra - bumm.

Man zahlte Steuern und Zinsen – meist in Form von Gänsen. So brauchten die Bauern die Tiere den Winter über nicht zu füttern! Daher kommt also der Brauch, dass man an Sankt Martin beziehungsweise am Wochenende darauf eine Martinsgans verspeist!

Martinsfeuer und Laternenumzug
Der Höhepunkt eines jeden Martinsumzugs ist die Teilung des Mantels. Sie wird im Anschluss oft noch mit einem Martinsfeuer gefeiert. Das Feuer und der Lichterumzug stehen möglicherweise in Zusammenhang mit einem liturgischen Fest – einer Lichterprozession, wie sie früher zu hohen Festtagen zum Beispiel auch an Ostern üblich gewesen ist.

Martinslaterne basteln

Viele Kinder basteln im Kindergarten ihre Laterne selbst. Häufig werden auch die Eltern zu einem Bastelnachmittag eingeladen. Damit die Erwachsenen nicht im Dunkeln bleiben, hier die Anleitung für eine Laterne!

Material:
· 1 saubere leere Konservendose
· 1 Filzstift
· 1 Holzleiste (circa 2 cm breit)
· Hammer
· 1 dünner Nagel
· Draht (20 cm)
· Holzstab (20 cm)

So wird's gemacht:
1. Von der Konservendose das Papier entfernen. Mit dem Filzstift ein Muster oder Figuren auf die Dose aufzeichnen, zum Beispiel Spiralen, Sterne, Sonne und Mond.

2. Die Dose über die Holzleiste stecken. Mit Hammer und Nagel kleine Löcher in die Dose schlagen – die Muster und Figuren zeigen, wo gehämmert wird.

3. Oben am Rand der Dose zwei Löcher durchschlagen, den Draht durchziehen, an der Laterne und dem Holzstab befestigen.

4. Ein Teelicht in die Laterne stellen, anzünden – fertig!

Ausstechweckmann und -weckfrau, Martinsgans
Im Rheinland ist es Brauch, Weckmänner oder -frauen zum Martinstag zu backen. Wer keinen ganzen Gänsebraten verspeisen möchte, kann sich auch eine Martinsgans backen. Für die Figuren gibt es Ausstechformen – das Rezept dazu findet ihr im Frühlingskapitel auf Seite 54.

Winter

Plätzchenduft und dicke Schneeflocken, Atemwölkchen vor dem Mund, warme Stuben und stille Landschaften … Dem Winter wohnt ein Zauber inne mit seiner bisweilen klirrenden Kälte, der wunderbaren Weihnachtszeit und den gemütlichen Stunden zu Hause im Kreise der Familie.

Willkommen im Winter

Das Jahr beginnt und endet mit dem Winter. Die kalte Jahreszeit hat einen ganz besonderen Zauber, den jeder für sich entdecken kann. Haben die Bäume erst ihre Blätter abgeworfen, geben sie einen wunderbaren Blick frei auf den endlos scheinenden Winterhimmel. Über Nacht verwandelt Raureif die Wälder und Wiesen in Märchenlandschaften. Es ist, als ob die Natur einmal kräftig ausatmet!

Gerade Orte, die im Sommer sehr belebt sind, kommen nun zur Ruhe. Wer schon einmal einen Winterspaziergang am Strand gemacht hat, kann förmlich spüren, wie eine Erneuerung stattfindet.

Das Wetter bestimmt unseren Alltag im Winter wesentlich stärker als zu jeder anderen Jahreszeit. Sinkt das Thermometer und werden die Tage kürzer, reagieren wir auch körperlich auf diese Umstellung.

Dennoch beeinträchtigen uns die Minustemperaturen kaum. Wir können die Kälte drin in unseren warmen Stuben und draußen mit wetterfester Kleidung gut aushalten. Unsere Vorfahren hatten es da schon schwerer – im Mittelalter kam das öffentliche Leben bei Schneefall oft zum Erliegen. Heutzutage sind wir aber optimal gerüstet für die kalte Jahreszeit.

Deshalb werden die ersten dicken Flocken von vielen sehnsüchtig erwartet. Sie laden ein zu einer fröhlichen Schlittenfahrt, Schneeballschlacht oder Wanderung durch den weißen Winterwald.

Und wer lieber zu Hause bleiben mag, kann sich auf schöne Lese- und Spieleabende freuen. Ob knisterndes Kaminfeuer oder Kerzenschein, Tee oder Kakao, der Duft von süßen Plätzchen oder Gewürzkuchen – keine andere Jahreszeit steht so sehr für Gemütlichkeit. Und selbst wenn Schnee und Eis einmal alles auf den Kopf stellen sollten, dann ist eines doch gewiss: Der Weihnachtsmann findet immer seinen Weg!

Mit dem Advent, Weihnachten und Silvester hat der Winter ein paar tolle Highlights zu bieten. Er beschert uns viele Feiertage und zusätzliche Zeit, die wir mit Familie und Freunden verbringen können. Wer gerne etwas mehr Trubel mag, kommt spätestens an Karneval bzw. Fasching oder der Fastnacht auf seine Kosten. An diesen Tagen wird symbolisch die kalte Jahreszeit vertrieben. Eigentlich schade, doch es muss niemand traurig sei, denn: Der nächste Winter kommt bestimmt!

Wann ist eigentlich Winter?

Für die Meteorologen beginnt der Winter am 1. Dezember eines jeden Jahres und dauert bis zum letzten Tag im Februar.

Der astronomische oder auch kalendarische Winter beginnt etwas später am 21. oder 22. Dezember, dem Tag der Wintersonnenwende. Er dauert mindestens bis zum 19. März, bevor offiziell das Frühjahr einkehrt. Manchmal verschiebt sich der Frühlingsanfang aber auch um ein paar Tage nach hinten.

Wintersonnenwende

In Europa ist es Winter, wenn die nördliche Erdhalbkugel abgewandt zur Sonne steht. Ihre Strahlen können uns dann nur noch schlecht erreichen. Zur Wintersonnenwende erreicht die Sonne ihren tiefsten Stand. Sie geht erst spät auf und früh unter. Selbst bei wolkenlosem Himmel bekommen wir die Sonne hierzulande nur etwa acht Stunden lang zu sehen.

Je weiter man in Richtung Norden reist, desto kürzer ist der Tag. Die Menschen in Skandinavien haben im Dezember nur wenig Tageslicht. Im norwegischen Hammerfest beispielsweise, bekannt als nördlichste Stadt Europas, versteckt sich die Sonne zwei Monate lang hinter dem Horizont. Die sogenannten Polarnächte locken trotzdem viele Besucher an. Die Germanen feierten einst die Wintersonnenwende mit dem Julfest. Alle freuten sich über die „Wiedergeburt" der Sonne. Und tatsächlich werden von nun an die Tage wieder länger. In Schweden heißt übrigens das Weihnachtsfest Jul.

Kanelbullar – Zimtschnecken aus Schweden

Nicht nur zum Julfest wird in Skandinavien gern gebacken und genascht. Eine besonders leckere Spezialität sind Kanelbullar, die schwedischen Zimtschnecken.

Zutaten:
Teig:
- 150 g Butter
- ½ l Milch
- 50 g Hefe
- 125 g Zucker
- 1 TL Salz
- 1 TL Kardamom, gemahlen
- 1 kg Mehl

Füllung:
- 75 g Butter
- 80 g Zucker
- 2 EL Zimt
- 1 Ei

4. Ofen vorheizen und die Schnecken nach der Ruhezeit mit einem geschlagenen Ei bepinseln. Zucker darüberstreuen, es kann übrigens auch Hagelzucker verwendet werden. Die Schnecken werden bei 250° C ungefähr acht bis zehn Minuten gebacken und sollten unter einem Handtuch etwas abkühlen. Am besten schmecken Zimtschnecken, wenn sie innen noch leicht warm sind und wie Brötchen mit etwas Butter bestrichen werden.

Warum Zimt guttut

Zimt wird vor allem im Winter zum Backen und Würzen verwendet. Das feine Gewürz bringt den Kreislauf in Schwung, wärmt und wirkt antibakteriell. Untersuchungen haben außerdem ergeben, dass seine Wirkstoffe den Blutzucker senken. Gewonnen wird Zimt aus der Rinde des Zimtbaumes. Er gibt zwei Sorten: den Ceylon-Zimt und den chinesischen Zimt. Letzterer ist auch bekannt als Cassia-Zimt. Wer häufig Zimt benutzt, sollte besser zu Ceylon-Zimt greifen. Der ist zwar teurer, enthält aber weniger Cumarin. Zu viel Cumarin schadet nämlich der Gesundheit. Es sollte deshalb nur in kleinen Dosen konsumiert werden.

Zauber der Wintersonnenwende

Nicht nur rund um den Polarkreis ist die Wintersonnenwende ein großes Ereignis. Eine besondere Attraktion ist auch der Besuch von Newgrange. So heißt ein jungsteinzeitliches Hügelgrab nördlich der irischen Hauptstadt Dublin. Die Anlage hat einen langen Gang, der in eine kreuzförmige Grabkammer mündet. Das Besondere daran ist, dass nur im Zeitraum der Wintersonnenwende Licht in das Grab dringen kann und es erhellt. Da Newgrange vor

So wird's gemacht:

1. Butter in einem Topf langsam zum Schmelzen bringen und Milch hinzugeben. Die Milch auf ungefähr 37° C erwärmen. Hefe in kleinen Brocken hinzufügen und komplett in der Milch auflösen. Anschließend Zucker, Salz, Kardamom und Mehl beigeben. Die Masse zu einem glatten Teig kneten. Keinesfalls darf der Teig in der Schüssel kleben bleiben, sonst noch mehr Mehl hinzufügen. Die Teigmasse abdecken und an einem warmen Ort mindestens 30 Minuten ruhen lassen.

2. Arbeitsfläche mit Mehl bestäuben. Ist der Teig gut aufgegangen, wird er nochmals durchgeknetet und auf der Arbeitsfläche dünn zu einem Rechteck ausgerollt. Butter für die Füllung zerlassen, danach Zucker und Zimt mischen. Den Teig mit der flüssigen Butter bestreichen und die Zucker-Zimt-Mischung gleichmäßig darauf verteilen.

3. Jetzt muss der Teig der Länge nach eingerollt werden. Von der Rolle 3 cm dicke Scheiben abschneiden. Die einzelnen Stücke müssen mit genügend Abstand zueinander auf das Backblech gelegt werden – Backpapier nicht vergessen! Bevor das Blech in den Ofen kommt, den Teig nochmals 30 Minuten gehen lassen.

über 5000 Jahren gebaut wurde, können wir schlussfolgern, dass unsere Vorfahren schon damals den Lauf der Sonne berechnen konnten.

Ein ähnliches Phänomen lässt sich bei einem Besuch von Stonehenge im Süden Englands beobachten. Dabei handelt es sich um eine Anlage von Steinkreisen, mit deren Errichtung rund 3000 vor Christus begonnen wurde. Die bis zu 50 Tonnen schweren Steine sind so angeordnet, dass sie am kürzesten Tag des Jahres die Richtung des Sonnenuntergangs anzeigen.

Übrigens sollen früher Druiden in dieser Nacht mit goldenen Sicheln Mistelzweige von Eichenbäumen abgeschnitten haben. Der geheimnisvollen Mistel wurden Zauberkräfte zugesprochen. Bis heute gilt ein Mistelzweig unter dem Kopfkissen oder an der Haustür als Glücksbringer. Diese mystische Pflanze ist auch dann ein hübsches Geschenk, wenn sie nicht von einem Druiden überbracht wird.

Dekorieren mit Misteln

Die Mistel wächst auf Laubbäumen und ist gerade im Winter gut zu erkennen. Sie blüht und trägt ihre Früchte im Dezember. Somit ist die Mistel eine absolute Winterpflanze und als Weihnachtsdekoration sehr beliebt.

Eigentlich muss man nur ein hübsches Seidenband um den Zweig legen und das Pflänzchen damit am Türrahmen festbinden. Steht ein Paar unter dem Mistelzweig, muss es sich nach englischem Brauch küssen. Das bringt Liebesglück!

Misteln lassen sich aber auch zu einem Kranz binden oder in einen Kranz einarbeiten. Wer beim Einpacken von Geschenken noch einen kleinen Mistelzweig in die Schleife bindet, gibt seinem Präsent eine besondere Note. Zwei

Dinge gilt es jedoch zu beachten: Kleine Kinder müssen von den Beeren ferngehalten werden, da diese leicht giftig sind. Außerdem dürfen die langsam wachsenden Misteln nicht einfach vom Baum abgeschnitten werden. Es gibt sie aber auf jedem größeren Weihnachtsmarkt und in vielen Blumenläden zu kaufen.

 ## Experiment für kleine Astronomen

Beobachtet, wie die Tage länger werden, und führt darüber Buch. Ihr beginnt damit am Tag der Wintersonnenwende. Die Sonne geht dann in Oberstdorf, das ganz im Süden

Deutschlands liegt, um 16:31 Uhr unter. Schon an Heiligabend erfolgt der Sonnenuntergang eine Minute später.

Ihr wisst ja schon, dass die Tage kürzer sind, wenn ihr euch im Winter in nördliche Richtung bewegt. In List auf Sylt, dem nördlichsten Punkt Deutschlands, geht die Sonne am 21. Dezember schon um 15:59 Uhr unter und am Heiligabend 16:01 Uhr.

Das bedeutet: In Deutschland endet der kürzeste Tag des Jahres je nach Region ungefähr zwischen vier und halb fünf Uhr. In Österreich und der Schweiz dauert er noch ein paar Minuten länger.

Besonders genau lässt sich die Zeit des Sonnenuntergangs ausmachen, wenn man einen See oder Hügel als Fixpunkt benutzt. Ist der rote Ball vollständig am Horizont ins Wasser getaucht, ist die Sonne untergegangen.

Aber Achtung: Es wird nach dem Sonnenuntergang nicht sofort dunkel. Steht die Sonne nur knapp unter dem Horizont, können ihre Strahlen

uns trotzdem noch erreichen. Das bezeichnet man als Dämmerung.

Wenn ihr euer Buch regelmäßig führt, werdet ihr feststellen, wie der Sonnenuntergang sich von nun an täglich verspätet. Am Neujahrstag erfolgt er um 16:08 Uhr auf Sylt und um 16:38 Uhr in Oberstdorf im Allgäu. Einen Monat nach der Wintersonnenwende, am 21. Januar, geht die Sonne auf der nordfriesischen Insel um 16:40 Uhr unter. Damit ist der Tag schon 41 Minuten länger. Die Allgäuer können sich bei gutem Wetter sogar bis 17:03 Uhr an der Sonne erfreuen. Wann geht bei euch die Sonne unter?

Wer aber glaubt, dass es im Norden grundsätzlich dunkler ist, liegt falsch. Was die Tageslänge angeht, überholt der Norden den Süden schon Anfang März. Im Juni ist dann alles auf den Kopf gestellt und die Menschen auf Sylt dürfen sich über besonders lange Sommerabende freuen.

Checkliste für einen guten Start in den Winter

- **Auto rüsten:** Eine Faustregel rät, auf Winterreifen umzusteigen, wenn die Temperaturen unter 7° C sinken. Spätestens sollte der Wechsel aber vor dem ersten Schneefall erfolgen. Wer bei Winterwetter mit Sommerreifen fährt, gefährdet nicht nur den Verkehr, sondern muss bei einer Kontrolle auch 40 € Strafe bezahlen. Außerdem gilt es beim Wintercheck Licht, Batterie und Öl zu prüfen. Frostschutzmittel für Kühler und Scheibenwischwasser nicht vergessen!
- **Wintergarderobe auspacken:** Um im Kleiderschrank Platz zu schaffen, wird die Winterbekleidung während des Sommers gerne im Keller oder auf dem Dachboden gelagert. Bevor Pullis und Mäntel wieder ihren Weg in den Schrank finden, sollten sie ein paar Stunden auslüften. Diese Zeit kann gut genutzt werden,

um die Sommersachen zu sortieren. Was kann weg? Was muss geflickt und was gewaschen werden? Grundsätzlich gilt: Motten mögen keine gereinigte Kleidung. Lavendelsäckchen sorgen zusätzlich dafür, dass Minirock und Bermudashorts den Winter heil überstehen.

- **Schlitten flottmachen:** Damit Rodelfans keinen Tag im Schnee versäumen, muss der Schlitten rechtzeitig flottgemacht werden. Ein warmer, trockener Ort ist der beste Lagerplatz für Holzschlitten. Rost an den Kufen kann mit etwas Schmirgelpapier ganz leicht entfernt werden. Danach die Kufen an ihrer Unterseite mit einer Speckschwarte abreiben oder mit Wachs polieren. Jetzt ist der Schlitten schnell wie ein Blitz!

- **Heizölstand kontrollieren:** Ob Heizöl oder Kaminfeuer – wer es im Winter warm haben will, muss rechtzeitig seinen Brennstoffvorrat auffüllen. Es ist übrigens nicht zutreffend, dass Heizöl im Sommer günstiger ist. Sparfüchse sind häufig besser beraten, wenn sie ihr Heizöl im Dezember, Januar oder Februar kaufen.

- **Wunschzettel schreiben:** Damit kann man gar nicht früh genug anfangen! Woher soll der Weihnachtsmann sonst wissen, was er auf seinen Schlitten packen soll?

- **Weihnachten und Silvester planen:** Wer seine Einkäufe erst auf den letzten Drücker tätigt, macht sich unnötig viel Stress. Das trifft ebenso auf die Planung der Festtage zu. Kaffeetrinken bei Oma, Gottesdienst in der Kirche, Bescherung zu Hause – alles sollte gut organisiert sein. Dabei auch ein paar zeitliche Pufferzonen einkalkulieren, sonst wird Weihnachten zum Marathonlauf. Ganz wichtig: Trotz aller Weihnachtsvorbereitungen Silvester nicht vergessen. Tickets für beliebte Veranstaltungen sind schnell ausverkauft. Bei privaten Feiern besteht diese Gefahr zwar nicht, doch auch die Silvesterparty zu Hause bedarf einer guten Planung.

- **Skiurlaub vorbereiten:** Skihasen müssen prüfen, ob ihre Sportgeräte den Sommer gut

überstanden haben. Ein paar Wochen vor der ersten Abfahrt mit der Skigymnastik beginnen. Kleine Rennfahrer, die in den letzten Monaten fleißig gewachsen sind, brauchen neue Skischuhe, Stöcke und einen neuen Helm. Erwachsene hingegen sollten ihre Ski am Ende einer Saison kaufen, denn da gibt es gute Schnäppchen. Ähnlich verhält es sich übrigens auch mit Schlittschuhen und Schlitten. Besser lange vor dem großen Ansturm zugreifen, damit man am Ende nicht vor leeren Regalen steht. Und wer lieber Sommerurlaub statt Winterferien macht: Die meisten Reiseveranstalter bringen schon vor dem Jahreswechsel ihre Sommerkataloge auf den Markt. Rechtzeitiges Buchen sichert gute Rabatte!

- **Garten und Balkon winterfest machen:** Pflanzen, die nicht winterfest sind, brauchen ein neues Quartier. Sie überstehen den Winter am besten in einem kühlen, frostfreien Raum. Doch auch winterharte Pflanzen benötigen Schutz. Besonders gut zum Abdecken eignet sich Fichtenreisig. Es hält Schnee und Kälte von den Wurzeln fern. Haufen aus Reisig sind auch bei Igeln sehr beliebt. Sie verkriechen sich dort für ihren Winterschlaf.

Leise rieselt der Schnee...

Der Traum von einer weißen Weihnacht – jedes Jahr hoffen wir, dass er sich erfüllt. Schon Anfang Dezember gibt es die ersten Prognosen zum Weihnachtswetter. Dabei kommt es hierzulande häufig nur etwa alle sieben bis zehn Jahre vor, dass über die Feiertage eine geschlossene Schneedecke liegt. In den Mittelgebirgen und am Alpenrand stehen die Chancen deutlich besser. Doch irgendwann erreicht der Schnee auch das Flachland, und spätestens dann ist er da, der Winter.

Wie entstehen Schnee und Graupel?

Mit Schnee und Graupelschauern ist im Winter immer zu rechnen. Aber nur wenn Wolken am Himmel sind, kann es auch schneien. Die Temperatur in den Wolken muss niedrig sein, auf jeden Fall unter 0° C. Dann können aus Wasserteilchen kleine Eiskristalle entstehen. Diese setzen sich an winzigen Staubkörnern fest. Nun verketten sich die sechseckigen Eiskristalle immer weiter zu Schneeflocken. Ist die Flocke schwer genug, fällt sie auf die Erde hinab.

Graupel entsteht, wenn in kälteren Luftschichten Wassertropfen zusammen mit angetauten Schneeflocken zu Körnern verklumpen. Die Kü-

gelchen haben einen Durchmesser von bis zu 5 mm und sind im Gegensatz zu Hagelkörnern kleiner, weicher und leichter.

Eiskristalle als Fensterdeko

Hübsche Eiskristalle als Fensterdekoration sorgen für Winterstimmung, auch wenn es draußen noch nicht geschneit hat.

Material:
- Fotokarton
- Geodreieck
- Schere
- Buntstifte
- Nadel
- Faden

So wird's gemacht:
1. Im Mittelpunkt des Eiskristalles liegt ein Sechseck, dessen Seiten jeweils 2 cm lang sind. Das Sechseck wird mittig auf den Fotokarton gemalt.
2. Um das kleine Sechseck herum ein weiteres zeichnen. Die Linien der äußeren Figur verlaufen parallel zu den Linien der inneren Figur. Dazwischen 1 cm Platz lassen. Die neue Figur wird von zwei weiteren Sechsecken eingerahmt. Am Ende besteht der Eiskristall aus vier Sechsecken, die in Abständen von 1 cm ineinanderliegen.
3. Alle sechs Ecken des Kristalls laufen in einem Kreuz aus. Jedes Kreuz ist 1 cm breit. Das gilt sowohl für die lange Seite als auch für den Querbalken. Die Enden der Kreuze mit einer kleinen Wölbung nach außen zeichnen. Anschließend kann die Figur nach Belieben farbig ausgemalt werden.
4. Figur vorsichtig ausschneiden. Die äußere Spitze eines Kreuzes mit der Nadel durchstechen. Faden durchziehen und die Figur daran aufhängen.

Der perfekte Schnee

Schnee ist nicht gleich Schnee! Die Unterscheidung erfolgt nach zwei Kriterien: Alter (Altschnee oder Neuschnee) und Feuchtigkeitsgehalt.

Bei Skisportlern sehr beliebt ist der Pulverschnee. Er fällt bei niedrigen Temperaturen in ganz feinen Flocken vom Himmel. Pulverschnee ist relativ leicht und trocken. Je trockener der Schnee, desto besser gleiten die Skihasen darüber.

Wer einen Schneemann bauen will, wird sich hingegen über Feuchtschnee freuen. Dieser ist schwerer als Pulverschnee, da er mehr flüssiges Wasser enthält. Die kleinen

Wassertropfen wirken wie Klebstoff und sorgen dafür, dass sich der Schnee gut pressen und formen lässt. Deshalb wird Feuchtschnee auch Pappschnee genannt.

Temperaturen um den Gefrierpunkt sind die besten Voraussetzungen für Pappschnee, der meist in großen Flocken fällt. Enthält der Schnee richtig viel Feuchtigkeit, heißt er Nassschnee. Aus Nassschnee lässt sich das Wasser leicht herauspressen – probiert das doch einmal aus!

 ## Regeln für die Schneeball-schlacht

Aus Pappschnee kann man tolle Bälle formen. Ihr müsst den Schnee einfach mit etwas Druck zusammenpressen. Der ideale Ball ist rund, fest und hat die Größe eines Tennisballs.

Bei einer Schneeballschlacht geht es darum, andere zu treffen und selbst der nassen Abkühlung auszuweichen. Jeder geht alleine als Jäger auf die Pirsch. Großen Spaß macht die Schneeballschlacht auch als Teamwettbewerb. Dazu teilen sich die Spieler in zwei gleich große Gruppen auf. Beide Teams stehen sich an zwei Linien, die parallel zueinander verlaufen, gegenüber. Der Graben dazwischen ist ungefähr 3 m breit.

Die Gruppen bewerfen sich gegenseitig mit Schneebällen. Wer am Oberkörper von einem Ball getroffen wurde, ist ausgeschieden und stellt den Kampf ein. Der Ausgeschiedene muss sich in den Schnee plumpsen lassen. Die Mannschaft, die zuerst komplett am Boden liegt, hat verloren. Noch eine wichtige Regel: Mit den Schneebällen darf man niemals ins Gesicht oder auf den Kopf zielen.

Wetterrekorde im Winter

Der Deutsche Wetterdienst beobachtet und dokumentiert seit vielen Jahrzehnten unser Wetter. Am 24. März 2004 konnte er einen neuen Rekord verzeichnen: Auf Deutschlands höchstem Berg, der Zugspitze, gab es innerhalb von 24 Stunden 1,50 m Neuschnee.

Am 12. Februar 1929 wurde der Kälterekord aufgestellt. Bei –37,8° C bibberten die Menschen im bayerischen Wolnzach. Den kältesten Winter gab es aber 1829/1830 – zumindest, soweit sich die Wetteraufzeichnungen in Deutschland zurückverfolgen lassen.

Ein Wintermärchen aus alten Zeiten?

Häufig hört man den Satz: „Früher gab es noch richtig kalte Winter mit schön viel Schnee." Stimmt das wirklich? Oder trügt die Erinnerung an fröhliche Kindertage mit Schlittenfahrt und Schneeballschlacht? Tatsächlich gab es in den 1940er- und 1960er-Jahren nacheinander mehrere kühle und schneereiche Winter. Wer zu dieser Zeit aufgewachsen ist, wird sich daran erinnern. Insgesamt geht der Trend in den letzten 100 Jahren hin zu milderen Wintern, die feucht und nass sind. Experten führen die Entwicklung auf den Klimawandel zurück.

Was ist Industrieschnee?
Es sind kaum Wolken am Himmel, doch plötzlich werden Autos, Bäume und Dächer von einer dünnen Schneeschicht überzogen. Das deutet auf Industrieschnee hin. Er entsteht bei Temperaturen in Gefrierpunktnähe und zwar so: Wenn große Industrieanlagen viel Wasserdampf ausstoßen, kondensiert dieser an winzigen Staubpartikeln in der Luft und gefriert zu kleinen Eis- oder Schneekristallen.

Der wärmste Winter liegt noch gar nicht so lange zurück. 2006/07 wurde eine Durchschnittstemperatur von 4,4° C ermittelt. Eigentlich liegt die winterliche Mitteltemperatur bei 0,2° C.

Noch ein spannender Rekord: Im Dezember 1965 blieb es auf dem Großen Inselberg im Thüringer Wald mit null Sonnenstunden einen Monat lang ziemlich dunkel.

 ## So könnt ihr das Winterwetter voraussagen

Schneit es oder schneit es nicht? Der Wetterbericht kann euch das sagen. Grundsätzlich gilt: In einem Hoch lösen sich die Wolken auf. Wenn also ein Hoch unser Wetter bestimmt, wird es nicht schneien. In der Nähe eines Tiefs stehen die Chancen besser.

Meteorologen werten viele Daten aus, um vorhersagen zu können, wie groß die Wahrscheinlichkeit auf Schnee ist. Vor einigen Jahrhunderten konnte das Wetter eigentlich kaum vorhergesagt werden. Unsere Vorfahren mussten die Natur beobachten und daraus ihre Schlüsse ziehen.

Tatsächlich gibt es einige Anhaltspunkte, an denen ihr ablesen könnt, wie das Winterwetter wird.

- **Wolken:** Wenn im Winter dunkle Wolken tief am Himmel hängen, könnt ihr auf Schnee hoffen.
- **Temperaturen:** Die Temperaturen dürfen nur ganz knapp über dem Gefrierpunkt liegen, am besten etwas darunter. Ideal sind Werte zwischen 0 und –8° C, dann kann es schöne Flocken geben.
- **Windrichtung:** Beobachtet, aus welcher Richtung der Wind kommt. Wenn es schneien soll, sind nördliche Windrichtungen ideale Voraussetzungen (Nord, Nordost, Nordwest). Wind aus dem Osten kann zwar auch kalt sein, hat aber zumeist kaum Wolken im Gepäck. Wärmere Luftmassen kommen hingegen vom Atlantik und damit aus westlicher und südwestlicher Richtung.
- **Bodennebel:** Gerade zu Beginn des Winters, wenn die Tage noch milder

und die Nächte schon richtig kalt sind, bildet sich früh am Morgen in der Nähe des Bodens häufig Nebel. Zudem ist es mehr oder weniger windstill. Das bedeutet wiederum: Das Wetter steht unter Hochdruckeinfluss, und damit ist die Schneewahrscheinlichkeit gering.

Drei Phänomene, die uns am Winter faszinieren

- **Polarlicht:** Es ist, als hätte Harry Potter seinen Zauberstab geschwungen. Mitten in der dunklen Winternacht färbt ein Licht den Himmel rot, grün oder blau. Besonders gut lässt sich dieses Phänomen beobachten, wenn man nach Lappland reist. Mit Hexerei hat das allerdings nichts zu tun. Verantwortlich für die bunte Lichterscheinung ist die Sonne. Sie schleudert elektrisch geladene Teilchen durch den Weltraum. Trifft dieser Teilchenstrom auf das Magnetfeld der Erde, wird er zu den Polen gelenkt. Dort prallen die Teilchen auf Atome und Moleküle der Lufthülle. Es kommt zu einem Energieaustausch und infolgedessen zu einem farbigen Leuchten.
- **Eisblume:** Meist über Nacht zeichnet das Eis wunderbare Kunstwerke auf unsere Fenster-

scheiben. Damit ein Muster entstehen kann, muss es draußen richtig frostig sein. Ist die Scheibe dünn genug, nimmt sie die Kälte an. Solange unsere Heizung läuft, wird noch keine Eisblume entstehen. Doch wenn wir die Raumtemperatur senken, setzt sich Feuchtigkeit an der kalten Scheibe ab und gefriert. Die Wassermoleküle lagern sich an kleinen Unebenheiten auf dem Fensterglas (zum Beispiel Staubkörnern) an, dabei wachsen mehrere zusammen. So entstehen die tollen Muster.

- **Schneesturm:** Stürme sind eigentlich zu jeder Jahreszeit eindrucksvoll. Doch wenn ein Schneesturm über das Land fegt und die Flocken wild im Wind tanzen lässt, ist die Faszination noch größer. Hat sich das Unwetter verzogen, bleibt eine wunderschöne Winterlandschaft zurück. In Nordamerika gibt es den Blizzard, einen besonders heftigen Schneesturm. Er entsteht an der Rückseite von Tiefdruckgebieten durch heftige Einbrüche polarer Kaltluft. Der Blizzard ist gefürchtet, doch alle Kinder freuen sich – wenn er sich ankündigt, haben sie schulfrei.

Bauernregeln zum Winterwetter
Regnet es an Nikolaus, wird der Winter streng und graus.

Donnert's im Dezember gar, kommt viel Wind im nächsten Jahr.

Weihnachten im grünen Kleid hält für Ostern Schnee bereit.

Auf trockenen, kalten Januar folgt viel Schnee im Februar.

Ist der Januar hell und weiß, wird der Sommer sicher heiß.

Besondere Tage im Winter

Auch im Winter gibt es eine ganze Reihe von Aktionstagen, die uns auf einen bestimmten Zu- oder Umstand hinweisen sollen. So fällt der Welttag der Berge zum Beispiel genau in die Jahreszeit, in der die Wintersportorte voller Menschen sind. Es ist deshalb gut, dass uns ein ausgewählter Tag an die Schönheit und Gefährdung der Berge erinnert. Der 14. Februar hingegen steht ganz im Zeichen der Liebe – dann ist Valentinstag. Mit einer kleinen Geste oder einem Geschenk kann man dann sein Herzblatt erfreuen. Deshalb sollten sich alle Verliebten diesen Tag rot im Kalender anstreichen.

Welttag der Berge

Der Anblick von schneebedeckten Gipfeln, die majestätisch in den Himmel ragen, ist atemberaubend schön. Das weiß jeder, der zum Beispiel schon einmal die Alpen besucht hat oder darüber geflogen ist. Auch unsere Mittelgebirge locken jedes Jahr zahlreiche Besucher an: Im Sommer zum Wandern und Bergsteigen, im Winter zum Skifahren und Rodeln.

Der internationale Tag der Berge wurde von den Vereinten Nationen ins Leben gerufen. Er soll uns immer am 11. Dezember daran erinnern, wie schön und wie bedroht unsere Berge sind. Durch den Klimawandel und die immer milderen Temperaturen schmelzen Teile der Gletscher ab. In den Alpen gibt es rund 5000 Gletscher. Forscher schätzen, dass sich ihre Zahl in den nächsten zwei Jahrzehnten halbieren wird. Da Gletscher rund drei Viertel aller Süßwasserreserven speichern, könnte bald das Trinkwasser knapp werden.

Ferner sind unsere Berge Heimat für viele Tier- und Pflanzenarten. Ob Enzian oder Edelweiß, Gams oder Murmeltier – es ist wichtig, dass wir alles dafür tun, damit ihr Lebensraum nicht zerstört wird. In erster Linie müssen wir dem Klimawandel entgegenwirken.

Dazu kann jeder beitragen: Kleine Umweltschützer sollten zum Beispiel im Haus prüfen, ob die Lampen in den Räumen, die gerade nicht benutzt werden, immer ausgeschaltet sind. Außerdem können sie versuchen, mal ohne Licht einzuschlafen. Es wird bestimmt kein Monster kommen!

Mütter und Väter sind ebenfalls aufgefordert, den Energieverbrauch so gering wie möglich zu halten. Gerade in der kalten Jahreszeit wird viel Heizenergie verschwendet. Auch setzen wir uns witterungsbedingt häufiger ins Auto als aufs Fahrrad. Dadurch gelangt mehr Kohlendioxid in die Luft, was den Klimawandel begünstigt.

Wenn wir uns alle mit ganzer Kraft für den Schutz der Umwelt einsetzen, kommt das den nächsten Generationen zugute. Dann können auch sie sich an der Schönheit der Berge erfreuen.

Stadt, Land, Fluss mit Spickzettel

Spieleranzahl: 2–8 Personen
Alter: ab 10 Jahren
Utensilien: pro Spieler 1 Zettel und 1 Stift

Kennt ihr „Stadt, Land, Fluss"? Es funktioniert so: Jeder Spieler bekommt einen Stift und ein Blatt Papier. Darauf malt er eine Tabelle mit zehn Spalten. Pro Spalte wird eine Überschrift eingetragen und zwar in dieser Reihenfolge:

Stadt / Land / Fluss / Berg / Pflanze / Tier / Name / Beruf / Persönlichkeit / Punkte

Der jüngste Spieler beginnt. Er dreht sich seinem Nachbarn zu und sagt laut „A". In seinem Kopf geht er nun das Abc durch, bis der Nebenmann irgendwann „Stopp!" ruft. Der jüngste Spieler verkündet den anderen, bei welchem Buchstaben er gerade angekommen ist (zum Beispiel S) und gibt damit das Startkommando.

Nun versucht jeder Spieler, möglichst schnell alle Spalten in seiner Tabelle zu füllen. Zuerst muss er

eine Stadt finden, die mit dem vorgegebenen Buchstaben S anfängt (zum Beispiel Stuttgart). Dann benötigt er ein Land mit S (zum Beispiel Schweden). So geht es Spalte für Spalte weiter, nur die letzte bleibt frei.

Wer zuerst sämtliche Spalten ausgefüllt hat, ruft laut: „Fertig!". Jetzt müssen alle den Stift weglegen und die Zettel werden nach rechts geschoben. Jeder liest vor, was seinem Nachbarn eingefallen ist. Pro Begriff gibt es einen Punkt. Der Punktestand wird in die entsprechende Spalte eingetragen. Dann beginnt die nächste Runde.

Haben alle Spieler einen Buchstaben vorgegeben, ist das Spiel zu Ende. Die Punkte aller Runden werden zusammengezählt. Es gewinnt derjenige, der insgesamt die meisten Punkte einheimsen konnte.

Da die Kategorie „Berge" etwas knifflig ist, hier ein kleiner Spickzettel. Damit könnt ihr bei der nächsten Partie „Stadt, Land, Fluss" richtig glänzen und sogar eure Eltern schlagen.

A = Aconcagua (Argentinien, 6962 m)
B = Brocken (Deutschland, 1141 m)
C = Cmir (Slowenien, 2393 m)
D = Däumelkogel (Österreich, 2001 m)
E = Eiger (Schweiz, 3970 m)
F = Feldberg (Deutschland, 1493 m)
G = Großglockner (Österreich, 3798 m)
H = Hochwanner (Deutschland, Österreich, 2746 m)
I = Iberg (Deutschland, 562 m)
J = Jungfrau (Schweiz, Italien, 4158 m)
K = Kibo (Tansania, 5895 m)
L = Liskamm (Schweiz, Italien, 4527 m)
M = Mount Everest (Nepal und China, 8848 m)
N = Napasorsuaq (Grönland, 1590 m)
O = Odenberg (Deutschland, 381 m)
P = Pöhlberg (Deutschland, 834 m)
Q = Qaqqaq Johnson (Grönland, 3683 m)

R = Riesenberg (Deutschland, 1444 m)
S = Schneeberg (Deutschland, 1051 m)
T = Täschhorn (Schweiz, 4491 m)
U = Uetliberg (Schweiz, 869 m)
V = Valtenberg (Deutschland, 587 m)
W = Watzmann (Deutschland, 2713 m)
X = Xueshan (Taiwan, 3886 m)
Y = Yerupaja (Peru, 6635 m)
Z = Zugspitze (Deutschland, Österreich,
    2962 m)

Wie sich Menschen begrüßen

Gute Freunde werden sich vermutlich in
die Arme schließen und kräftig drücken.
Oder sie hauchen sich links und rechts ein
Küsschen auf die Wange. Geschäftspartner
reichen sich in der Regel die Hand. Doch
nicht überall ist es üblich, bei einer Begrüßung Körperkontakt zu haben.

Die Japaner begrüßen sich mit einer kurzen Verbeugung.

Die Thailänder deuten eine Verbeugung
nur an und falten ihre Hände dabei vor der
Brust.

Die Inuit stellen mit dem Eskimokuss den
ersten Körperkontakt her. Dabei reiben sie
ihre Nasen vorsichtig aneinander und können sich so beschnuppern.

Beim Militär wird salutiert, wobei die flache Hand an die Kopfbedeckung gelegt
wird.

Sehr schön ist der Gruß der Gehörlosen.
Sie strecken Daumen, Zeigefinger und den
kleinen Finger aus. Damit werden die
Buchstaben I, L und Y angezeigt – sie stehen für „I love you".

Weltknuddeltag

Der Weltknuddeltag ist am 21. Januar und liegt
damit genau zwischen Weihnachten und dem
Valentinstag. Diesen Zeitpunkt wählte der amerikanische Pfarrer Kevin Zaborney, der den Weltknuddeltag erfunden hat, ganz bewusst. Er hatte
beobachtet, dass die Menschen im kalten und
grauen Januar häufig ihren emotionalen Tief-
punkt erreichen.

Der Weltknuddeltag soll Freude und Spaß bringen. Wie wichtig Körperkon-
takt für den Menschen
ist, haben Studien
längst bewiesen.
Wird ein Säugling
beispielsweise
gleich nach der
Geburt auf den
Bauch seiner
Mutter gelegt,

hört er auf zu weinen. Kuscheln baut Stresshormone ab und unterstützt das Hormonsystem. Wer viel kuschelt, ist ausgeglichener, entspannter und zufriedener.

Deshalb sollten wir uns öfter mal gegenseitig fest in den Arm nehmen oder lieb streicheln. Der Weltknuddeltag soll uns daran erinnern.

So bastelt ihr ein Kirschkernkissen

Wer in den kalten Winternächten ein Kirschkernkissen zum Kuscheln hat, wird garantiert nicht frieren. Das Kissen einfach vor dem Zubettgehen in der Mikrowelle erhitzen, dann hält es euch warm, bis ihr eingeschlafen seid.

Material:
- 500 g Kirschkerne
- Essig
- Baumwollstoff
- Lineal
- Schere
- Nadel und Faden
- Blatt Papier

So wird's gemacht:
1. Die Kirschkerne mehrere Stunden in Essig einlegen, danach in Wasser abkochen. Wenn sich das Fruchtfleisch komplett abgelöst hat, Kerne in der Sonne oder im Backofen bei geringer Hitze trocknen.
2. Vom Baumwollstoff zwei Rechtecke in der Größe 35 cm x 25 cm abmessen und ausschneiden. Legt die Rechtecke genau übereinander. Dabei müssen die Stoffseiten, die später außen sein sollen, innen und gegeneinander liegen.
3. Näht das Kissen an drei Seiten zu. Die vierte Seite wird ebenfalls zugenäht, aber nur bis zur Hälfte. Krempelt das Kissen von innen nach außen um. Das Blatt Papier zu einem kleinen Trich-

ter rollen. Die schmale Öffnung des Trichters in das Loch der Kissenhülle stecken. Jetzt könnt ihr die Kirschkerne problemlos ins Kissen füllen. Vergesst nicht, das Loch anschließend noch gut zuzunähen.

Achtung: Die Kirschkerne nur bei mäßiger Hitze etwa ein bis zwei Minuten lang in der Mikrowelle aufwärmen. Ist die Mikrowelle zu heiß eingestellt, kann das Kissen verbrennen. Deshalb müsst ihr auch in der Küche bleiben und das Kissen während des Aufheizens beobachten.

Welttag des Radios

Bei uns verbreiten sich neue Nachrichten binnen weniger Minuten. Was auch immer in der Welt passiert: Per Internet, SMS, durch das Fernsehen oder einen Anruf werden wir davon erfahren. Doch nicht in allen Ländern ist der technische Fortschritt auf dem neuesten Stand. Dort ist noch immer das Radio der beste Weg, um die Bevölkerung mit Nachrichten zu versorgen oder sie vor einem Unglück (zum Beispiel Unwetter, Tsunami) zu warnen.

Der 13. Februar eines jeden Jahres soll auf die wichtige Bedeutung des Rundfunks aufmerksam machen. Dann ist der Welttag des Radios. Dessen Einführung haben wir der UNESCO zu verdanken – einer Organisation der Vereinten

Nationen, die sich für die Bildung, Wissenschaft und Kultur einsetzt.

In Deutschland wurde die erste Rundfunksendung 1923 ausgestrahlt. Heute gibt es landesweit mehrere 100 Programme. Auch wenn das Internet inzwischen als das schnellere Medium gilt, so sind Radios doch noch viel weiter verbreitet. Fast jedes Auto hat einen Empfänger, auch viele Geschäfte und Büros. Nachrichten erreichen uns auf der Nordseeinsel ebenso wie auf einer einsamen Almhütte. Selbst jenseits der Landesgrenzen sind deutsche Sender zu empfangen. Sie bringen Urlaubern und Auswanderern die Heimat ein Stück näher.

Davon abgesehen ist es wissenschaftlich erwiesen, dass schöne Musik die Stimmung hebt und unsere Blutgefäße erweitert. Somit wird der Blutfluss verbessert. Zwei gute Gründe also, um mal wieder das Radio einzuschalten.

Liedersuppe

Spieleranzahl: ab 2 Personen
Alter: ab 10 Jahren
Utensilien: Zettel, Stift

Liedersuppe ist ein Ratespiel, von dem es mehrere Varianten gibt. Im Mittelpunkt steht aber immer der Text eines Liedes. Ihr braucht dafür nur ein paar Stifte und ausreichend Papier. Außerdem empfiehlt es sich als Vorbereitung auf das Spiel, ein wenig Radio zu hören. Der eine oder andere Musiktitel ist mit Sicherheit eine gute Anregung.

Jeder Spieler überlegt sich einen Song, von dem er den Text kennt und schreibt den entsprechenden Wortlaut auf. Danach beginnt er, die Liedzeilen zu bearbeiten. Die anderen dürfen dabei nicht zusehen.

Einfache Variante: Im Songtext wird jedes zweite Wort gestrichen. Dem Spieler bleibt es selbst überlassen, ob er mit der ersten Strophe anfängt, oder gleich beim Refrain einsteigt. Wenn der Lückentext fertig ist, wird er laut vorgelesen. Die anderen in der Runde müssen raten, welcher Song gesucht wird. Das ist ein großer Spaß! Beispiel: Im folgenden Liedtext wurde jedes zweite Wort weggelassen. Welcher Song ist gemeint?

Lückentext:
EINEN – DER – NAMEN – HOCH – HIMMELS-ZELT – SCHENK – DIR – NACHT – STERN – DEINEN – TRÄGT – ZEITEN – UND – UNSRE – WACHT

Lösung:
unsre Liebe wacht!
Zeiten überlebt und über
nen Namen trägt, alle
Einen Stern, der dei-
dir heut Nacht.
den schenk ich
Himmelszelt,
trägt, hoch am
deinen Namen
Einen Stern, der

Schwierige Variante: Der Spieler schreibt die erste Strophe eines Liedes auf. Dann ordnet er alle notierten Worte nach dem Alphabet. Wieder sollen die anderen erraten, welcher Titel hier gesucht wird.

Beispiel: Von der ersten Strophe eines Songs wurden alle Worte alphabetisch sortiert. Wie heißt der Song?

Abc-Text: BALD – CHRISTKIND – DER – DER – DER – DICH – FREUE – GLÄNZET – KOMMT – LEISE – RIESELT – RUHT – SCHNEE – SEE – STARR – STILL – UND – WALD – WEIHNACHTLICH

Lösung:
Leise rieselt der Schnee, still und starr ruht der See, weihnachtlich glänzet der Wald, freue dich, Christkind kommt bald!

Valentinstag

Alle Floristen freuen sich auf den 14. Februar, dann ist nämlich Valentinstag. Zu diesem Festtag der Liebenden werden gerne Blumen verschenkt. Deshalb wird häufig behauptet, der Valentinstag sei eine Erfindung der Blumenindustrie. Das stimmt aber nicht.

Ganz sicher ist nicht geklärt, woher das Fest seinen Ursprung hat. Es gibt Hinweise, dass dieser Tag auf einen italienischen Geistlichen namens Valentin zurückgeht, der im 3. Jahrhundert lebte. Laut Überlieferung soll er verliebte Paare trotz eines Verbotes von Kaiser Claudius II. christlich getraut haben. Außerdem schenkte er den Brautpaaren Blumen aus seinem Garten. Die von Valentin geschlossenen Ehen galten als besonders glücklich.

Eine andere Legende sagt, dass die Römer einst am 14. Februar ein Fest zu Ehren der Göttin Juno feierten. Juno war die Frau von Jupiter und Schutzpatronin der Ehe. Durch ein Liebesorakel soll sie jungen Mädchen geholfen haben, den richtigen Partner zu finden. Den Frauen in der Familie wurden damals zu diesem Festtag Blumen überreicht – ein Brauch, der sich bis heute gehalten hat.

Lebkuchenherz für den liebsten Schatz

Nicht nur zur Weihnachtszeit stehen leckere Lebkuchen hoch im Kurs. Mit einem selbst gebackenen Lebkuchenherz kann man auch seinen liebsten Schatz am Valentinstag überraschen.

Zutaten:
Herz:
- 160 g Butter
- 400 g Honig
- 200 g Zucker
- 2 TL Lebkuchengewürz
- 3 EL Kakaopulver
- 950 g Mehl
- 1 Prise Backpulver
- 1 Prise Salz
- 3 Eigelb
- 1 EL Milch
- Mehl für die Arbeitsfläche

Dekoration:
- 100 g Schokoladenglasur
- 1 Eiweiß, gekühlt
- 200 g Puderzucker

So wird's gemacht:
1. Butter, Honig, Zucker, Lebkuchengewürz und Kakaopulver mischen und langsam in einem Topf erhitzen. Wenn sich eine glatte, flüssige Masse gebildet hat, den Topf vom Herd nehmen und alles abkühlen lassen.
2. In der Zwischenzeit Mehl und Backpulver in eine Schüssel sieben. 1 Prise Salz, Eigelb und Honigmasse beigeben und alles im Anschluss zu einem glatten Teig verkneten. Falls nötig, noch etwas Milch hinzufügen. Den Teig zugedeckt in der Schüssel einige Stunden ruhen lassen.
3. Damit der Lebkuchen eine schöne Form erhält, das Herz auf einer Pappe vorzeichnen und ausschneiden. Arbeitsfläche und Nudelholz mit Mehl bestäuben. Danach den Teig etwa 1,5 cm dick ausrollen. Lebkuchenherz mithilfe der Schablone ausschneiden und auf das Blech legen. Backpapier nicht vergessen! Lebkuchen im vorgeheizten Ofen bei 200° C 13 bis 15 Minuten backen.

4. Abgekühltes Lebkuchenherz mit Schokolade überziehen. Gekühltes Eiweiß und Puderzucker mit dem Handmixer steif schlagen. Glasur in einen Spritzbeutel füllen und das Herz nach Belieben verzieren.

29. Februar

Wer an einem 29. Februar zur Welt kam, hat sich ein ganz besonderes Datum ausgesucht. Diesen Tag gibt es in unserem Kalender nämlich nur alle vier Jahre. So oder so ist der Februar immer der kürzeste Monat im Jahr. Aber warum hat er mal 28 und mal 29 Tage?

Schuld an den sogenannten Schaltjahren hat die Erde – sie ist schlichtweg zu langsam. Ein Jahr entspricht der Zeit, die die Erde braucht, um einmal die Sonne zu umrunden. Doch dauert die Umrundung tatsächlich etwas länger als 365 Tage. Diese Extrazeit von jährlich rund fünf Stunden und 48 Minuten wird auf eine Art Sonderkonto gepackt.

Nach vier Jahren sind auf dem Konto dann fast 24 Stunden aufgelaufen, was einem zusätzlichen Tag entspricht. Der 29. Februar wurde also eingeführt, um die Differenz zwischen Sonnen- und Kalenderjahr auszugleichen. Sonst würden wir Weihnachten irgendwann nämlich im Sommer feiern.

Kluge Rechenfüchse wissen natürlich, dass trotz dieses Tricks die Gleichung nicht ganz aufgeht. Deshalb wurden einige Schalttage wieder gestrichen. Sicher ist aber: 2012, 2016, 2020, 2024 und 2028 waren bzw. sind Schaltjahre.

Dann haben in Deutschland auch die schätzungsweise 55.000 Schaltjahr-Geburtstagskinder einen besonderen Grund zum Feiern.

Eingeführt hat das Schaltjahr übrigens der römische Kaiser Gaius Julius Caesar (100 bis 44 v. Chr.). Damals wurde noch der 24. Februar als Schalttag auserkoren und doppelt in den Kalender gesetzt.

 ## So könnt ihr die Schaltjahre berechnen

Schaltjahr oder nicht? Findet es selbst heraus! Grundvoraussetzung für ein Schaltjahr: Die Jahreszahl muss auf jeden Fall restlos durch vier teilbar sein wie beispielsweise das Jahr 2016 (2016 : 4 = 504).

Ist die Jahreszahl aber gleichzeitig durch 100 teilbar, wird der Schalttag wieder gestrichen. Das passierte zuletzt im Jahr 1900.

Jetzt wundert ihr euch vielleicht, warum 2000 ein Schaltjahr war. Schließlich ist 2000 sowohl durch vier als auch durch 100 teilbar. Grund dafür ist diese Sonderregel: Kann die Jahreszahl durch 400 geteilt werden, ist immer ein Schaltjahr. Dieser spezielle Fall tritt aber erst wieder im Jahr 2400 ein.

Könnt ihr jetzt herausfinden, wann das nächste Schaltjahr gestrichen wird?

Wenn die Natur schläft

In der kalten Jahreszeit nimmt sich die Natur eine Auszeit. Viele Tiere halten Winterruhe oder -schlaf, einige verfallen sogar in die Winterstarre. Die Zugvögel haben sich in den warmen Süden abgesetzt. Mit dem ersten Bodenfrost verlieren die Bäume ihre letzten Blätter. Doch auch im Winter gibt es in der Natur viele interessante Dinge zu beobachten. Außerdem kann man dazu beitragen, dass Fauna und Flora die kalten Tage gut überstehen.

Die Natur braucht den Winter

Niedrige Temperaturen sind vielen Bauern durchaus willkommen. Das Wintergetreide braucht nämlich einen Kälteimpuls, um Blüten bilden zu können. Bleibt es dauerhaft mild, wird das Wachstum gestört. Landwirte müssen dann genauso wie in extrem kalten Wintern mit einem Ertragsrückgang rechnen. Entgegen der verbreiteten Meinung kann Dauerfrost den meisten Schädlingen nichts anhaben. Ein „Frostschutzmittel" im Körper sichert das Überleben. Blattläuse haben allerdings keine Chance: Ihre Zahl reduziert sich bei Kälte. Hat es die Blattlaus aber ins warme Stübchen geschafft, kann sie den Winter auf einer Zimmerpflanze gut überstehen.

 ## Tierspuren im Schnee bestimmen

Nicht alle Tiere sind im Winter träge. Wenn es ordentlich schneit, könnt ihr bei einem Spaziergang durch die Natur herausfinden, welche Wald- und Wiesenbewohner noch aktiv sind. Sie hinterlassen unterschiedliche Abdrücke im Schnee.

Hasen: Die Spuren von Hasen und Kaninchen sind länglich. Sie haben in etwa die Form eines Ypsilons. Zwei ovale Abdrücke liegen nebeneinander. Darunter sind mittig zwei weitere Abdrücke zu finden. Ändert die Spur plötzlich ihre Richtung, hat der Hase einen Haken geschlagen.

Mäuse: Die Maus hat ein besonderes Merkmal, das sie verrät: ihren langen Schwanz. Er hinterlässt im Schnee eine feine Schleifspur zwischen den kleinen Fußabdrücken.

Eichhörnchen: Bewegt sich das Eichhörnchen im Schnee, macht es kleine Hüpfer. Dabei landet der Kletterkönig mit seinen großen Hinterfüßen vor den Vorderfüßen. Der Abstand zwischen den Hinterfüßen ist breiter, seine Vorderfüße setzt das Eichhörnchen hingegen eng nebeneinander. Zu finden sind die Spuren des Eichhörnchens in der Nähe von Bäumen.

Rehe: Das Reh gehört zu den sogenannten Paarhufern. Beide Hufe laufen nach oben hin spitz zu. Die Abdrücke im Schnee sind in zwei Reihen zueinander versetzt. Rehe treten mit ihren Hinterläufen häufig auf die Spur der Vorderläufe. Dadurch kann im Schnee ein doppelter Abdruck entstehen.

Vögel: Der Abdruck einer Vogelkralle sieht aus wie ein kleiner Tannenzweig. Von einem mittleren Strang gehen strahlenförmig drei feine Linien ab. Obwohl Vögel relativ leicht sind, sind ihre Spuren gut zu sehen.

Welche Tiere halten Winterschlaf?

Wenn die Böden frieren und der erste Schnee fällt, können viele Tiere nicht mehr genügend Nahrung finden. Bei monatelangem Frost hätten sie keine Überlebenschance. Doch mithilfe einer klugen Taktik schaffen sie es trotzdem, über den Winter zu kommen.

Zuerst fressen sie sich bis zum späten Herbst ein dickes Fettpolster an. Dann suchen die Tiere nach einem frostfreien und halbwegs warmen Quartier. Gut eignen sich zum Beispiel Höhlen, alte Gebäude, Scheunen, hohle Baumstämme oder Laubhaufen. Haben sie es sich dort gemütlich gemacht, beginnen die Tiere zu schlafen. Sie schlummern nicht etwa nur ein paar Tage und Wochen, sondern viele Monate bis weit in den Frühling hinein.

Der Winterschlaf rettet ihnen das Leben, denn alle lebenswichtigen Funktionen werden in dieser Zeit heruntergefahren. So atmen die Dauerschläfer im Ruhezustand viel seltener, der Herzschlag verlangsamt sich und die Körpertemperatur sinkt auf knapp über dem Gefrierpunkt ab. In diesem Zustand verbraucht der Körper kaum Energie. Die angefutterten Reserven reichen aus, um den Kreislauf stabil und den Winterschläfer am Leben zu halten.

Diese Tiere halten Winterschlaf

- Igel
- Fledermaus
- Murmeltier
- Siebenschläfer
- Haselmäuse

Neben den Winterschläfern gibt es auch Tiere, die nur in Winterruhe gehen. Das Eichhörnchen bekommt beispielsweise von der kalten Jahres-

zeit kaum etwas mit. Doch manchmal wacht es auf, um die eigenen Vorratskammern zu plündern. Das schlaue Tierchen hat nämlich schon im Herbst ein paar Nüsse und Bucheckern im Erdreich oder in Bäumen versteckt. Diese Vorräte muss das Eichhörnchen nur wieder aufstöbern, dann kommt es damit gut durch den kalten Winter.

Igeln beim Überwintern helfen

Falls ihr einen Winterschläfer findet, weckt ihn nicht auf! Wird nämlich sein Kreislauf angeregt, benötigt er wieder mehr Energie. Mit seinen Energiereserven muss er aber gut haushalten, um sich in den Frühling zu retten.

Ihr könnt den Tieren aber bei der Suche nach einem Winterquartier helfen. Der Igel braucht beispielsweise ein trockenes, windgeschütztes Plätzchen. Das lässt sich vielleicht unter einer Treppe, Veranda oder im Schuppen finden. Schichtet an passender Stelle Hölzer, Reisig oder Laub zu einem Haufen mit Hohlraum auf. Noch besser ist es, wenn ihr einen kleinen Holzkasten oder festen Pappkarton habt. Deckt die Box mit Reisig ab. Der Eingang muss aber groß genug sein und frei bleiben. Mit etwas Glück stöbert ein Igel das Quartier auf und macht es sich dort bequem. Dann braucht ihr nur noch dafür zu sorgen, dass der Besucher nicht mehr gestört wird.

Wann der Igel mit seinem Winterschlaf beginnt, hängt von den Temperaturen draußen ab. Meist schlummern sie von November oder Dezember bis in den März hinein. Igel sind es gewohnt, so lange durchzuschlafen, und es geht ihnen in ihrem Heim wirklich gut. Deshalb den kleinen Freund nicht mit ins Haus nehmen – damit tut ihr ihm keinen Gefallen.

Hilfe brauchen nur Igel, die im Winter durch den Garten irren oder die im späten Herbst weniger als ein halbes Kilo wiegen.
In diesem Fall legt einen Karton mit Zeitungspapier aus. Den Igel vorsichtig in ein Handtuch wickeln und behutsam in die Box setzen. Bringt ihn schnell zur nächsten Igelstation oder zum Tierarzt. Bitte dem Tier keine Milch vorsetzen, das ist absolut schädlich. Besser etwas Katzenfutter anbieten, das bekommt dem stacheligen Gesellen ganz gut.

Welche Vögel bleiben im Winter hier?

Im bekannten Kinderlied „Alle Vögel sind schon da" werden Amsel, Drossel, Fink und Star besungen. Laut Liedtext wünschen sie uns ein frohes Jahr. Tatsächlich überwintern diese Vogelarten meist in der Heimat. Das gilt sogar für den Star, der mit den zunehmend milden Wintern hier bei uns gut zurechtkommt.

Bei den Buchfinken setzen sich die Weibchen in den Süden ab und lassen die älteren Männchen zurück. Ebenso bleiben die Elstern, Krähen, Raben, Sperlinge, Meisen und noch viele andere Vogelarten hier. Das Rotkehlchen kann man im Winter nicht nur häufig sehen, sondern auch hören. Und dann gibt es noch den Fichtenkreuzschnabel. Er ist der heimliche König unter den Wintervögeln, denn er brütet in der kalten Jahreszeit.

Ebenfalls haben sich der Haussperling und die Kohlmeise eine Medaille verdient. Sie wurden bei der Aktion „Stunde der Wintervögel" am häufigsten gesichtet. Der Naturschutzbund Deutschland organisiert diese jährliche Vogelzählung, an der sich jeder beteiligen kann.

Vogelimbiss basteln

Wollt ihr den Vögeln die Suche nach Futter erleichtern? Dann bastelt eine Futterglocke! Damit könnt ihr Meisen, Sperlinge, Spechte und andere Vögel in euren Garten locken.

Material:
- 150 g Kokos- oder Rinderfett
- 200 g Vogelkörner
- 2 EL Haferflocken
- 1 langer Zweig
- mindestens 1 m Paketschnur (dick)
- 1 kleiner Blumentopf mit Loch im Boden
- Knetmasse

So wird's gemacht:
1. Das Fett im Kochtopf schmelzen. Es sollte warm und flüssig sein, darf aber auch nicht zu heiß werden. Vogelkörner einrühren und Haferflocken beigeben. Das Fett ein paar Minuten abkühlen lassen.
2. Von einem Ende des Zweiges 10 beziehungsweise 12 cm abmessen. Das Stöckchen zwischen

diesen beiden Messpunkten mehrfach stramm mit der Schnur umwickeln und diese fest verknoten. Die Schnur soll einen richtig dicken Wulst bilden. Ihr dürft aber nicht die ganze Schnur um das Ästchen binden, lasst von beiden Enden ungefähr 20 cm übrig.
3. Das kurze Zweigende mit den beiden Schnurenden von innen durch das Loch im Blumentopf stecken. Ganz wichtig: Euer Stöckchen muss so lang sein, dass es oben und unten mindestens 10 cm aus dem Topf ragt. Die Stelle, die ihr mit der Kordel umwickelt habt, bildet eine Art Pfropfen. Wird die Futterglocke später an den Schnurenden aufgehängt, kann das Stöckchen nicht mehr durch das Loch im Blumentopf rutschen. Gleichzeitig dichtet die Kordel das Loch ab.
4. Ist das Fett gut abgekühlt und schon etwas zähflüssig geworden? Dann kann es in den Blumentopf gefüllt werden. Prüft vorher noch einmal, ob euer Pfropfen das Loch auch wirklich vollständig abdichtet. Zur Not mit etwas Knetmasse nachhelfen.
5. Wenn das Fett wieder richtig fest geworden ist, könnt ihr den Blumentopf umdrehen und an einem Baum aufhängen. Wählt aber besser einen Platz im Schatten aus, damit das Fett nicht wieder schmilzt.

Gesund durch den Winter

Ein langer Winter mit viel Schnee – für uns ist das gar kein Problem, denn wir sind gut vorbereitet. In den Stuben ist es mollig warm, und draußen schützt warme Kleidung vor der Kälte. Wenn es früh dunkel wird, brauchen wir nur das Licht einzuschalten. Auch auf eine vitaminreiche Ernährung muss im Winter niemand verzichten. Es ist einfach nur wichtig, dass wir in der kalten Jahreszeit etwas mehr auf uns achten, damit keine Erkältung die Winterfreuden trübt. Dann ist es gleich auch noch einmal so gemütlich!

Warum friert der Mensch?

Der menschliche Körper hat im Normalfall eine Temperatur von knapp 37° C. Je kälter es um uns herum ist, desto größer wird der Unterschied zwischen Körper- und Umgebungstemperatur. Rezeptoren in der Haut nehmen die Kälte wahr und senden Signale an das Gehirn. Dort werden Maßnahmen ergriffen, die verhindern sollen, dass wir zu viel Körperwärme abgeben. So ziehen sich beispielsweise Blutgefäße zusammen, Hände oder Füße werden weniger gut durchblutet und fühlen sich kalt an. Das ist für uns zwar unangenehm, doch dadurch wird die Durchblutung der lebenswichtigen Organe sichergestellt.

Zusätzlich haben wir eine Art Heizmechanismus in unserem Körper. Wenn unsere Muskeln zucken, beginnen wir zu zittern, gleichzeitig erzeugt die permanente Muskelanspannung Wärme. Falls auch Kiefermuskeln bei der Wärmeerzeugung im Einsatz sind, macht sich das durch Zähneklappern bemerkbar.

Übrigens frieren Kinder schneller als Erwachsene und Frauen eher als Männer. Das ist euch bestimmt auch schon einmal aufgefallen: Während Papa noch im T-Shirt dasitzt, kuschelt ihr schon mit Mama unter der Decke. Das liegt daran, dass die männliche Haut Körperwärme besser isoliert. Außerdem haben Frauen und Kinder weniger Muskeln, die „innere Heizung" ist deshalb nicht so effektiv wie bei Männern.

Die perfekte Winterkleidung

Nie mehr frieren! Wer mehrere dünne Schichten Kleidung übereinander trägt, ist besser vor der Kälte geschützt. Luftschichten zwischen den einzelnen Lagen speichern die Wärme. Außerdem kann je nach Bedarf eine Schicht an- oder ausgezogen werden. So bleibt die Wohlfühltemperatur erhalten.

tungsviren können leichter eindringen. Deshalb ist es wichtig, dass wir uns warmhalten.

Und wenn die Zähne doch mal klappern – warmes Wasser bringt den Körper schnell wieder auf Wohlfühltemperatur.

- **Warm baden:** Ein warmes Bad tut gut und entspannt die Muskeln. Aber nicht zu heißes Wasser (maximal 38° C) einlaufen lassen – das belastet unnötig den Kreislauf.
- **Heiß duschen:** Duschen ist die schnelle Alternative zum Vollbad. Auch hierbei nur mäßig heißes Wasser benutzen, das ist besser für die Haut. Kling komisch, aber: Zum Schluss kurz kalt abbrausen – so bleibt das Wärmegefühl länger erhalten. Regelmäßige Wechselduschen (dreimal warm und dreimal kalt) stärken übrigens das Immunsystem.
- **Fußbad:** Ein kurzes Fußbad mit Senfmehl wirkt Wunder. Dafür zwei Esslöffel Senfkörner im Mörser zerstoßen und ins wadenhohe Wasser geben. Füße so lange im Wasser lassen, bis sie richtig warm sind und zu brennen beginnen. Maximal zehn Minuten und nur bei gesunder Haut anwenden!

- **Unterwäsche:** Egal welche Kleidung man trägt – die Unterwäsche sollte unbedingt aus Kunstfasern (zum Beispiel Polyester) sein. Baumwolle saugt zwar Schweiß auf, trocknet aber nur langsam. Dadurch frieren wir schneller.
- **Kopfschutz:** Ist der Körper warm eingepackt, darf die Mütze nicht fehlen. Sonst strömt Körperwärme über den Kopf in die Kälte. Früher nahm man an, dass der Wärmeverlust sogar mehr als 40 % beträgt. Diese Studien sind inzwischen überholt. Trotzdem gilt: Nackte Haut ist immer eine Schwachstelle, wie das Leck einer Heizung. Deshalb auch Handschuhe und Schal nicht vergessen!
- **Handschuhe:** Fäustlinge sind besser als Fingerhandschuhe, da sich die Finger im Handschuh gegenseitig wärmen können.
- **Stiefel:** Winterschuhe dürfen nicht zu eng sein. Wenn die Füße von einer isolierenden Luftschicht umgeben sind, bleiben sie länger warm.

Wasser – das Wundermittel gegen Kälte

Frieren ist „out", denn es macht uns anfälliger für Krankheiten. Wenn sich zum Beispiel die Blutgefäße in unserer Nase bei Kälte zusammenziehen, wird ihre Funktionsfähigkeit eingeschränkt. Erkäl-

- **Abwasch erledigen:** Schmutzige Töpfe und Pfannen nicht in die Spülmaschine stecken, sondern von Hand mit heißem Wasser schrubben. Dabei kommt man schön ins Schwitzen!
- **Wärmflasche:** Eine Wärmflasche im Bett ist immer noch die zuverlässigste Methode, um mit warmen Füßen einzuschlafen. Achtung: Verschluss immer gut zudrehen. Flasche schon 15 Minuten vor dem Zubettgehen unter die Decke legen, damit sie etwas abkühlen kann und das Bett schön vorgewärmt ist.

Wunderwurzel Ingwer

An Ingwer kommt man im Winter nicht vorbei! Die darin enthaltenen Scharfstoffe fördern nicht nur die Durchblutung, sondern wirken auch antibakteriell. In der Ingwerwurzel stecken unter anderem Vitamin C, Eisen, Magnesium, Kalzium und verschiedene ätherische Öle. Deshalb wird das knollige Gewächs häufig zur Behandlung von Erkältungskrankheiten eingesetzt. Einfach die Wurzel schälen, in dünne Scheiben schneiden und diese mit heißem Wasser aufgießen. Ist der Sud etwas abgekühlt, kann man gut damit gurgeln. Auch wer sich nach einem üppigen Weihnachtsessen unwohl fühlt, sollte frisch geschälten Ingwer kauen. Das hilft gegen Übelkeit!

Gewürztee – der kräftige Einheizer

Glühwein, Grog und Punsch sind im Winter sehr beliebt. Doch auch Heißgetränke ohne Alkohol können einem tüchtig einheizen. Gewürztee ist beispielsweise eine tolle Alternative – er schmeckt nicht nur feurig und lecker, sondern ist auch noch gesund.

Zutaten:
- 4 Kardamomkapseln
- 3 Gewürznelken
- 1 Pfefferkorn
- 1 kleine Zimtstange
- ½ l Wasser
- 15 g Ingwer
- 5 TL Schwarzteeblätter
- 3 EL Honig, alternativ ½ Päckchen Vanillezucker
- ½ l Milch

So wird's gemacht:

1. Kardamomkapseln, Nelken und Pfefferkorn im Mörser vorsichtig zerdrücken. Zimtstange zerbröseln und unterrühren.

2. Die Gewürze in einem Topf kurz anrösten, dann mit Wasser aufgießen. Den geschälten Ingwer in dünne Scheiben schneiden und ins Wasser ge-

ben. Alles kurz aufkochen lassen und anschließend bei geringer Wärmezufuhr 15 Minuten
ziehen lassen.

3. Teeblätter beigeben, Honig unterrühren und
alles nochmals einige Minuten ziehen lassen.
Wer keinen Honig mag, kann alternativ Vanillezucker benutzen. Milch unterrühren. Alle Zutaten nochmals erhitzen, aber nicht mehr aufkochen.

4. Den Tee durch ein feines Sieb gießen und
servieren. Wer will, kann das milchige Getränk
auch noch ein wenig aufschäumen.

Hausmittel gegen Erkältungs-krankheiten

Experten schätzen, dass der Mensch in seinem
Leben von durchschnittlich 200 Erkältungen
geplagt wird. Eine ganze Menge, oder? Es gibt
viele unterschiedliche Viren, die einen grippalen Infekt verursachen können. Deshalb ist
eine gezielte Behandlung auch schwierig. Doch
mit einfachen Mitteln lassen sich die Beschwerden, die eine Erkältung mit sich bringt, schnell
lindern.

- **Schnupfen:** Wenn die Nasenschleimhaut an-
schwillt, behindert uns das beim Atmen. Ein
Dampfbad mit Kamille befreit die Nase. Dafür
eine Handvoll Kamillenblüten mit 1 l kochend
heißem Wasser übergießen. Über die Schüssel beugen, höchstens 30 cm Abstand halten.
Badehandtuch über den Kopf legen, damit
der Dampf direkt ins Gesicht zieht und nicht
entweichen kann. In dieser Haltung 15 Minuten ausharren. Taschentücher bereithalten!
- **Husten:** Meist ist ein Husten erst trocken, dann
schleimig. Zwiebeltee hilft, damit sich der
Schleim lösen kann. Eine Zwiebel in Scheiben
schneiden und sechs bis acht Minuten in ½ l
Wasser köcheln lassen. Flüssigkeit durch ein
Sieb gießen und mit Honig süßen. Tee möglichst heiß trinken.
- **Halsschmerzen:** Auf die entzündungshem-
mende Wirkung von Quarkwickeln vertrauten
schon unsere Großmütter. Speisequark auf
einem sehr dünnen Baumwolltuch verstreichen. Die Quarkschicht sollte etwa 0,5 cm
dick sein. Anschließend das Tuch einmal
der Länge nach falten und um den Hals wickeln. Schal oder Handtuch um den Wickel
binden und so lange warten, bis der Quark
trocken ist.

 ## Ein Morgenspaziergang, der Wunder wirkt

Im Winter verbringen wir zwangsläufig weniger
Zeit im Freien. Doch Stubenhocker, die jede Kälte meiden, tun sich keinen Gefallen. Die Heizungsluft reizt nämlich unsere Haut und Atem-

wege. Außerdem reicht das Deckenlicht nicht aus, um die Bildung von Serotonin anzuregen. Serotonin ist ein Hormon, das gute Laune macht. Deshalb heißt es auch im Winter: Ab an die frische Luft!

Ein zügiger Spaziergang von 15 Minuten täglich wirkt Wunder. Am besten in den Morgenstunden laufen, selbst wenn der Himmel grau und bedeckt ist. Das macht fit für den ganzen Tag. Bei extremer Kälte müssen wir uns nicht nur richtig warm einpacken, sondern auch einen Schal um Mund und Nase binden. So bleiben die Atemwege geschützt. Übrigens ist es generell wichtig, durch die Nase zu atmen, da so die Luft auf dem Weg in die Bronchien besser erwärmt wird.

Drei kurze Wintertipps

- Räume nicht zu stark beheizen. 18° C im Schlafzimmer und um die 22° C im Wohnzimmer sind in der Regel ausreichend. Regelmäßiges Lüften nicht vergessen!
- Durch die trockene Winter- und Heizungsluft verliert die Haut Feuchtigkeit. Deshalb den Körper nach dem Duschen und Baden immer mit fetthaltigen Cremes einschmieren.
- Auf eine vitaminreiche Ernährung achten. Wintergemüse hat wertvolle Inhaltsstoffe und stärkt unsere Abwehr. Kohl, Rüben und Rote Bete dürfen auf dem Speiseplan nicht fehlen.

Geschichte vom kleinen Winterkobold

Hast du schon einmal von Willybu gehört? So heißt der kleine Kobold, der mit der Aufgabe betraut ist, uns Menschen den Winter zu bringen. Willybu musste lange die Schulbank drücken, denn er hatte viel Unsinn im Kopf. Doch irgendwann rief ihn der Schuldirektor zu sich und sprach: „Willybu, es war nicht immer leicht mit dir. Aber im letzten Jahr hast du uns gezeigt, dass wir dich guten Herzens aus der Schule entlassen können."

Obwohl sich Willybu über diese Nachricht sehr freute, blieb er still. Was der Direktor wohl von ihm erwartete? Die Antwort kam sogleich: „Wie du weißt, muss jeder Kobold irgendwann eine Aufgabe übernehmen. Wir haben beschlossen: Von heute an sollst du im Winter den Schnee bringen."

Willybu war aufgeregt – jetzt würde er endlich beweisen können, was in ihm steckte! Er würde es tüchtig schneien lassen, die schönsten Flocken, die es je gab. Ungeduldig wartete der Kobold von nun an auf den nächsten Advent. Dann, so stand es in seinem Zauberbuch, sollte der erste Schnee fallen.

Anfang November machte sich Willybu auf den Weg. Er wollte schauen, ob schon alles für den Winter vorbereitet war. Zuerst gelangte der Kobold auf einen Bauernhof. Die Tür zum Wohnhaus stand offen und aus dem Flur drangen Stimmen. Eine alte Bäuerin sprach: „Der Winter braucht von mir aus gar nicht zu kommen. Diese Kälte tut meinen Knochen nicht gut."

Willybu war entsetzt. Es gab Menschen, die sich nicht auf den Winter freuten? Mit hängendem Kopf schlich sich der kleine Kobold davon. Prompt wurde er von einem Eichhörnchen entdeckt und angesprochen: „Warum bist du so niedergeschlagen?"

„Die Bäuerin hat gesagt, sie mag den Winter nicht", erklärte Willybu.

Das Eichhörnchen überlegte kurz und sagte dann: „Ich brauche auch keinen Schnee. Da finde ich meine Nüsse so schlecht wieder!"

Und noch bevor der Kobold antworten konnte, hatte sich das Eichhörnchen davongemacht.

In den nächsten Tagen war Willybu traurig. Er hatte sich so gefreut, als Winterkobold den Schnee zu bringen. Doch offensichtlich wollte niemand Schnee haben. So verstrichen der erste, zweite und dritte Advent, ohne dass nur eine Flocke vom Himmel gefallen wäre.

Schließlich bekam Willybu Besuch von seinem ehemaligen Direktor.

„Wo bleibt der Schnee? Es ist längst an der Zeit", ärgerte sich der Schulleiter.

„Alle schimpfen nur auf den Winter, keiner will Schnee", verteidigte sich Willybu verzweifelt.

Überrascht sah der Rektor den kleinen Kobold an: „Aber Willybu, weißt du denn nicht, dass man es mit dem Wetter niemals allen recht machen kann? Nun ist eben Winter, also erledige deine Aufgabe!"

Willybu überlegte die ganze Nacht. Stimmte das, was der Rektor gesagt hatte? Am nächsten Tag machte er sich ans Werk. Und pünktlich zum vierten Advent rieselten große Schneeflocken auf die Erde hinab. Innerhalb weniger Stunden war die Landschaft von einem weißen Teppich überzogen.

Willybu hatte gezaubert. Als der Kobold stolz sein Werk begutachtete, dachte er: Wie schön alles aussieht! Plötzlich hörte er gar nicht weit entfernt lautes Kindergeschrei. Schnell versteckte sich Willybu hinter einem Baum. Von hier aus konnte er beobachten, wie immer mehr Kinder kamen.

„Endlich Schnee! Das hat so lange gedauert", rief ein rothaariger Junge seinem Freund zu.

Ein kleines Mädchen freute sich: „Jetzt kann der Weihnachtsmann auf seinem Schlitten kommen!" Den ganzen Tag über spielten die Kinder vergnügt im Schnee. Sie lachten und sangen, bauten Iglus und Schneemänner, bis ihre Wangen rot glühten.

Es war der schönste Tag für Willybu. Abends sank der Kobold selig in sein Bett. Nie mehr würde er daran zweifeln, dass es immer jemanden geben wird, der sich über Schnee freut. Und mit diesem Gedanken schlief der kleine Winterkobold glücklich ein.

Spaß im Winter

Der Winter hat viele Gesichter. Wenn draußen der Nordwind ums Haus pfeift, ist es drinnen ganz besonders gemütlich. Mit einer Tasse Tee und einem guten Buch vergeht ein Winterabend wie im Flug. Wenn aber die Sonne vom blitzblauen Himmel strahlt, dann heißt es: Runter vom Sofa, ab nach draußen! Nie ist die Luft klarer und besser als an einem sonnigen Wintertag.

 ## Schneemann bauen

Schneemänner sind eine besondere Spezies: Man sieht sie nur im Winter, dann aber in großer Menge. Sie stehen in Gärten und bewachen die Häuser. Manchmal tummeln sie sich auch auf Schulhöfen oder Wiesen. Und dann sind sie plötzlich alle fort, manchmal innerhalb weniger Stunden. Doch das macht nichts, denn sobald es wieder schneit, könnt ihr sie zu neuem Leben erwecken. Besonders gut geht das mit Pappschnee.

So wird's gemacht:

1. Formt mit den Händen drei kleine, feste Bälle.

2. Rollt die Bälle gleichmäßig durch den Schnee, sodass sie immer größer werden. Je feuchter der Schnee, desto besser bleibt er an den Kugeln haften. Den Schnee zwischendurch immer wieder festklopfen. Die erste Kugel so lange rollen, bis sie die Größe eines Hüpfballs hat. Die zweite Kugel muss etwas kleiner sein, die dritte ist die kleinste. Sie sollte in etwa so groß wie ein Basketball sein.

3. Die große Kugel gibt dem Schneemann ein gutes Fundament. Darauf setzt ihr mittig die zweite Kugel und drückt sie fest. Die kleinste Kugel kommt obendrauf, sie ist der Kopf.

4. Der Schneemann braucht Arme. Das können zwei Äste sein, die ihr links und rechts in die mittlere Kugel steckt. Manche Schneemänner haben keine Arme, halten aber trotzdem einen Reisigbesen.

5. Habt ihr dunkle Knöpfe, Kastanien oder Kohlestücke? Drückt sie dem Schneemann ins Gesicht, so bekommt er Augen und Mund. Fehlt nur noch die Nase in Gestalt einer dicken Karotte.

6. Ob Schal oder Mütze – der Schneemann ist nicht wählerisch und freut sich über jede Art der Bekleidung. Besonders cool ist es, wenn ihr ihm einen Zylinder aufsetzt.

Grüße vom Schneemann

Im Winter gibt es viele Anlässe, zu denen man Grußkarten verschicken kann. Ob zu Weihnachten oder Neujahr – über eine selbst gestaltete Karte, auf der ein Schneemann die Grüße überbringt, freut sich der Empfänger ganz bestimmt.

Material:
- blauer Fotokarton
- weiße Fingerfarben
- schwarzer Filzstift
- Schere
- Lineal
- Bleistift

So wird's gemacht:
1. Auf dem Fotokarton eine 22 cm x 15 cm große Fläche abmessen und ausschneiden. Den Ausschnitt in der Mitte zu einer 11 cm x 15 cm großen Karte falten. Auf der Vorderseite der Karte einen Schneemann mit Bleistift vorzeichnen. Er besteht aus übereinander angeordneten Kreisen.
2. Den Zeigefinger in die weiße Farbe tunken. Farbe etwas abtropfen lassen, dann den vorskizzierten Schneemann mit Fingerabdrücken ausfüllen. Der schwarze Filzstift gibt dem Schneemann zum Schluss noch Augen, Mund, Nase und einen Hut.

Wintersport tut gut!

Bewegung an der frischen Luft ist auch im Winter gesund. Rutschen die Temperaturen jedoch in den zweistelligen Minusbereich, müssen die Atemwege durch einen Schal geschützt werden.

Ebenso ist auf warme Kleidung und gutes Schuhwerk zu achten. Ansonsten gelten auch im Winter die gleichen Regeln wie zu jeder anderen Jahreszeit:

- Gerade beim Skifahren ist es wichtig, die Muskulatur vorher aufzuwärmen.
- Wer in den Bergen Sport treibt, darf den Sonnenschutz (mindestens Lichtschutzfaktor 30) nicht vergessen.
- Die eigenen Kräfte nicht überschätzen – lieber langsam anfangen und allmählich steigern.
- Auch wenn die Kälte unser Empfinden trübt: Wer sich anstrengt, der schwitzt, und wer schwitzt, muss ausreichend trinken.
- Nach dem Sport schnell ins Warme gehen, durchgeschwitzte Kleidung sofort wechseln!

Sportarten, bei denen jeder mitmachen kann

Langlaufen, Skifahren, Snowboarden und Eishockey sind die klassischen Wintersportarten. Doch es gibt auch andere körperliche Betätigungen, die kaum Vorkenntnisse erfordern. Der Vorteil: Jeder kann sofort mitmachen!

Schlittschuhlaufen

Eislaufen ist wie Radfahren: Mit etwas Übung stellt sich schnell der Erfolg ein. Schlittschuhe sollten einen festen Schaft haben und eng anliegen. Sie dürfen aber nicht drücken. Mit kleinen Schritten beginnen, dabei Füße sauber aufsetzen. Anfänger üben besser auf der Schlittschuhbahn und nicht auf dem See, denn dort gibt es weniger Stolperfallen. Der schöne Nebeneffekt: Eislaufen trainiert die Beinmuskulatur und bringt das Herz-Kreislauf-System in Schwung.

Eiskegeln

Benötigt werden sieben Kegel und ein Eisstock (Gleitkörper aus dem Eisstockschießen). Die Kegel in drei parallelen Linien ans Ende der Eisbahn stellen. In der mittleren Reihe stehen hintereinander drei Kegel in einem Abstand von 30 cm. Links und rechts davon werden je zwei Kegel platziert.

5 m entfernt davon den Abwurfpunkt markieren. Wer einen alten Teppich übrig hat, kann diesen dort auslegen. Jeder Teilnehmer erhält drei Versuche. Er stellt sich mit dem Eisstock auf den Teppich und holt aus. Der Eisstock muss so geworfen werden, dass er schwungvoll über die Bahn gleitet und möglichst viele Kegel trifft. Die Anzahl der umgefallenen Kegel wird notiert.

Nach dem Wurf alle Kegel wieder aufstellen. Nun ist der Nächste an der Reihe. Haben alle Spieler drei Versuche absolviert, wird ihre Trefferzahl addiert. Jetzt fehlt nur noch der Königswurf. Jeder hat einen Versuch. Die Anzahl der gefallenen Kegel ist Multiplikator der bisherigen Punkte. Wer beispielsweise nur fünf Kegel in drei Versuchen umgehauen hat, kann trotzdem 35 Punkte erzielen – vorausgesetzt, er räumt mit dem Königswurf alle Kegel ab. Es gewinnt der Spieler mit der höchsten Punktzahl.

Rodeln

Wer hat gesagt, dass es für Rodeln eine Altersgrenze gibt? Mit dem Schlitten den Berg nach unten brausen, das ist ein Spaß für Jung und Alt! Für kürzere Abfahrten eignet sich ein Gummireifen sehr gut. Gerade Erwachsene können in einem großen, dicken Reifen bequem den Hang hinabgleiten. Dabei dreht sich das Ge-

fährt auch noch um die eigene Ache, das bringt viel Spaß.

Gut lenken lassen sich Bobs und Holzschlitten. Junge Rodelfans lieben den Bob. Wer sich ganz flach in die Plastikschale legt, nimmt schön viel Tempo auf. Allerdings ist auch etwas Sportlichkeit gefragt – Kopf und Beine dürfen nicht den Schnee berühren, sonst wird die Fahrt gebremst.

Der gute alte Holzschlitten hat einen anderen Vorteil: Man kann darauf auch zu zweit ins Tal zischen. Doch egal wie man vom Berg runterkommt, jeder Aufstieg verbessert die Kondition.

Kleiner Schneeballwettbewerb

Das Prinzip des Schneemanns ist einfach: Die größere Kugel trägt die kleinere. Doch wie viele Kugeln kann man aufeinanderstapeln, wenn alle in etwa gleich groß sind? Macht einen Wettbewerb. Jeder muss möglichst viele Schneebälle formen, so groß wie Tennisbälle. Doch damit nicht genug: Die Bälle werden aufeinandergesetzt, sodass ein Turm entsteht. Natürlich sollte die unterste Kugel etwas größer sein als die oberste. Wer hat nach einer Minute die meisten Bälle in seinem Turm untergebracht? Aber immer gut auf die Balance achten – damit der Turm nicht vorzeitig einstürzt.

Plan B für schlechtes Wetter

Schützen, Steinböcke und Wassermänner kennen das Problem: Wenn sie Geburtstag haben, ist an eine Gartenparty nicht zu denken. Was also tun, wenn im Haus nicht genug Platz für alle Gäste ist? Ein kleiner Ausflug ist die perfekte Alternative!

- **Besuch im Hallenbad:** Viele Hallenbäder und Thermen haben weitaus mehr zu bieten als nur ein Schwimmbecken. Während sich die Kleinen auf der Rutsche oder im Wellenbad vergnügen, können die Großen bei einem Saunagang entspannen. Das entschlackt den Körper und stärkt das Immunsystem.
- **Ab zu den Sternen:** In Deutschland gibt es rund 200 Planetarien und Volkssternwarten. Dort können wir erfahren oder selbst beobachten, welche Sterne und Planeten am Winterhimmel strahlen.
- **Alle Kegel abräumen:** Ob Kegel- oder Bowlingbahn – wer Sport und Spiel verbinden möchte, ist hier genau richtig. Das Gute ist: Man braucht weder Vorkenntnisse noch Ausrüstung. Die passenden Schuhe gibt es leihweise vor Ort.

Tannenbaumkegeln

Spieleranzahl: 2–8 Personen
Alter: ab 6 Jahren
Utensilien: 9 Kegel, Kugel, Zettel, Stift

Tannenbaumkegeln ist ein beliebter Wettbewerb auf Weihnachtsfeiern. Jeder kann sofort einsteigen, egal ob Kegelprofi oder Anfänger. Es geht nicht darum, mit jedem Wurf möglichst viele Kegel zu treffen. Vielmehr wird den Spielern vorgegeben, welche Anzahl an Kegeln zu Fall kommen soll.

Gespielt wird in zwei Teams. Jede Gruppe bekommt ein Stück Papier. Darauf wird ein Tannenbaum gezeichnet, der aus Zahlen besteht:

- Den Stamm des Tannenbaums bildet eine Eins.
- Die Eins steht mittig unter einer Zahlenreihe, die aus acht Zweien besteht.
- Darüber kommen sieben Dreien.
- Noch eine Reihe höher folgen sechs Vieren, dann fünf Fünfen und vier Sechsen.
- Auf die Sechsen wird dreimal die Sieben gesetzt und darauf kommen zwei Achten.
- Die Spitze des Weihnachtsbaums besteht aus einer Neun.

Die Teams kegeln im Wechsel. Nach jedem Wurf werden die umgefallenen Kegel gezählt. Die entsprechend erreichte Zahl darf das Team in seinem Weihnachtsbaum durchstreichen. Beispiel: Ein Spieler trifft mit seinem Wurf alle Kegel. Die Neun wird damit im Baum gestrichen. Falls einer aus diesem Team nochmals alle Neune versenkt, nützt es nichts – die Neun steht nämlich nur einmal im Zahlenbaum.

Es gewinnt die Mannschaft, die zuerst alle Zahlen auf dem Tannenbaum abhaken konnte.

Ein gemütlicher Abend zu Hause

Wenn es draußen ungemütlich ist, kommen Stubenhocker, Leseratten und Schlemmermäuler voll auf ihre Kosten. Ohne schlechtes Gewissen können sie sich zu Hause einkuscheln. Der Winter ist die beste Jahreszeit für einen schönen Filmnachmittag, ein gemeinsames Essen mit Freunden oder einen fröhlichen Kartenabend.

Snip Snap Snorem – das Kartenspiel für Groß und Klein

Spieleranzahl: 2–7 Personen
Alter: ab 5 Jahren
Utensilien: Kartenspiel mit 32 Blatt (2–4 Spieler) oder 52 Blatt (5–7 Spieler)

Der Geber verteilt im Uhrzeigersinn verdeckt pro Spieler immer ein Blatt, bis der Stapel leer ist. Es macht nichts, wenn manche in der Runde eine Karte weniger haben. Der Spieler links vom Geber beginnt. Er darf ein beliebiges Blatt ausspielen (zum Beispiel Herz Bube). Nun ist sein linker Nebenmann an der Reihe. Hat auch er einen Buben, legt er diesen ab und sagt „Snip". Besitzt er keinen, muss er passen. So geht es weiter im Uhrzeigersinn, bis ein Spieler den dritten Buben ablegt und „Snap" sagt.

Derjenige, der den vierten und letzten Buben hat, meldet „Snorem". Er darf den Stich behalten und die nächste Karte ausspielen. Grundsätzlich gilt: Wer eine angespielte Karte bedienen kann, muss sein Blatt auch ablegen. Es kann natürlich vorkommen, dass ein Spieler zwei Buben hat. Dann spielt er zuerst den einen Buben aus und wenn er wieder an der Reihe ist den anderen. Wer drei oder vier Buben hat, kann diese gleich zusammen aufdecken – er macht damit auf jeden Fall den Stich.

Liegen alle Karten auf dem Tisch, wird die Anzahl der Stiche pro Spieler notiert. Eine Partie dauert so lange, bis jeder einmal mit dem Geben dran war. Es gewinnt derjenige, der insgesamt die meisten Stiche abräumen konnte.

Wer wird Sieger beim Ausstechen?

Spieleranzahl: 2 Personen
Alter: ab 8 Jahren
Utensilien: beliebiges Kartenspiel

Ihr seid zu zweit und sucht ein schnelles Kartenspiel? Dann tretet doch mal im Ausstechen gegeneinander an. Die Karten werden gemischt und gleichmäßig zwischen euch aufgeteilt. Ihr

dürft sie aber nicht ansehen, sondern müsst die Karten zu einem verdeckten Stapel zusammenschieben.

Jeder nimmt das oberste Blatt vom Stapel und dreht es um. Derjenige, der den höheren Wert hat, macht den Stich. Wer einen Stich gewonnen hat, muss diesen wieder verdeckt unter den eigenen Stapel schieben. Jetzt deckt ihr die nächste Karte oben vom Stapel auf. Das Spiel dauert so lange, bis ein Spieler dem anderen alle Karten abgeknöpft hat.

Falls einmal zwei Blätter gegeneinander ausgespielt werden, die den gleichen Wert haben, bleiben die Karten erst einmal liegen. Der Gewinner des nächsten Stichs darf dann alle vier Karten einsammeln.

Fondue – das gesellige Winteressen

Fondue gibt es in zahlreichen Variationen: Das leckere Käsefondue steht bei Vegetariern hoch im Kurs, Naschkatzen lieben Schokoladenfondue, und das klassische Fleischfondue ist ein beliebtes Silvestergericht. Das Schöne am Fondue ist: Alles lässt sich perfekt vorbereiten. So kann während des Essens die Familie gemeinsam am Tisch sitzen und stundenlang schlemmen.

Wer ein Fondue machen möchte, benötigt einen speziellen Topf. Für Käse- oder Schokoladenfondue ist ein Keramiktopf am besten geeignet. Wird hingegen Fett erhitzt, sollte der Topf aus Edelstahl sein. Doch egal welcher Topf – heiß gemacht wird das Fondue auf einem kleinen Kocher, genannt Rechaud (sprich: reschoh).

Hier sind inzwischen die Elektrobrenner auf dem Vormarsch. Wer es ursprünglicher mag, sollte Brennpaste statt Spiritus verwenden. Das ist besser für die Raumluft! Und natürlich gehören zu einer Fondue-Ausstattung auch die richtigen Gabeln mit dem XXL-Stiel.

Käsefondue nach Schweizer Art

Das ist der Klassiker unter den Fondues – direkt aus den Schweizer Alpen!

Zutaten für 4 Personen:
- 1 Knoblauchzehe
- 1 EL Zitronensaft
- 350 ml trockener Weißwein
- 500 g Greyerzer Käse, geraspelt
- 300 g Emmentaler Käse, geraspelt
- 1–2 EL Stärkemehl
- 1 Schuss Kirschwasser
- Muskat, gemahlen
- Pfeffer
- Salz
- 1 Laib Weißbrot

So wird's gemacht:
1. Mit der Knoblauchzehe den Fonduetopf ausreiben. Zitronensaft und 300 ml Wein in den Fondue-topf geben und auf der Herdplatte erwärmen. Nach und nach unter ständigem Rühren den geraspelten Käse beigeben. Achtung: Der Käse muss langsam schmelzen und dann aufkochen.
2. Das Stärkemehl mit dem restlichen Wein vermischen und in den Topf rühren. Zum Schluss Kirschwasser beigeben. Ist der Käse beim Rühren noch zu flüssig, hilft ein weiterer Teelöffel Stärke. Falls die Creme zu zäh ist, noch etwas Wein zugeben. Den Käse mit Muskat, Pfeffer und Salz würzen und im Topf auf das Rechaud stellen.
3. Weißbrot in mundgerechte Stücke schneiden. Brotstück mit der Gabel aufpicken und in den Käse tunken. Rühren nicht vergessen, damit sich das Brot schön vollsaugt. Beim Essen ist auch darauf zu achten, dass die Käsemasse schön heiß gehalten wird. Gerade am Anfang darf es ruhig etwas blubbern im Topf.

Lustige Fonduetradition
Wer sein Brotstückchen im Fonduetopf verliert, muss traditionell eine Aufgabe erfüllen. Die Herren geben, falls ihnen dieses Missgeschick passiert, eine Runde Schnaps aus. Noch mehr Einsatz wird von den Damen verlangt: Sie müssen ihren männlichen Sitznachbarn küssen. Das ist aber immer noch besser als im Buch „Asterix bei den Schweizern". Dort wird der, der dreimal sein Brot verliert, mit einem Gewicht an den Füßen im See versenkt.

Schokoladenfondue für kleine Leckermäuler

Träumt ihr manchmal davon, im Schlaraffenland zu leben? Dort, wo die Flüsse aus Schokolade sind? Dann holt euch das Schlaraffenland doch einfach nach Hause. Es ist kinderleicht! Schoko-fondue-Sets sind nicht teuer und funktionieren prima. Ein Teelicht hält eure Schokolade schön flüssig und warm. Falls ihr aber kein Set habt, könnt ihr natürlich die Schokolade auch im Kochtopf lassen und dort die Früchte eintunken.

Zutaten für 4 Personen:
- frische Früchte (zum Beispiel Bananen, Trauben, Erdbeeren, Ananas)
- 300 g Vollmilchschokolade (wahlweise auch weiße Schokolade)
- 250 g Sahne
- 1 EL Orangensaft

So wird's gemacht:
1. Zuerst müsst ihr die Früchte in mundgerechte Häppchen schneiden, dann die Schokolade zerbröseln. Füllt die Sahne in einen kleinen Topf und wärmt sie auf dem Herd vor. Anschließend werden die Schokostückchen in die Sahne eingerührt. Ihr dürft die Herdplatte nicht zu hoch einstellen. Die Schokolade soll ganz langsam in der mäßig heißen Sahne schmelzen.
2. Sobald sich die Schokolade aufgelöst hat, gebt ihr noch einen Schuss Orangensaft in den Topf. Das Ganze gut verrühren und in den Fonduetopf umfüllen. Jetzt könnt ihr mit der Gabel ein Fruchtstück aufspießen und es in die Schokolade tauchen. Nach einem kurzen Moment die Gabel wieder herausziehen, Schokolade abtropfen lassen, einmal kräftig pusten, und schon könnt ihr die leckere Schokofrucht genießen.

Die schönsten Winterfilme

Schnee kennt leider keinen Terminplan. Manchmal zieht sich der graue Herbstnebel bis in den Dezember hinein und man muss scheinbar ewig auf die weiße Pracht warten. Dann gilt es eben, das Wetter auszutricksen. Mit dem richtigen Film kommt garantiert jeder in Winterstimmung, auch wenn noch keine Flocken in Sicht sind.

- „Doktor Schiwago": Die herzzerreißende Liebesgeschichte zwischen Dr. Jurij Schiwago und seiner Lara spielt in Russland. Die Aufnahmen der wunderschönen Winterlandschaften, die im Film zu sehen sind, stammen jedoch aus Finnland.
- „Ice Age": In diesem lustigen Animationsfilm dreht sich alles um die Abenteuer eines Mammuts, eines Faultiers und eines Säbelzahntigers – das ist ein großer Spaß für die ganze Familie.
- „Und täglich grüßt das Murmeltier": Ein Wetteransager erlebt den Albtraum seines Lebens: Er ist auf einer Dienstreise und steckt wegen eines Schneesturms fest. Aber jeden Morgen, wenn er aufwacht, ist es der 2. Februar. Ob der Wettermann in der herrlich schrägen Komödie auch mal den 3. Februar erleben wird?
- „Drei Haselnüsse für Aschenbrödel": Ein schöneres Happy End gibt es nicht: Nach zahlreichen Irrungen und Wirrungen reiten Aschenbrödel und ihr Prinz in diesem zauberhaften Märchen über die verschneiten Felder ihrem Glück entgegen.

Feste im Winter

Keine Jahreszeit hat so viele Feste wie der Winter. Ob lustig oder besinnlich, laut oder leise, Feuerwerk oder Kerzenschein – für Abwechslung ist auf jeden Fall gesorgt. Schon am 11. November starten die Narren ihren Countdown. Sie warten auf Karneval, Fasching oder Fastnacht.

Auch werden die Tage gezählt, wenn es im Dezember auf Weihnachten zugeht. Mit jeder Tür, die sich am Adventskalender öffnet, steigt die Vorfreude auf das große Fest aller Christen. Von Chile bis Italien, von Deutschland bis zu den Philippinen feiern Menschen die Geburt Jesu Christi.

Und dann hält das Jahr an seinem letzten Tag noch einen ganz besonderen Knaller bereit. Laut, bunt und fröhlich wird an Silvester das alte Jahr verabschiedet und das neue begrüßt. Es gibt al-so im Winter genügend Gelegenheiten, um ausgiebig zu feiern.

Schön daran ist: Jeder kann sich sein Fest so gestalten, wie er möchte. Wer die Silvesterparty lieber auslässt, ist am Neujahrstag fit für einen ausgedehnten Spaziergang. Doch ganz egal wie gefeiert wird: Jedes Fest ist ein schöner Anlass, um Zeit mit der Familie zu verbringen oder Freunde zu treffen!

Gesetzliche Feiertage im Winter

- Neujahrstag: In Deutschland, Österreich, der Schweiz und vielen anderen Ländern ist der 1. Januar ein Feiertag.
- Heiligedreikönigstag: Am 6. Januar haben die Schüler in Baden-Württemberg, Bayern und Sachsen-Anhalt garantiert frei, denn das Dreikönigsfest ist hier ein gesetzlicher Feiertag.
- Weihnachtsfeiertage: Der 25. Dezember ist wie der 26. Dezember ein bundesweiter Feiertag. Während am ersten Weihnachtsfeiertag in nahezu ganz Europa alles stillsteht, wird am zweiten Weihnachtsfeiertag in manchen Ländern schon wieder gearbeitet.
- Nikolaus, Heiligabend, Silvester, Weiberfastnacht, Rosenmontag und Aschermittwoch sind keine offiziellen Feiertage. Trotzdem dürfen diese Anlässe natürlich gefeiert werden.

Die gemütliche Adventszeit

Die Adventszeit beginnt am vierten Sonntag vor dem Christfest und endet an Weihnachten. Manchmal kann der vierte Advent auch auf Heiligabend fallen. Der Begriff Advent geht auf das lateinische Wort *adventus* zurück, das bedeutet „Ankunft". Gemeint ist die Ankunft von Jesus Christus auf der Erde.

Bereits im sechsten Jahrhundert bestimmte Papst Gregor I. (540 bis 604), dass es vier Adventssonntage geben soll. Der erste Advent steht für den Einzug Jesu in Jerusalem, der zweite für die Wiederkunft Christi. Die folgenden Sonntage sind Johannes dem Täufer und Maria, der Mutter Jesu, gewidmet.

Auf jeden Fall ist der Advent eine besonders gemütliche Zeit. Die Kleinen freuen sich jeden Tag darauf, wenn sie wieder ein Türchen an ihrem Adventskalender öffnen dürfen. Am Adventskranz brennen die Kerzen und verbreiten festliche Stimmung. Weihnachtsmärkte im ganzen Land laden zum Bummeln ein. Wer lieber zu Hause bleibt, kann leckere Plätzchen backen oder sich der Weihnachtspost widmen, damit Karten und Pakete noch pünktlich zum Fest ankommen.

So bekommt eure Weihnachtspost mehr Pepp

Wenn eure Eltern Geschenke verpacken, dann bittet sie darum, alle Papier- und Bandreste aufzuheben. Selbst wenn sich damit nichts mehr

einpacken lässt, könnt ihr mit kleinen Stücken Geschenkpapier oder Schleifenband eure Weihnachtskarten schön aufpeppen.

Abgabetermin für die Weihnachtspost
Gerade vor Weihnachten herrscht bei der Post Hochbetrieb, deshalb müssen Päckchen und Pakete rechtzeitig auf den Weg geschickt werden. Für Sendungen innerhalb Deutschlands gilt: In der Regel reicht es aus, wenn zwei volle Werktage dazwischenliegen. Wer am 21. Dezember sein Päckchen abgibt, ist bestimmt auf der sicheren Seite. Fällt Heiligabend aber auf ein Wochenende oder den Wochenanfang, dauert es länger. Wird ein Paket in die Europäische Union verschickt, sollte man mindestens zwei Wochen einplanen. Und die Tante in Amerika bekommt ihr Geschenk rechtzeitig, wenn dieses Ende November bei der Post ist.

Tannenbäume aus Geschenkpapier

Material:
- Papierreste
- Lineal
- Bleistift
- Schere
- einfarbige Geschenkkarte
- Kleber

So wird's gemacht:
1. Papier auslegen und drei Dreiecke einzeichnen. Alle Seiten müssen die gleiche Länge haben. Ob 3, 4 oder 5 cm – das hängt von der Größe des Papierrestes ab. Schneidet die Dreiecke aus. Die werden nun in einer senkrechten Linie vorn auf die Karte geklebt. Dabei zeigen alle Spitzen nach oben.
2. Das untere und das mittlere Dreieck müssen mit der Spitze die Unterkante des darüberliegenden Dreiecks mittig berühren. Sie dürfen sogar ein paar Millimeter unter das obere Dreieck geschoben werden. Somit ziert ein kleiner Tannenbaum aus Geschenkpapier eure Weihnachtskarte. Ihr könnt auch verschiedene Papiere benutzen, dann ist der Baum schön bunt.

Geschenkkarte mit Schleife

Material:
- Klappkarte
- Lineal
- Locher
- Geschenkband (mindestens 20 cm)

So wird's gemacht:
1. Klappkarte zusammenfalten. Die Seite, die der gefalteten gegenüberliegt, bekommt mittig ein Loch. Setzt das Loch ganz nahe an den Rand. Der Steg zwischen Loch und Papierkante sollte maximal 1 cm breit sein. Achtet darauf, dass der

Locher die Vorder- und Rückseite der Karte durchbohrt.
2. Jetzt müsst ihr nur noch das Geschenkband durch die Löcher ziehen und eine kleine Schleife binden. Der Empfänger der Karte kann diese erst aufklappen und lesen, wenn er die Schleife gelöst hat.

Woher kommt der Adventskalender?

Auch wenn die Adventszeit schon früh beginnt, ist Heiligabend immer erst am 24. Dezember – da hilft kein Quengeln und kein Klagen. Doch glücklicherweise gibt es den Adventskalender, mit dem sich die Wartezeit prima überbrücken lässt. Die jüngeren Fans von Weihnachtsmann und Christkind dürfen im Dezember jeden Tag ein Türchen öffnen, bis das große Fest gekommen ist. Hinter den Türchen verstecken sich hübsche Bilder, leckere Süßigkeiten oder sogar kleine Geschenke.

Doch wer hat den Adventskalender erfunden? So ganz genau lässt sich das nicht sagen. Früher haben sehr gläubige Familien in der Vorweihnachtszeit Tag für Tag ein Bild aufgehängt. Somit hingen an Heiligabend 24 Bilder an der Wand. Auch gab es die Variante, Anfang Dezember 24 Kreidestriche aufzumalen. Die Kinder durften dann täglich einen Kreidestrich wieder wegwischen.

Diese Art der Zählung hatte natürlich äußerlich noch keine Ähnlichkeit mit einem Adventskalender. Erst 1908 gab es ein vergleichbares Modell, allerdings noch ohne Türchen. Der Münchener Lithograf Gerhard Lang (1881 bis 1974) druckte 24 hübsche Zeichnungen. Die Kinder sollten an jedem Tag eine der Zeichnungen ausschneiden und damit einen großen Bogen Pappe bekleben.

Angeblich wurde Gerhard Lang von seiner Mutter zu dieser Idee inspiriert. Sie soll einst für ihren Sohn 24 Kästchen auf Karton gezeichnet haben. Jedes Kästchen enthielt ein Plätzchen. Damit wurde dem kleinen Gerhard das Warten aufs Christkind versüßt.

Adventskalender selbst machen

Adventskalender gibt es in allen Variationen zu kaufen. Doch die selbst gemachten Kalender sind natürlich viel lustiger. Bastelläden habe eine große Auswahl an Vorlagen und Anleitungen. Wer es jedoch noch einfacher und günstiger haben möchte, sollte alle frisch gewaschenen Wollsocken zusammensuchen. Egal ob Paare oder Einzelstücke – beim Sockenkalender bekommen auch die Exemplare ihren großen Auftritt, deren Partner von der Waschmaschine verschluckt wurden.

Material:
- Zeitung
- 24 Wäscheklammern aus Holz oder weißem Plastik
- Gold- oder Silberspray
- 3 m gekordeltes Geschenkband (dick)
- Schere
- 24 Wollsocken

So wird's gemacht:
1. Eine alte Zeitung auf dem Balkon oder der Terrasse ausbreiten. Wäscheklammern darauf verteilen und mit dem Spray lackieren. Plastikklammern erhalten so einen edlen, glanzvollen Look. Wer es lieber natürlich mag, kann auch Holzklammern benutzen und auf das Einsprühen verzichten.

2. Kordel in zwei gleich lange Stücke schneiden. Die vier Enden so umlegen, dass jeweils eine kleine Schlaufe entsteht. Die Schlaufen mit einem Knoten festmachen. Beide Kordeln waagerecht wie Wäscheleinen an den Maschen aufhängen.

3. Besonders hübsch sieht es aus, wenn die Schnüre quer durch den

Raum gespannt sind. Oftmals bieten verschnör-kelte Treppengeländer, Regale oder Knaufe an Schränken gute Möglichkeiten zur Befestigung. Aber auch über dem Türrahmen oder Kaminsims macht sich der Sockenkalender gut.

4. Zum Schluss werden an jeder Kordel zwölf Wäscheklammern samt Socken angebracht. Na-türlich müssen die Klammern nach dem Einsprü-hen zuerst gut trocknen, damit sie nicht abfär-ben. Welches Präsent in die Socken gesteckt wird, bleibt jedem selbst überlassen: Es muss aber gar nicht teuer sein. Der Empfänger freut sich wahrscheinlich auch, wenn er Kärtchen mit einem kurzen Vers oder einem lieben Kompli-ment in seinem Kalender findet.

Wer erfand den Adventskranz?

Den Adventskranz erfunden hat der Theologe Johann Hinrich Wichern (1808 bis 1881). Er leite-te in Hamburg eine Einrichtung für schwer er-ziehbare Kinder. Da seine Schützlinge immer sehnsüchtig auf Weihnachten warteten, kam dem Heimleiter eine tolle Idee. Zur Adventszeit stellte er 19 kleine rote Kerzen und vier große weiße Kerzen auf ein Rad aus Holz. An jedem Tag durfte eine neue Kerze angezündet werden: an Werktagen eine rote, an Sonntagen eine weiße.

Einige Jahre später wurde das Rad zusätzlich mit Tannenzweigen geschmückt.

Heute haben die Adventskränze nur noch vier große Kerzen. Entzündet werden sie am Sonntag und immer der Reihe nach, wie auch dieses Gedicht vorgibt: Advent, Advent, ein Lichtlein brennt. Erst eins, dann zwei, dann drei, dann vier – dann steht das Christkind vor der Tür!

Pflegetipps für den Adventskranz

Im christlichen Glauben stehen Kränze und auch Ringe für die Ewigkeit, denn sie haben keinen Anfang und kein Ende. Leider sind Ad-ventskränze aber nicht wirklich für die Ewigkeit gemacht – je nach Qualität beginnen sie schon nach wenigen Tagen zu nadeln. Hier ein paar Pflegetipps:

- Beim Kauf darauf achten, dass der Kranz saftig grün ist und frisch gebunden wurde. Fallen bereits im Laden die Nadeln ab, sieht der Kranz schon bald wüst aus und ist auch leich-ter brennbar.
- Egal ob Weihnachtsbaum oder Adventskranz: Nordmanntannen behalten in der Regel län-ger ihre Nadeln als Fichten. Ein kleiner Ge-heimtipp: Die weniger bekannten Nobilis-tannen nadeln fast gar nicht.
- Den Adventskranz nicht in der Nähe der Hei-zung aufstellen. Solange es draußen nicht friert, kann er auch mal auf dem Balkon über-nachten.
- Ein paar Spritzer Wasser täglich halten den Kranz länger frisch. Wer keine Sprühflasche be-sitzt, kann auch seine nassen Hände darüber ausschütteln.
- Auf gar keinen Fall sollte man den Advents-kranz mit Haarspray einsprühen. Das ist zwar ein alter Haushaltstipp, doch er hilft leider nicht wirklich. Im Gegenteil: Der Kranz kann sich schneller entzünden, es herrscht erhöhte Brandgefahr!

In der Weihnachtsbäckerei

Egal ob Naschkatze oder nicht – an der Keksdose kommt in der Adventszeit keiner vorbei. Der Geruch von frischem Gebäck und Tannengrün, das ist der Duft von Weihnachten. Makronen, Vanillekipferl und Zimtsterne sind die Klassiker unter den Weihnachtsplätzchen. Aber warum nicht mal etwas Neues ausprobieren?

Schweizer Mailänderli

Zutaten:
- 125 g weiche Butter
- 1 Ei
- 125 g Zucker
- 1 Prise Salz
- ½ unbehandelte Zitrone
- 250 g Mehl
- 1 Eigelb

So wird's gemacht:

1. Die weiche Butter mit dem Handrührgerät bearbeiten, bis sich kleine Spitzen bilden. Dann Ei, Zucker und Salz zugeben. Den Teig weiterhin rühren und erst aufhören, wenn die Masse hell und cremig ist.

2. Zitrone waschen, halbieren und die Schale einer Hälfte in den Teig reiben. Das Mehl in die Schüssel sieben und alles gut verkneten. Teigmasse zugedeckt über Nacht in der Kälte ruhen lassen.

3. Den Backofen auf 200° C vorheizen. Anschließend wird der Teig ungefähr 5 bis 7 mm dick auf einer mit Mehl bestäubten Arbeitsfläche ausgewalzt.

Tipp: Es empfiehlt sich, erst einmal nur die Hälfte des Teiges mit dem Nudelholz zu bearbeiten. Der Rest bleibt im Kühlschrank, damit er nicht zu kleben beginnt.

4. Mit den Förmchen die Plätzchen ausstechen. Kekse auf ein mit Backpapier ausgelegtes Blech legen, mit Eigelb bestreichen und auf mittlerer Schiene im Ofen goldgelb backen. Nach zehn bis 15 Minuten Blech aus dem Ofen nehmen, die Kekse härten in der Regel noch etwas nach. Nach dem Abkühlen die Plätzchen nach Lust und Laune verzieren oder pur genießen

Österreichische Nussecken

Zutaten:

Teig:
- 250 g Mehl
- 130 g Butter
- 100 g Zucker
- 1 TL Vanillezucker
- 1 Ei
- etwas Backpulver

Belag:
- 200 g Butter
- 200 g Zucker
- 1 TL Vanillezucker
- 200 g gemahlene Haselnüsse
- 200 g gehackte Haselnüsse
- 4 EL Wasser
- Aprikosenmarmelade

So wird's gemacht:

1. Mehl sieben und Backpulver beigeben. Butter mit Mehl, Zucker, Vanillezucker und dem Ei zu einem Knetteig verarbeiten.

2. Teig auf dem Backblech ausrollen und dünn mit der Marmelade bestreichen.

3. Nun kommt der Belag: Butter, Zucker, Vanillezucker und Wasser im Topf erhitzen und einmal kurz aufkochen. Nüsse unterrühren. Die Masse gut abkühlen lassen und anschließend gleichmäßig auf dem Teig verteilen.

4. Ofen auf 180° C (Ober- und Unterhitze) vorheizen. Blech in die mittlere Schiene des Ofens schieben und den Teig 20 bis 30 Minuten backen. Am nächsten Tag das Gebäck in kleine Dreiecke schneiden. Wer möchte, kann anschließend eine der drei Keksecken auch noch in Schokoglasur tunken.

Flockenkekse

Zutaten:
- 100 g Vollmilchschokolade oder weiße Schokolade
- 100 g Cornflakes

So wird's gemacht:

1. Brecht die Schokolade in kleine Stücke und stellt sie in einem geeigneten Gefäß in die Mikrowelle. Dort bei mäßiger Hitze langsam schmelzen lassen. Wahlweise könnt ihr das Gefäß auch in ein heißes Wasserbad stellen. Die Schokolade muss auf jeden Fall schön flüssig werden.

2. Cornflakes in eine Schüssel füllen. Die geschmolzene Schokolade vorsichtig unterheben, bis alle Flocken braun überzogen sind. Die Schokoflocken werden nun zu kleinen Haufen geformt und müssen anschließend auf einem Blech abkühlen. Backpapier oder Alufolie unterlegen! Sobald die Schokolade fest geworden ist, könnt ihr von den Flockenkeksen kosten. Hmm, lecker!

Endlich kommt der Nikolaus

Das Christkind hat zwei Vorboten, die mindestens genauso eindrucksvoll sind: Nikolaus und Knecht Ruprecht. Jedes Jahr am 6. Dezember kommen sie zu Besuch und haben eine Rute und Geschenke im Gepäck. Wer war im vergangenen Jahr artig und wer nicht? Der Nikolaus weiß es genau und wird niemals müde, euch zu loben und zu ermahnen.

Wer glaubt, der Nikolaus wäre eine reine Fantasiegestalt, der irrt. Es gab tatsächlich einen heiligen Nikolaus. Er lebte im vierten Jahrhundert als Bischof in Myra, das liegt heute in der Türkei. Dort tat er reichlich Gutes, indem er die Armen beschützte und beschenkte. So bat der heilige Nikolaus reisende Händler um etwas Korn für die hungernde Bevölkerung. Diese wollten zuerst nichts von ihrer Ladung, die für den Kaiser bestimmt war, abgeben. Doch der Bischof versprach den Kaufleuten, dass es ihnen später an nichts fehlen würde. So erhielt er schließlich doch etwas Korn und gab es an die hungrigen Menschen weiter. Tatsächlich stellten die Händler später fest, dass ihre Ladung nicht geringer geworden war, obwohl sie einen Teil ihres Getreides abgegeben hatten.

Eine andere Legende sagt, dass Nikolaus und sein Knecht Ruprecht nachts unerkannt durch die Stadt liefen. Dabei schoben sie bedürftigen Menschen heimlich Essen oder Geld in die Schuhe. Daraus hat sich der Brauch entwickelt, zum Nikolaustag einen Stiefel vor die Tür zu stellen. Gestorben ist der heilige Nikolaus übrigens an einem 6. Dezember, doch seine Taten bleiben unvergessen.

Verehrt wird Nikolaus von Myra bis heute. Er ist der Schutzheilige aller Seefahrer, Händler und Kinder. Vielleicht besucht er gerade deshalb an seinem Ehrentag alle seine kleinen Fans, die ihn meist schon sehnsüchtig erwarten. Und auch wenn sein Besuch nur kurz ist – er hat immer genügend Zeit, um die Stiefel der Kinder zu füllen.

Stimmungsvolles zu Nikolaus

Lasst uns froh und munter sein

1. Lasst uns froh und mun - ter sein und uns recht von Her - zen freun! Lus - tig, lus - tig, tra - la - la - la - la! Bald ist Ni - ko - laus - a - bend da, bald ist Ni - ko - laus - a - bend da!

Morgen, Kinder, wird's was geben

1. Mor - gen, Kin - der, wirds was ge - ben, mor - gen wer - den wir uns freun! Welch ein Ju - bel, welch ein Le - ben wird in un - serm Hau - se sein! Ein - mal wer - den wir noch wach, hei - ßa, dann ist Weih - nachts - tag!

Knecht Ruprecht
von Theodor Storm

Habt guten Abend, alt und jung,
bin allen wohl bekannt genug.
Von drauß' vom Walde komm ich her;
Ich muss euch sagen, es weihnachtet sehr!
Allüberall auf den Tannenspitzen
sah ich goldene Lichtlein sitzen;
Und droben aus dem Himmelstor
sah mit großen Augen das Christkind hervor;
Und wie ich so strolcht' durch den finstern Tann,
da rief's mich mit heller Stimme an:
„Knecht Ruprecht", rief es, „alter Gesell,
hebe die Beine und spute dich schnell!
Die Kerzen fangen zu brennen an,
das Himmelstor ist aufgetan,
Alt' und Junge sollen nun
von der Jagd des Lebens einmal ruhn;
Und morgen flieg ich hinab zur Erden,
denn es soll wieder Weihnachten werden!
So geh denn rasch von Haus zu Haus,
such mir die guten Kinder aus,
damit ich ihrer mag gedenken,
mit schönen Sachen sie mag beschenken."
Ich sprach: „O lieber Herre Christ,
meine Reise fast zu Ende ist;
Ich soll nur noch in diese Stadt,
wo's eitel gute Kinder hat."
„Hast denn das Säcklein auch bei dir?"
Ich sprach: „Das Säcklein, das ist hier:
Denn Äpfel, Nuß und Mandelkern
essen fromme Kinder gern."
„Hast denn die Rute auch bei dir?"
Ich sprach: „Die Rute, die ist hier;
Doch für die Kinder nur, die schlechten,
die trifft sie auf den Teil, den rechten."
Christkindlein sprach: „So ist es recht;
So geh mit Gott, mein treuer Knecht!"
Von drauß' vom Walde komm ich her;
Ich muss euch sagen, es weihnachtet sehr!
Nun sprecht, wie ich's hierinnen find!
Sind's gute Kind, sind's böse Kind?

Weihnachten – jetzt steht das Christkind vor der Tür

Im Grunde ist Weihnachten das größte Geburtstagsfest der Welt. Mehr als 2,1 Milliarden Christen feiern rund um den Globus am 25. Dezember die Geburt von Gottes Sohn Jesus Christus. Schon der Heiligabend stimmt uns darauf ein. Laut jüdischer Auffassung beginnt ein neuer Tag nicht um Mitternacht, sondern bereits am Abend bei Sonnenuntergang. Deshalb wird auch der Vorabend des Weihnachtsfestes so groß gefeiert.

Ob Jesus dann tatsächlich an einem 25. Dezember geboren wurde, ist nicht belegt und eher unwahrscheinlich.

Weihnachtsgeschichte aus dem Evangelium nach Lukas

In jenen Tagen erließ Kaiser Augustus den Befehl, alle Bewohner des Reiches in Steuerlisten einzutragen. Dies geschah zum ersten Mal; damals war Quirinius Statthalter von Syrien. Da ging jeder in seine Stadt, um sich eintragen zu lassen. So zog auch Josef von der Stadt Nazareth in Galiläa hinauf nach Judäa in die Stadt Davids, die Bethlehem heißt; denn er war aus dem Haus und Geschlecht Davids. Er wollte sich eintragen lassen mit Maria, seiner Verlobten, die ein Kind erwartete.

Als sie dort waren, kam für Maria die Zeit ihrer Niederkunft, und sie gebar ihren Sohn, den Erstgeborenen. Sie wickelte ihn in Windeln und legte ihn in eine Krippe, weil in der Herberge kein Platz für sie war. In jener Gegend lagerten Hirten auf freiem Feld und hielten Nachtwache bei ihrer Herde. Da trat der Engel des Herrn zu ihnen und der Glanz des Herrn umstrahlte sie.

Sie fürchteten sich sehr, der Engel aber sagte zu ihnen: „Fürchtet euch nicht, denn ich verkünde euch eine große Freude, die dem ganzen Volk zuteilwerden soll: Heute ist euch in der Stadt Davids der Retter geboren; er ist der Messias, der Herr. Und das soll euch als Zeichen dienen: Ihr werdet ein Kind finden, das, in Windeln gewickelt, in einer Krippe liegt."

Und plötzlich war bei dem Engel ein großes himmlisches Heer, das Gott lobte und sprach:

„Verherrlicht ist Gott in der Höhe und auf Erden ist Friede bei den Menschen seiner Gnade."

Als die Engel sie verlassen hatten und in den Himmel zurückgekehrt waren, sagten die Hirten zueinander: Kommt, wir gehen nach Bethlehem, um das Ereignis zu sehen, das uns der Herr verkünden ließ. So eilten sie hin und fanden Maria und Josef und das Kind, das in der Krippe lag.

Doch hatte dieses Datum von jeher eine ganz besondere Bedeutung. In alten Kalenderrechnungen fiel auf diesen Tag die Wintersonnenwende. Und tatsächlich ergibt es Sinn, dass Weihnachten als Fest der Hoffnung in der dunkelsten Zeit des Jahres gefeiert wird.

Auch wenn sich die Experten streiten, warum dieses Datum ausgewählt wurde – sicher ist, dass es das Weihnachtsfest bereits im vierten Jahrhundert gab. Bischof Liberius, der von 352 bis 366 Papst war, feierte am 25. Dezember die Geburt des Erlösers. Und dieser Brauch hat sich bis heute gehalten.

Julklapp

Julklapp besteht aus den Silben Jul (Weihnachten) und klapp (klopfen). In Schweden bezeichnet Julklapp das Weihnachtsgeschenk.

Früher war es in Schweden ein lustiger Brauch, die Geschenke in mehrere Lagen Papier einzuwickeln und mit einem kleinen Spruch zu versehen. Die Pakete wurden aber nicht einfach übergeben. Vielmehr klopfte der Schenkende laut an die Tür, legte das Präsent davor ab oder warf es gar in den Raum. Dann rannte er davon und blieb unerkannt.

Somit hat Julklapp etwas mit dem Weihnachtswichteln gemeinsam, das bei uns zur Adventszeit sehr beliebt ist. Auch innerhalb einer Wichtelrunde soll eigentlich geheim bleiben, wer welches Geschenk eingebracht hat.

Was bei uns der Weihnachtsmann ist, heißt in Schweden Jultomte. Heute werden die Geschenke nicht mehr geworfen, sondern von Jultomte feierlich übergeben. Eine Tradition ist allerdings erhalten geblieben: Jedem Präsent wird ein kleiner Reim beigegeben, der den Inhalt beschreibt.

Ein Buch würde vielleicht beschrieben werden mit dem Spruch: „Es ist wie ein Fenster in eine andere Welt – ich hoffe doch sehr, dass es dir gefällt. Du musst nicht weit reisen, kannst bleiben im Bett – dann wird dein Abend bestimmt spannend und nett."

Der lustige Reim wird immer laut vorgelesen, sodass alle ihren Spaß daran haben!

Woher kommt der Weihnachtsbaum?

„O Tannenbaum, o Tannenbaum, wie grün sind deine Blätter!", heißt es in einem berühmten Winterlied. Die so schön besungene Tanne, die auch in der kalten Jahreszeit hübsch anzusehen ist, wurde von uns zum Weihnachtsbaum auserkoren. Doch woher kommt diese Tradition? Und weshalb schmücken wir zum Christfest den Baum mit Kugeln?

Es ist schwer zu sagen, wann genau der Brauch entstand, wahrscheinlich aber im späten Mittelalter.

Christbaumschmuck aus Salzteig

Ob Kugeln oder Äpfel, Lametta oder Schleifen, Kerzen oder Lichter – in jeder Stube sieht der Weihnachtsbaum anders aus. Das gilt besonders für die Exemplare, die mit selbst gefertigtem Christbaumschmuck verziert wurden. So geben beispielsweise ein paar Engel, Sterne oder Glocken aus Salzteig dem Baum eine ganz persönliche Note.

Material:
- 1 Tasse Roggenmehl
- ½ Tasse Salz
- ½ Tasse lauwarmes Wasser
- 1 TL Olivenöl
- Nudelholz
- Förmchen für Weihnachtsplätzchen
- Zahnstocher
- kleines Messer
- Backpapier
- Backblech
- bunte Acrylfarben
- Überlack
- Pinsel
- Geschenkbänder

In einem Kupferstich hat Lucas Cranach der Ältere (1475 bis 1553) im Jahr 1509 eine geschmückte Tanne verewigt. Auch in Kirchen wurden schon vor langer Zeit Bäume aufgestellt. Sie waren mit Äpfeln behängt und dienten als eine Art Requisit. Vor dem Krippenspiel wurde nämlich beim Paradiesspiel gezeigt, wie durch Adam und Eva die Sünde in die Welt kam. Der Apfel spielte dabei natürlich eine wichtige Rolle. Somit ist er der Vorläufer unserer heutigen Christbaumkugel.

Außerdem ist überliefert, dass sich die Menschen im Elsass bereits Ende des 16. Jahrhunderts Weihnachtsbäume in ihre Häuser holten. Es sollte aber noch gut 200 Jahre dauern, bis sich dieser Brauch auch hierzulande durchsetzte. Heute sind die Deutschen richtige Weihnachtsbaum-Fans: Ungefähr 28 Millionen Exemplare werden pro Saison verkauft. Auf der Beliebtheitsskala ganz oben steht die Nordmanntanne mit ihren weichen und runden Nadeln, gefolgt von der Küstentanne.

So wird's gemacht:

1. Mehl, Salz, Wasser und Olivenöl zu einem glatten Teig kneten. Der Teig sollte leicht glänzen. Klebt er aber an den Fingern, muss noch etwas Mehl beigefügt werden.

2. Teig mit dem Nudelholz dünn auswalzen und anschließend je nach Vorlage Sterne, Herzen, Kringel oder Glocken ausstechen. Mit dem Zahnstocher ein Loch in das Plätzchen stechen. Achtung: Das Loch darf nicht zu klein sein, denn bei Hitze zerläuft der Teig ein wenig und kann den Einstich verstopfen.

3. Nun werden die Figuren mit dem Messer aus dem Teig gelöst und kommen auf ein mit Backpapier ausgelegtes Blech. Mit feuchten Fingern nochmal über die Plätzchen streichen. Da Salzteig langsam backen muss, bleibt er in den ersten 45 Minuten bei 125° C im Ofen. Dann die Hitze auf 150° C erhöhen und nochmal mindestens 30 Minuten backen. Das Blech kommt erst aus dem Backofen, wenn die Plätzchen eine goldbraune Tönung haben. Sie dürfen aber nicht zu dunkel werden.

4. Nach dem Backen den Salzteig mehrere Stunden abkühlen lassen. Sind die Figuren richtig ausgekühlt und schön hart, können sie mit Acrylfarben bemalt werden. Wenn die Farbe getrocknet ist, werden die Christbaumanhänger noch mit farblosem Lack überzogen. Zum Schluss könnt ihr zu Aufhängen durch jedes Loch ein Stück Geschenkband ziehen.

Wann ist endlich Bescherung?

Das kennt ihr sicher: Der 24. Dezember scheint der längste Tag von allen zu sein. Es dauert scheinbar eine Ewigkeit, bis der Abend gekommen ist und die Kerzen am Baum angezündet werden. Doch ihr könnt euch die lange Wartezeit auch ein wenig verkürzen.

- **Weihnachtskarten abgeben:** Gibt es noch ein paar Botengänge, die ihr für eure Eltern erledigen könnt? Soll der Postbote vielleicht noch eine Schachtel Pralinen oder die Nachbarin eine Weihnachtskarte bekommen?

- **Geschenke einpacken:** Sind eure Geschenke schon eingepackt? Wenn nicht, dann besorgt euch etwas braunes Packpapier. Das könnt ihr hübsch mit Sternen, Engeln und Schneemännern bemalen. So bekommt eure Verpackung eine ganz besondere Note.

- **Denksportaufgabe lösen:** Drei Könige und drei Hirten sind unterwegs zum Jesuskind und kommen an einen Fluss. Es gibt nur ein Boot, um ans andere Ufer zu kommen. Darin finden zwei Personen Platz. Damit ist klar: Das Boot muss mehrmals übersetzen. Das ist aber nicht das einzige Problem. Die Könige wollen ihre Gaben beschützen. Deshalb dürfen sie niemals in der Unterzahl sein. Wie kommt nun die ganze Gruppe über den Fluss, ohne dass auf einer Seite mehr Hirten als Könige zurückbleiben? (Lösung s. S. 244)

Lieder zu Weihnachten

Leise rieselt der Schnee

2. In den Herzen ist's warm,

still schweigt Kummer und Harm,

Sorge des Lebens verhallt,

freue dich, Christkind kommt bald!

3. Bald ist heilige Nacht,

Chor der Engel erwacht,

hört nur wie lieblich es schallt:

Freue dich, Christkind kommt bald.

Für kleine Schelme:

Leise rieselt die Vier,

auf das Zeugnispapier.

… Hört nur wie lieblich es schallt,

wenn Vater dir eine knallt.

… Dreien und Fünfen dazu,

freue dich, sitzen bleibst du.

Alle Jahre wieder

1. Al - le Jah - re wie - der kommt das___ Chris - tus - kind
auf die Er - de nie - der___, wo wir___ Men - schen sind.

2. *Kehrt mit seinem Segen*

ein in jedes Haus,

geht auf allen Wegen

mit uns ein und aus.

3. *Steht auch mir zur Seite*

still und unerkannt,

dass es treu mich leite

an der lieben Hand.

Kling, Glöckchen

1. Kling, Glöck -chen, klin -ge -lin -ge -ling, kling, Glöck -chen, kling!

Lasst mich ein, ihr Kin - der, ist so kalt der Win - ter,

öff - net mir die Tü - ren, lasst mich nicht er - frie - ren!

Ref.: Kling, Glöck -chen, klin -ge -lin -ge -ling, kling, Glöck -chen, kling!

2. Kling, Glöckchen, klingelingeling,
kling, Glöckchen, kling!
Mädchen, hört, und Bübchen,
macht mir auf die Stübchen,
bring euch viele Gaben,
sollt euch dran erlaben.

3. Kling, Glöckchen, klingelingeling,
kling, Glöckchen, kling!
Hell erglühn die Kerzen,
öffnet mir die Herzen,
will drin wohnen fröhlich,
frommes Kind, wie selig.

Fröhliche Weihnacht

Ref.: Fröh_ - li - che Weih - nacht! Ü - ber - all tö - net durch die Lüf - te froh - er Schall. Weih - nachts - ton, Weih - nachts - baum, Weih - nachts - duft in je - dem_ Raum! Fröh - li - che Weih - nacht! Ü - ber - all tön - et durch die Lüf - te fro - her Schall.

1. Da - rum al - le stim - met ein, in den Ju - bel - ton, denn es kommt das Licht der Welt von des Va - ters Thron.

2. Licht auf dunklem Wege, unser Licht bist du.
Denn du führst, die dir vertraun,
ein zur sel'gen Ruh.

3. Was wir andern taten, sei getan für dich!
Dass ein jedes singen kann:
Christkind kam für mich.

Jingle Bells

Am Weihnachtsbaume

1. Am Weih-nachts-bau-me die Lich-ter bren-nen, wie glänzt er
fest-lich, lieb und mild. Als spräch' er: „Wollt___ in mir er-
ken-nen ge-treu-er Hoff-nung stil-les Bild."

2. Die Kinder stehen mit hellen Blicken,
das Auge lachet, es lacht das Herz.
O fröhlich, seliges Entzücken,
die Alten schauen himmelwärts.

3. Zwei Engel sind hereingetreten,
kein Auge hat sie kommen sehn.
Sie gehn zum Weihnachtsbaum und beten
und wenden wieder sich und gehn.

4. „Gesegnet seid ihr alten Leute,
gesegnet sei die kleine Schar!
Wir bringen Gottes Gaben heute
dem braunen wie dem weißen Haar!"

5. „Zu guten Menschen, die sich lieben,
schickt uns der Herr als Boten aus.
Und seid ihr treu und fromm geblieben,
wir treten wieder in dies Haus!"

6. Kein Ohr hat ihren Spruch vernommen,
unsichtbar für jedes Menschen Blick.
Sind sie gegangen wie gekommen,
doch Gottes Segen bleibt zurück.

Für kleine Schelme:

Am Weihnachtsbaume, da hängt 'ne Pflaume,
wer hat die Pflaume da hingehängt?
Das war mein Bruder, das alte Luder,
der hat die Pflaume, da hingehängt!

Stille Nacht, heilige Nacht

1. Stil__ - le Nacht, hei - li - ge Nacht! Al - les schläft, ein - sam wacht

nur das trau - te hoch - hei - li - ge Paar. Hol - der Kna - be im lo - cki - gen Haar,

schlaf in himm - li - scher Ruh___, schlaf__ in himm - li - scher Ruh___!

2. Stille Nacht, heilige Nacht!

Hirten erst kundgemacht,

durch der Engel Halleluja,

tönt es laut von fern und nah:

l: Christ, der Retter, ist da. :l

3. Stille Nacht, heilige Nacht!

Gottes Sohn, o, wie lacht

Lieb aus deinem göttlichen Mund,

da uns schlägt die rettende Stund,

l: Christ, in deiner Geburt. :l

Ihr Kinderlein kommet

1. Ihr Kin - der - lein kom - met, o kom - met doch all!
Zur Krip - pe her kom - met in Beth - le - hems Stall.

Und seht, was in die - ser hoch - hei - li - gen Nacht der

Va - ter im Him - mel für Freu - de uns macht.

2. O seht in der Krippe im nächtlichen Stall,
seht hier bei des Lichtleins hell glänzendem Strahl
in reichlichen Windeln das himmlische Kind,
viel schöner und holder als Engel es sind.

3. Da liegt es, das Kindlein, auf Heu und auf Stroh;
Maria und Joseph betrachten es froh.
Die redlichen Hirten knien betend davor,
hoch oben schwebt jubelnd der Engelein Chor.

Kommet ihr Hirten

1. Kom - met _ ihr _ Hir - ten _, ihr _ Män - ner _ und _
Kom - met _ das _ lieb - li _ - liche _ Kind - lein _ zu _

Fraun.
schaun.
Chris - tus, der Herr, ist heu - te ge - bo - ren,

den Gott zum Hei - land euch hat er - ko - ren. Fürch - tet _ euch nicht.

2. Lasset uns sehen in Bethlehems Stall,

was uns verheißen der himmlische Schall!

Was wir dort finden, lasset uns künden,

lasset uns preisen in frommen Weisen:

Halleluja!

3. Wahrlich, die Engel verkündigen heut

Bethlehems Hirtenvolk gar große Freud.

Nun soll es werden Friede auf Erden,

den Menschen allen ein Wohlgefallen:

Ehre sei Gott!

O Tannenbaum

1. O Tan-nen-baum, o Tan-nen-baum, wie treu sind dei-ne Blät-ter! Du

grünst nicht nur zur Som-mer-zeit, nein, auch im Win-ter, wenn es schneit. O

Tan-nen-baum, o Tan-nen-baum, wie treu sind dei-ne Blät-ter.

2. O Tannenbaum, o Tannenbaum,
du kannst mir sehr gefallen!
Wie oft hat schon zur Winterszeit
ein Baum von dir mich hoch erfreut!
O Tannenbaum, o Tannenbaum,
du kannst mir sehr gefallen!

3. O Tannenbaum, o Tannenbaum,
dein Kleid will mich was lehren:
Die Hoffnung und Beständigkeit
gibt Mut und Kraft zu jeder Zeit!
O Tannenbaum, o Tannenbaum,
dein Kleid will mich was lehren!

Lösung:

kleine Reisegesellschaft weiterziehen.
der seine Kollegen drüben ab, dann kann die
den Hirten begrüßt. Dieser holt jetzt nachein-
zum andere Ufer, und werden von dem warten-
an. Jetzt ist es ganz einfach: Zwei Könige rudern
ten diesmal ein König und ein Hirte gemeinsam
gen zwei Könige in das Boot. Den Rückweg treten zwei Hirten auf der anderen Seite. Nun stei-
gleich wieder den Rückweg antritt. Damit war-
Überfahrt sind zwei Hirten an Bord, wobei einer
das Boot alleine zurück. Auch bei der nächsten
deren Ufer steigt einer aus und der andere rudert
Zuerst überqueren zwei Hirten den Fluss. Am an-

Weihnachtsmann oder Christkind – wer bringt die Geschenke?

Früher gab es weder Christkind noch Weihnachtsmann, denn da brachte der Nikolaus die
Geschenke. Nikolaus von Myra wurde von der
Kirche als Heiliger verehrt. Dieser besondere Per-
sonenkult war dem Reformator Martin Luther
(1483 bis 1546) allerdings ein Dorn im Auge. Als
er mit der katholischen Kirche brach, verschob er
die Bescherung auf das Weihnachtsfest.

Der Nikolaus spielte nun keine Rolle mehr, denn
die Geschenke brachte der Heilige Christ. Daraus wurde später das Christkind, eine engelhaf-
te Gestalt mit goldenen Locken und im hellen
Gewand. Auch die Katholiken fanden an diesem
himmlischen Wesen über die Jahre Gefallen.

Der Weihnachtsmann hingegen entwickelte sich
im 19. Jahrhundert aus der Nikolausfigur. Sack
und Stiefel bekam er von Knecht Ruprecht. Aus
der Mitra, dem Kopfschmuck der Bischöfe, wurde
irgendwann eine Zipfelmütze. Also sind weder
der Weihnachtsmann noch sein roter Mantel die
Erfindung eines Getränkeherstellers, auch wenn
sich dieses Gerücht hartnäckig hält.

 ### Weihnachtswichteln – die lustige Art der Bescherung

Wichteln ist in der Schule und auf Weihnachtsfei-
ern sehr beliebt. Bei diesem Spiel werden Ge-
schenke innerhalb einer Gruppe (zum Beispiel
Schulklasse oder Kollegen- beziehungsweise
Freundeskreis) auf lustige Weise verteilt. Beson-
ders praktisch an der Sache ist: Egal wie viele
Leute mitmachen, man muss immer nur ein
Geschenk besorgen.

Spieleranzahl: 6–20 Personen
Alter: ab 6 Jahren
Utensilien: 1 Würfel, pro Teilnehmer 1 verpacktes
Geschenk

Es empfiehlt sich, vorab einen Preisrahmen für
die Geschenke festzulegen. Das Spiel beginnt,
indem alle ihre Präsente in die Mitte legen. Derjenige, der als nächster Geburtstag hat, darf
die Päckchen anschließend verteilen. Jeder
Teilnehmer erhält ein Geschenk. Bekommt
einer in der Runde sein eigenes Paket zurück,
macht das gar nichts, denn er wird es nicht
lange behalten.

Der Geschenkeverteiler darf zuerst würfeln. Hat er …

- … eine Eins, muss jeder sein Päckchen an den linken Nachbarn weitergeben.
- … eine Zwei, wandern sämtliche Pakete zum rechten Nebenmann.
- … eine Sechs, muss er sein Geschenk mit einem Mitspieler seiner Wahl tauschen.
- … eine Drei, Vier oder Fünf, passiert gar nichts.

Ist die Aktion beendet, geht es im Uhrzeigersinn weiter mit dem nächsten Spieler. Es wird so lange wild getauscht, bis jeder in der Runde dreimal gewürfelt hat. Falls dann ein Spieler sein mitgebrachtes Geschenk vor sich liegen hat, darf er dieses gegen das Paket des linken oder rechten Sitznachbarn eintauschen.

Anschließend werden alle Geschenke von ihren neuen Besitzern ausgepackt.

Silvester – ein Abschied und ein neuer Anfang

Wenn wir am 31. Dezember das Frühstück abgeräumt haben, knallen auf einigen Inseln im Pazifik schon die Sektkorken. Danach rutschen die Menschen in Australien und Asien ins neue Jahr. Ist bei uns Mitternacht, sitzen die New Yorker noch beim Abendessen. Noch länger warten müssen die Hawaiianer. Sind wir schon wieder aufgestanden, stoßen sie erst auf den Jahreswechsel an.

Silvester ist eine Art riesiger Countdown, der den ganzen Globus in Atem hält. Im Stundentakt wird irgendwo zu Mitternacht das neue Jahr begrüßt. Doch das war nicht immer so. Erst 1582 wurde mit Einführung des Gregorianischen Kalenders der 31. Dezember zum letzten Tag des Jahres bestimmt.

Gleichzeitig ist das der Todes- und Namenstag des römischen Bischofs Silvester. Er war sogar von 314 bis 335 Papst, konnte aber damals natürlich noch nicht wissen, dass sein Name später einmal in aller Munde sein würde.

Warum gibt es zu Silvester ein Feuerwerk?
Wir begrüßen das Jahr mit bunten Raketen und lauten Böllern. Wahrscheinlich hat dieser Brauch seine Wurzeln in vorchristlicher Zeit. So haben einst die Germanen versucht, böse Dämonen mit Licht und Lärm zu vertreiben. Heute behaupten mehrere Städte von sich, sie würden das größte Silvesterfeuerwerk der Welt entzünden. Wahrscheinlich geht der Titel nach Sydney, aber das Feuerwerk in Berlin oder Hamburg, München oder Köln ist sicherlich nicht weniger schön.

Ein Stück Blei wird zum Orakel

Das braucht man:

- Blei- oder Zinnfiguren zum Einschmelzen
- Esslöffel
- brennende Kerze
- Schüssel mit Wasser

Bleigießen ist ein beliebter Silvesterspaß. Dabei werden kleine Stücke Blei auf einen großen Löffel gelegt. Hält man den Löffel lange genug über die Flamme einer Kerze, schmilzt das Blei. Jetzt muss alles ganz schnell gehen: Das flüssige Metall wird ins kalte Wasser gegossen, wo es sofort eine andere Form annimmt. Die neu entstandene Figur soll die Zukunft vorhersagen.

Jeder kann selbst entscheiden, was er in der Gestalt sieht und wie er sie deutet. Es gibt aber auch immer Figuren, die auf ein ganz bestimmtes Ereignis hinweisen.

- **Anker:** Es naht Hilfe, die festen Halt gibt.
- **Baum:** Das Glück wird sich vermehren.
- **Blume:** Eine Freundschaft entwickelt sich positiv.
- **Fisch:** Bald steht ein Geldgewinn an.
- **Herz:** Eine Liebe hält Einzug oder bleibt bestehen.
- **Kranz:** Die Zeit der Versöhnung ist gekommen.

- **Schiff:** Eine Reise steht an oder etwas Neues beginnt.
- **Tor:** Es werden sich ganz neue Chancen eröffnen.

Übrigens ist Blei giftig – der Löffel sollte nach dem Bleigießen nicht mehr verwendet werden. Wenn Kinder mitmachen, besser Zinn benutzen. Das schmilzt auch schneller.

Würstchen und Kartoffelsalat

Ob an Heiligabend oder zur Silvesterparty: Würstchen und Kartoffelsalat steht auf der Hitliste der beliebtesten Festtagsgerichte ganz weit oben. Ein Grund: Dieser leckere Schmaus, der Groß und Klein begeistert, lässt sich einfach vorbereiten.

Zutaten:

- 2 kg Kartoffeln (festkochend)
- 1 EL Kräuteressig
- 3 EL Sonnenblumenöl
- 1 Zwiebel
- 1 Gewürzgurke
- 1 gekochtes Ei
- Salz
- Pfeffer
- gehackte Petersilie zum Garnieren
- 8 Würstchen (zum Beispiel Wiener oder Frankfurter)

So wird's gemacht:
1. Kartoffeln gar kochen, pellen und abkühlen lassen.
2. Essig und Öl zu einem Dressing mischen. Zwiebel, Gurke und das gekochte Ei klein hacken und in das Dressing geben.
3. Kartoffeln in Scheiben schneiden und mit dem Dressing übergießen.
4. Das Ganze gut durchmischen, pfeffern, salzen und ziehen lassen. Mit Petersilie bestreuen und mit gekochten Würstchen servieren.

Heiligedreikönigstag – ein Fest zum Ende der Weihnachtszeit

Am 6. Januar ist das Fest der Heiligen Drei Könige. Die Geschichte von den drei Weisen, die aus dem Morgenland kamen, ist im Matthäus-Evangelium zu finden. Sie folgten einem Stern, der sie zum neugeborenen Jesuskind führte. Bei ihrem Besuch überbrachten sie Gold, Weihrauch und Myrrhe als Geschenke.

Wahrscheinlich waren die drei Weisen Wissenschaftler, die sich mit Astronomie befassten. Dass es sich dabei um Könige gehandelt hat, ist nicht erwähnt. Die Legende bildete sich erst im Laufe der Jahre. Das lag vermutlich an den Geschenken – so kostbare Gaben überbrachten normalerweise nur Könige, aber keine einfachen Sterndeuter.

Auch ihre Namen hat Matthäus nicht aufgeschrieben. Uns sind die drei Weisen heute als Caspar, Melchior und Balthasar bekannt. Diese Namen sind erstmals im Mittelalter erwähnt. In einigen Teilen Deutschlands gehört der Dreikönigstag zu den offiziellen Feiertagen.

Aktion der Sternsinger
Habt ihr schon einmal beobachtet, wie in der Zeit um den Jahreswechsel Kinder als Könige verkleidet von Haus zu Haus ziehen? Das sind die Sternsinger. Sie stellen mit ihren Kostümen die

Heiligen Drei Könige dar. Selten sind sie dabei nur zu dritt, denn vorweg weist ihnen meist ein Sternträger den Weg.

Wer ihnen die Tür öffnet, wird mit einem Lied oder einem kleinen Gedicht belohnt. Im Gegenzug erhalten die Sternsinger eine kleine Spende für einen guten Zweck. Zum Abschied schreiben sie mit Kreide die Jahreszahl an den Türrahmen, zusammen mit der Buchstabenfolge C + M + B. Das sind die Anfangsbuchstaben ihrer Vornamen. Außerdem steht das Kürzel für die lateinischen Worte *Christus mansionem benedicat* („Christus segne dieses Haus").

Wenn ihr auch bei den Sternsingern mitmachen wollt, dann fragt doch mal bei eurer Kirchengemeinde nach. Dort ist jeder, der Gutes tun will, herzlich willkommen.

Karneval, Fasching oder Fastnacht – die fünfte Jahreszeit ist bunt

Für alle Narren ist der Karneval, auch Fastnacht oder Fasching genannt, die fünfte Jahreszeit. Die Karnevalssaison startet am 11. November um 11:11 Uhr. Doch so richtig rund geht es erst in der Woche vor Aschermittwoch.

Aschermittwoch findet in der siebten Woche vor Ostern statt. So beginnt Karneval manchmal im Januar, ein anderes Mal liegt er im März. Doch egal wann das Fest stattfindet, es läutet immer die Fastenzeit ein.

Das ist auch einer der Gründe, warum wir Karneval feiern. Allein der Begriff gibt die Bedeutung vor: „Carne" ist das italienische Wort für Fleisch, „vale" heißt „Leb wohl!". Und tatsächlich soll während des Fastens auf den Genuss von Fleisch und auch von Alkohol verzichtet werden. Ein Grund also, um vor dem Aschermittwoch nochmals alle Freuden voll auszukosten.

Neben dem christlichen Ursprung reichen die Wurzeln des Karnevals auch in die Zeit der heidnischen Feste zurück. So haben die Germanen angeblich versucht, mit viel Lärm und gruseligen Masken den Winter zu vertreiben und die Frühlingsgeister aufzuwecken.

Eine weitere Theorie sagt, dass die sogenannten Saturnalien dem Karneval ebenfalls einige Impulse gegeben haben. So hießen die Feste, mit denen die Römer ihren Gott Saturn ehrten. An den Saturnalien wurden die Sklaven zum Scherz von ihren Herren bedient. Auch floss der Wein in Strömen und die Moral war sehr gelockert.

Der Karneval, wie wir ihn heute kennen, wurde also von vielen Einflüssen geprägt. Auch wenn sich die Entstehung nicht mehr genau zurückverfolgen lässt, so ist doch erwiesen, dass es dieses tolle Fest schon im Mittelalter gegeben hat.

Die Höhepunkte des Karnevals

Weiberfastnacht/Schmutziger Donnerstag: Mit der Weiberfastnacht beginnt am Donnerstag der Straßenkarneval. In manchen Regionen Deutschlands übernehmen jetzt die Frauen das Ruder. Sie entmachten die Männer, indem sie ihnen die Krawatte abschneiden. In der schwäbisch-alemannischen Fasnet wird der Schmutzige Donnerstag hingegen mit viel Lärm begrüßt. Dort stürmen die Narren Schulen und Rathäuser.

Rosenmontag: Am Rosenmontag finden die größten Umzüge statt. Allein in Köln freuen sich mehr als eine Million Menschen darauf, wenn „de Zoch kütt", also der Zug kommt. Nicht weniger voll sind die Straßen in Düsseldorf oder Mainz. Auch kleinere Städte wie Rottweil, wo die Narren in historischen Kostümen durch die Altstadt ziehen, locken zahlreiche Besucher an. In Braunschweig kann man den größten Umzug des Nordens bestaunen, allerdings ist der schon am Sonntag.

Faschingsdienstag: Auch am letzten Tag des Karnevals geht es hoch her, wie zum Beispiel auf dem Münchner Viktualienmarkt. Abends wird in vielen Orten eine Strohpuppe verbrannt. Mal hat

men? Guckt doch einfach mal in eure Schränke. Mit kleinen Änderungen könnt ihr aus normalen Kleidungsstücken lustige Kostüme zaubern. Und auch ein paar Requisiten findet ihr ganz bestimmt bei euch zu Hause. Hier zwei Ideen:

Wahrsagerin: Zieht einen langen Rock und eine Bluse an. Jetzt braucht ihr einen langen dünnen Schal und ein dreieckiges Tuch. Den Schal wie einen breiten Gürtel um die Hüfte binden. Vom dreieckigen Tuch nehmt ihr die lange Seite und legt sie am Haaransatz an. Alle Enden des Kopftuches werden im Nacken zu einem Knoten gebunden. Als Kristallkugel könnt ihr einen kleinen Ball nehmen und diesen mit Küchen- oder Alufolie einwickeln.

sie das Aussehen einer Hexe, im Rheinland heißt sie „Nubbel". Oftmals begleitet lautes Jammern die Verbrennung, denn die Narren wissen: Nun ist der große Spaß vorbei.

30 lustige Verkleidungsideen

1. Hexe
2. Teufel
3. Pirat
4. Polizist
5. Prinzessin
6. Zorro
7. Zigeunerin
8. Clown
9. Froschkönig
10. Biene Maja
11. Astronaut
12. Cowboy
13. Schneewittchen
14. Zwerg
15. Pippi Langstrumpf
16. Taucher
17. Julius Cäsar
18. Kleopatra
19. Feuerwehrmann
20. Sultan
21. Seemann
22. Holländerin
23. Butler
24. Fee
25. Asterix
26. Medusa
27. Ritter
28. Indianer
29. Landstreicher
30. Funkenmariechen

Einbrecher: Ob Hose, Rollkragenpulli, Schuhe, Wollmütze oder Handschuhe – diese Kostümierung besteht nur aus schwarzen Kleidungsstücken. Ebenfalls schwarz ist die Augenbinde, die mit einem Schminkstift ins Gesicht gezeichnet wird. Wer jetzt noch Papas Rohrzange und einen Ring mit vielen Schlüsseln im Gepäck hat, läuft Gefahr, tatsächlich verhaftet zu werden.

Für einen Tag jemand anders sein

Die närrische Zeit ist auch deshalb so schön, weil man einfach mal in eine andere Haut schlüpfen kann. Doch woher schnell eine Verkleidung nehmen?

Serviceteil

Hier findet ihr Adressen und Internetseiten, die viele Ideen und Anregungen bieten!

Berufsverband der Kinder- und Jugendärzte e.V.

Mielenforster Straße 2
51069 Köln
Telefon: 0221-68909-0
Fax: 0221-683204
E-Mail: bvkj.buero@uminfo.de
www.kinderaerzte-im-netz.de

Bundesministerium für Familie, Senioren, Frauen und Jugend

Glinkastraße 24
10117 Berlin
Telefon: 030-18555-0
Fax: 030-18555-1145
E-Mail: poststelle@bmfsfj.bund.de
www.bmfsfj.de

Bundeszentrale für gesundheitliche Aufklärung

Ostmerheimer Str. 220
51109 Köln
Telefon: 0221-8992-0
Fax: 0221-8992-300
E-Mail: poststelle@bzga.de
www.bzga.de

Bund für Umwelt und Naturschutz Deutschland e.V. (BUND)

Bundesgeschäftsstelle
Am Köllnischen Park 1
10179 Berlin
Telefon: 030-27586-40
Fax: 030-27586-440
E-Mail: bund@bund.net
www.bund.net

Deutscher Museumsbund e.V.

Büro Berlin
In der Halde 1
14195 Berlin
Telefon: 030-841095-17
Fax: 030-841095-19
E-Mail: office@museumsbund.de
www.museumsbund.de

Unicef

Deutsches Komitee für UNICEF e.V.
Höninger Weg 104
50969 Köln
Telefon: 0221-93650-0
Fax: 0221-93650-279
E-Mail: mail@unicef.de
www.unicef.de

ERF Online

Berliner Ring 62
35576 Wetzlar
Telefon: 06441-957-2000
E-Mail: info@bibleserver.com
www.erf.de

Jugend forscht

Stiftung Jugend forscht e.V.
Baumwall 5
20459 Hamburg
Telefon: 040-374709-0
Fax: 040-374709-99
E-Mail: info@jugend-forscht.de
www.jugend-forscht.de

NABU Naturschutzbund Deutschland e.V.

10108 Berlin
NABU-Infotelefon: 030-284984-6000
(Montag bis Freitag: 10–12 und 14–16 Uhr, außer Dienstagvormittag)
E-Mail: NABU@NABU.de
www.nabu.de

Staatsinstitut für Frühpädagogik
Eckbau Nord
Winzererstraße 9
80797 München
Telefon: 089-99825-1900
Telefax: 089-99825-1919
E-Mail: kontakt@ifp.bayern.de
www.familienhandbuch.de

Seitenstark
Vorstand Seitenstark e. V.
Am Nordpark 61
50733 Köln
E-Mail: vorstand@seitenstark.de
seitenstark.de

Hier ist Platz für eure eigenen wichtigen
Adressen und Telefonnummern!

Familien-Handynummern

Mama: _____

Papa: _____

Kind _____ (Name): _____

Kind _____ (Name): _____

Kind _____ (Name): _____

Opa _____ (Name): _____

Oma _____ (Name): _____

Opa _____ (Name): _____

Oma _____ (Name): _____

Wichtige Adressen und Telefonnummern

Schule:

_____

_____

_____

_____

Musikschule:

_____

_____

_____

Sportverein:

_____

_____

_____

_____

Hausarzt:

_____

_____

_____

Tierarzt:

_____

_____

_____

Register

Geschichten & Gedichte

Sachregister

Bildnachweis

123rf.com: Luciano De Polo 196; fotolia.com: .shock 4; Reicher 8 u.; Vitaly Krivosheev 14; Claudia Paulussen 19, 57, 74; WavebreakMediaMicro 20 u.; Sabine 21; Chepko Danil 22 o. l.; ChristArt 22 u. r., 39; GoodMood Photo 23; sil007 24; Ingrid 25 u. l.; Stefan Körber 25 o. r., 148, 149; Cora Müller 28 o. r.; Gorilla 29, 30, 206 o.; teressa 31; Marina Lohrbach 32 u. r.; Anatoliy Samara 36; Firma V 37; somenski 38 o. l., 225; 12frames 38 u. r.; Tobilander 40; NICOLAS LARENTO 41; Margit Power 42; gudrun 45, 198; Digitalpress 46, 162; Tom 47; Hannes Eichinger 48 u. r.; Kzenon 50 o. l., 90 u. l., 197; micromonkey 50 u. r.; sk design 53; Thomas Francois 55; PhotoSG 56; marrfa 58 o. l.; Kalle Kolodziej 58 u. r.; Cherry-Merry 61; Almgren 64 u. r.; Dron 65 r.; sterneleben 66; contrastwerkstatt 68, 98; tagstiles.com 70 u.; Lasse Kristensen 71; Mike Brown 72 o. l.; olly 72 o.r.; StefanieB. 73; Luftbildfotograf 76; Miredi 77, 126, 130, 213; Mykola Velychko 81; goodluz 84; Henrik Larsson 86; ChantalS 87; Martinan 88 o.; Lara Nachtigall 89; dondoc-foto 90 o. r.; MaxWo 91; RHIMAGE 93; Detlef 94 u. r.; tinadefortunata 100; Igor Yaruta 101 o. r.; Carmen Steiner 101 u. l.; Ramona Heim 102, 146 o. l.; Pavel Losevsky 109; Christian Jung 111, 168, 226; diego cervo 113; fynncharlie 116 o. l.; Nicole Hofmann 116 u. r.; Heike Rau 119; alex 122; Robert Angermayr 134 o. l.; tsuneomp 134 u. l.; Julius Kramer 135; Kathrin39 136 u. l.; Mammut Vision 137; Kitty 138 o. l.; Raffalo 138 u. r.; fotofund 141; silencefoto 142 u. r.; somenski 143 r.; JackF 147; luna 151; hetwig 152; Victoria p. 160; pressmaster 164; adhoc672 165; Katja Jentschura 166 o. r.; Fotofreundin 166 u. l.; Monkey Business 172, 209; briel 173; jörn buchheim 180/181; Nuvola 182; bit.it 185; Leonid Tit 186; Tripod 187; K. F. L. 189, 221 o.; hero 190; Netzer Johannes 193; seewhatmitchsee 194; LanaK 195; Sandra zuerlein 199; openlens 200; JGade 202; joerg kemmler 203; Ingo Bartussek 204; Elena Schweitzer 208; Marzanna Syncerz 212 o.; photoart 212 u.; Linda Mattson 214 o.; K.-U. Häßler 214 u.; A. Seifert 215; blende40 218; tinlinx 220; Ewapix 221 u.; Osterland 223; Herby (Herbert) Me 224; cmfotoworks 232 o.; Michel Angelo 232 u.; Sandra Cunningham 244; thongsee 246 l.; photocrew 246 r.; Hunta 248; slop 249 o.; lapie 6–179 (Jahreszeitenkreis Frühling, Sommer, Herbst); oooRENAooo 180–249 (Jahreszeitenkreis Winter); Patrikeevna (Symbol Bastelanleitung); wetnose1 (Symbol Rezept); Kübra Tosun 83 (Hintergrundbild Sonne); Getty Images: Roger Charity 9; Jamie Grill 16 l.; Siri Stafford 62/63; Tara Moore 206 u.; iStockPhoto.com: ZoneCreative 8 o.; diephosi 15; Tabee 18 o.; DZM 20 o.; cjp 33; brittak 52; RonaldHope 54; Maria Pavlova 67; by_nicholas 78 o.; estt 78 u.; bgfoto 85; MrsVega 92; Angelafoto 103; ZanyZeus 114; firemanYU 115; ArtisticCaptures 127; LauriPatterson 128; borchee 131; ganzoben 142 o. l.; -lvinst- 146 u.; JLBarranco 158; bowdenimages 159; mg7 169 u.; Plus 169 o.; JBryson 171; huronphoto 175 u. l.; srpphoto 184; AntiMartina 201 u.; Olga_Anourina 205; joannawnuk 207; RapidEye 216; ClarkandCompany 233; Kuhn, Birgit: 150; MasterClips, IMSI USA, Novato, CA (Symbole Aktion, Spiel); mauritius images: 6-7 (Foto), 95, 104, 124-125 (Foto), 177, 179, 229; picture alliance: 219; Pixelio.de: Rolf van Melis 18 u.; Ulrich Velten 26 o., 97; Elmar Harbecke 26 u. r.; Erika Hartmann 27; Jutta Nowack 28 u. l.; Amadeus Schubert 32 o. l.; Axel Hoffmann 43 u. r.; Wilhelmine Wulff 48 u. l.; Damaris 60 u. r.; Florentine 70 o.; JouJou 82; Daniel Rennen 94 l.; birgitH 96 o. l.; Torsten Rempt 96 u. r.; uschi dreiucker 90 o. r.; Markus Walti 112 u. r.; Andreas Hermsdorf 120; Rosel Eckstein 136 o. r.; Rita Thielen 144; Wilfried 145; Gerhard Giebener 161; Kurt 163; Hans Heindl 176; Juana Kreßner 191; CFalk 192; Fabian Forban 201 o.; Thomas Max Müller 247; shutterstock.com: BestPhotoByMonikaGniot 16 o., 64 o. l.; Chas 49; Nancy Bauer 75 u. l.; ZouZou 75 r.; Sebastian Wahsner 99 u. r.; Gorilla 108, 110; Alinute Silzeviciute 112 o. l.; Conny Sjostrom 118; Algecireño 129; Ann Louise Hagevi 139; Heike Rau 143 l.; .shock 153; Monkey Business Images 174, 217; Stanislav Fridkin 222; andibyte 245; Anneka 249 r.; StockFood: 65 l., 69, 79, 88 u., 140, 175 l., 183; stock.xchng: wvubush 80; toomas 188; nicephoto 231; Weigl, Doris: 34, 35, 210/211 (Schneeflocke); Weisl, Bettina: 44, 83, 170, 210; Wikipedia: Klaus Graf 117/Lizenz: cc-by-sa; Joachim Köhler 121/Lizenz: cc-by-sa